不吼不叫，穷养男孩的100个细节

晓丹◎编著

中国妇女出版社

图书在版编目（CIP）数据

不吼不叫，穷养男孩的100个细节 / 晓丹编著．--
北京：中国妇女出版社，2014.5
ISBN 978-7-5127-0834-1

Ⅰ．①不… Ⅱ．①晓… Ⅲ．①男性—家庭教育 Ⅳ．
① G78

中国版本图书馆 CIP 数据核字 (2014) 第 020459 号

不吼不叫，穷养男孩的 100 个细节

作　　者：晓　丹　编著
责任编辑：陈　元
封面设计：门乃婷工作室
责任印制：王卫东
出版发行：中国妇女出版社
地　　址：北京东城区史家胡同甲 24 号　邮政编码：100010
电　　话：（010）65133160（发行部）　65133161（邮购）
网　　址：www.womenbooks.com.cn
经　　销：各地新华书店
印　　刷：北京楠萍印刷有限公司
开　　本：170×240　1/16
印　　张：17
字　　数：240 千字
版　　次：2014 年 5 月第 1 版
印　　次：2018 年 7 月第 3 次
书　　号：ISBN 978-7-5127-0834-1
定　　价：32.80 元

前言

对于家有男孩的父母来说，他们都希望自己的儿子自信、勇敢、果断、坚韧、谦逊有礼、光明磊落……

那么如何将这些对男孩的期望变成现实呢？答案就是：选择正确的教育方式。是的，唯有正确的教育方式才能帮助父母培养出一个优秀的男子汉，而穷养教育无疑是父母最合适的选择。

中国自古就有“从来富贵多淑女，自古纨绔少伟男”的教子哲学，可见，只有让男孩过点儿“苦日子”，在逆境和艰难中得到历练，才能让他学会独立生活和承担责任，培养他乐观的性格和感恩之心，促进他更快地成长和成熟。

事实上，穷养教育实施的最终目的就是希望男孩在逆境、挫折和苦难中，激发自身积极向上和永不服输的坚强意志与无畏精神。当然，穷养教育不是责骂和惩罚教育，更不是刻意追求“劳其筋骨，饿其体肤”，而是要求父母在物质上对男孩有所限制，让男孩懂得优越生活的来之不易，懂得“只有耕耘才有收获”的道理。

日本教育孩子有句名言：“除了阳光和空气是大自然的赐予，其他一切都要通过劳动所得。”劳动是培养孩子各方面能力和强健体魄的一个重要方式，更是穷养教育的基本要求之一。

如今，随着社会经济的进步和父母对孩子宠爱程度的上升，很多男孩缺乏基本的生存能力、人际交往能力、表达能力、创新能力等，凡事只知依赖父母。这对于男孩今后的发展极为不利。要想改变这种状况，父母就有必要按照正确的穷养方式来教育儿子，掌握教育细节，在潜移默化中让儿子变得更加优秀。

我们教育男孩的最终目的是什么呢？对此，美国家庭教育专家、儿童心理学家詹姆士·杜布森博士在其《培育男孩》一书中做了回答："作为父母，我们的目标就是把儿子从'不成熟的、反复无常的少年转变成诚实而有爱心的男人，他们尊重妇女、忠于婚姻、信守承诺，是果断有力的领袖、优秀的劳动者，保持着健康的男性气质。'"

最后，衷心希望普天下的父母都能在穷养的道路上为自己的儿子提供最好的教育，将他培养成最勇敢、最坚强、最乐观、最出众、最优秀的男子汉！

第1章 男孩心底都有一座神秘的“内心花园”/001

第 2 章 父母必须掌握的教育智慧 /027

第 3 章 与儿子有效沟通的八个技巧 /049

第 4 章 自信，儿子立足于世的资本 /071

第 5 章 自律，成就儿子未来的关键 /089

第 6 章 挫折，上天送给儿子的最好礼物 /105

第 7 章 好习惯，成就儿子一生的大未来 /123

第 8 章 磨炼儿子独立生存的九大能力 /149

第 9 章　乐观，让儿子一生幸福 /173

第 10 章　责任比能力更重要 /189

第 11 章　宽容豁达，让儿子的人生舞台更宽广 /207

第 12 章 好人缘，让儿子广交天下朋友 /221

第 13 章 思考，开启儿子的成功之门 /233

第 14 章 财商，决定男孩的一生 /243

第 15 章 点燃儿子的学习热情 /259

第1章

男孩心底都有一座神秘的“内心花园”

一位30岁左右的爸爸带着自己4岁的儿子去奶奶家。小男孩非常淘气，一会儿爬上，一会儿爬下，一刻也不肯停歇。爸爸训斥了儿子好半天，但儿子就是不听话，奶奶仅仅说了几句话，小男孩就乖乖地跟着奶奶走了。爸爸说：“这孩子我怎么管也管不了，没想到他还这么听您的。”奶奶说：“你管不了他，是因为你不了解他，而他听我的话，是因为我懂得孩子的心理。”奶奶顿了一顿接着说：“你要想把儿子养好，首先就要了解他，如果你连自己的孩子都不了解，更不要说爱他、教育他了。”

要想教育好儿子，首先要根据孩子的行为，读懂孩子的需求，走进孩子的内心。

细节1 男孩成长的三个关键期

人们常说:“男孩是用剪刀、青蛙和小狗尾巴做成的，而女孩是用糖、香料和一切美好的东西做成的。”的确，男孩女孩本就不同，一位养育过龙凤胎的妈妈真实地讲述了她的经验：

我是一位被很多人羡慕的龙凤胎妈妈，我常常对别人说男孩和女孩是存在很大差异的，而且养育他们是不能用同一种方法的。例如我从来不主动给儿子买玩具枪，但是有一天儿子居然从家里的栅栏上抽出一根木条当“武器”，又过了些日子，他从某个小伙伴家里“借”回了一把冲锋枪。而女儿正好相反，她每天花上很多时间去料理娃娃之间的“家务事”，对于哥哥那些外出猎奇、冒险的行为一点儿都不感兴趣……

没错，男孩女孩本就有各自的成长蓝图，如果父母按照自己的意愿强行“修改”孩子的成长过程，只会压抑孩子内心的真实本性，甚至造成性别错位。一般来说，男孩更喜欢集体活动，喜欢竞争，喜欢冒险和挑战，喜欢做“领头羊”，并且他们还善于根据自己的实力来估计自己在所处集体中的地位。假如父母能够给予男孩充分的爱与关注、鼓励与赏识，那么男孩会比女孩更早地走向独立。另外，男孩在运动能力以及爆发力、动作速度等方面都远远超过女孩。

所以，正是根据男孩天生与女孩的不同，人们才会秉承着“男孩穷养，女孩富养”的教育理念。更何况，男孩有着属于他们的独特天赋，如较强的立体空间认知能力，擅长抽象思维；男孩更注重结果而不是过程，做事情目的性很强；男孩更喜欢张扬的与众不同的做事方法，对自己的行为很有自豪感，富有个性；男孩总喜欢搞“破坏”等。

当然，男孩也有很多劣势，例如表达能力往往不如女孩等。而且男孩的个性在不同年龄段也有不同的表现形式，那么父母该如何抓住男孩的关键期，让他们在每个年龄段都能够健康快乐地成长呢？下面这些方法对父母会有些启示。

0 ~ 6 岁，要给予儿子特别的关注

下面也是一位妈妈在教育儿子中的感受：

我有一对可爱的儿女，我发现在养育两个孩子的时候，儿子和女儿差别很大。女儿很安静，但儿子常常动个不停，有时还会狠狠地晃起小拳头，而当我来到儿子身边，给予他一个温暖的拥抱或者安抚时，儿子才会好一些。

后来，我还发现儿子每次哭闹都要不停地蹬腿，如果这时给儿子一个轻轻的吻，他便会平静许多，但是这并不能满足儿子的需要，小家伙的“怒火”还是没有熄，接下来需要不停地对他说话，他才能彻底平静下来。于是，我逐渐意识到，与女儿相比，儿子似乎更需要自己的拥抱、安抚和亲吻。所以，我认为养育一个男孩，需要有比养育女孩更多的耐心……

或许很多父母看完这个事例会问：“既然是养育儿子，为什么还要给他特别多的关注，不是应该锻炼他的忍耐力吗？”没错，锻炼忍耐力是教育男孩的一部分，但这部分对于 6 岁之前的男孩来说并不是主要的教育内容，在男孩 6 岁之前，父母应该给予他更多的关注，这样他在日后的成长过程中才不会因缺乏安全感而变得敏感、自卑、怯懦。

儿童心理学家认为，无论男孩的个性如何，他们在 6 岁前都有一个共同点——在心理上和情绪上更需要父母的爱与关注。他们更喜欢被父母抱在怀里，更喜欢得到父母的肯定、鼓励、赏识，这也是他们最爱向父母撒娇的阶段，他们内心深处渴望与父母建立更紧密的关系。

因此，父母最好经常陪伴这个时段的儿子，多给他一些关注，而且不要为了省心让儿子太早进入幼儿园，不要总是埋怨你的儿子如何淘气和给你惹麻烦，而是多尝试着给他一些鼓励和支持。

6 ~ 12 岁，父母的监督和指导最重要

男孩在成长过程中发生的变化要比女孩快，他们一旦超过 6 岁，行为就会发生很大的变化，他们已经不需要自己像个“乖宝宝”一样躲在妈妈的怀里，而是转眼间像个小英雄和小勇士一样希望自己“光彩耀人”。也许，这时候他们的很多行为在父母眼里是幼稚、可笑的，甚至有些愚蠢的，但那只是男孩在用一些奇怪的行为来证明自己是一个了不起的“男子汉”。

一般来讲，6 ~ 12 岁的小男孩都喜欢舞刀弄枪，梦想自己是全能超人、拯救地球的奥特曼、拥有神奇武功的侠客。这时的他们喜欢爬上爬下，甚至做一些危险的游戏，而且他们会把自己和女孩划分开，玩属于男孩的游戏，以此来证明自己与女孩的不同。

这个阶段的男孩在思维上也会发生变化，这时他们理解他人情感的能力逐渐形成，自尊心也开始逐渐增强。调查表明，这一阶段男孩自尊心的发展可能会出现两种倾向：一种是觉得自己很能干、很出色；而另一种则是认为自己很无能、很没用。因此，专家告诫父母，在这个阶段一定要用科学的方法引导男孩正确认识自己，切忌用唠叨或打骂的方式来教育男孩，否则只会让男孩的叛逆期提前到来，要多给男孩肯定、鼓励，并尝试着让孩子自己去做能做的事情。

12 ~ 16 岁，抓住孩子从小男孩变成大男生的关键期

12 ~ 16 岁的男孩逐渐进入了青春期。这个时期父母最怕听到的就是“叛逆”“早恋”“网瘾”这些词。没错，青春期的男孩正处于最叛逆、最不服从管教的年龄段，而且情绪变化快。

13 岁的明明原本非常乖巧，可是最近突然变得默不作声；从前不太注重外表的他，现在开始每天出门前会在乎自己的发型，买衣服时会考虑这件衣服是否够档次、够时尚。他和妈妈的关系原本很亲密，可是现在他突然之间有意疏远家人，还常常因一句话不投机就摔门而去……

青春期的男孩已经不再是妈妈面前那个柔弱的小男孩了，此时，他们

需要独立的自我空间，他们心里也开始有各种各样的压力，他们开始变得情绪化，有时也会对自己未来的方向感到迷茫。

因此，对于这个年龄段的男孩，父母应该给予他足够的自由空间，更要给予他充分的信任和尊重，把他当成一个和自己平等的人来看。另外，青春期的男孩情绪就像六月的天，阴晴不定，这时父母最好多鼓励、多支持，提高孩子的自信心，而不是打击和批评他。同时，青春期男孩的“爱情萌芽”也已经悄悄出现，他们可能会喜欢上隔壁班的女生，或者迷恋女明星……面对男孩的这种行为，父母最好持宽容、理解的态度，因为这是每一个男孩必经的阶段，要多和孩子沟通，以便引导男孩建立起正确的性观念与爱情观。

细节2 男孩天生就是“冒险王”

写有《教育漫话》一书的英国哲学家和思想家约翰·洛克认为：“当孩子年龄较大之后，他就应该能去做他天性中所不敢做的更勇敢的事。最初要帮助他逐渐让他去做，直到练习产生了较大的自信力，做得好了为止。”洛克是要让父母激发儿子的冒险精神，但也有很多父母认为儿子不应该太冒险。

其实，男孩体内的冒险因子是天生就有的，很多养育过儿子的父母对此都有深刻体会：

一个刚刚蹒跚学步的小男孩，只要他能爬上去的地方，他就敢从那里跳下去；他喜欢躲猫猫，让父母着急；他会故意惹老师和父母生气；他喜欢装扮成超人和蜘蛛侠，把家里搞得一团糟，等等。而且随着儿子年龄的增长，他会爱上一切富有冒险性的事物：飙车、滑板、滑翔、攀岩……

儿子的这些冒险行为会让父母整日担惊受怕，而父母却对这些爱冒险的儿子束手无策，因此很多父母只能采取一概阻止的手段。

儿子的冒险行为一定都是危险和有害的吗？当然不是，在儿童的教育过程中，儿子的行为是走向好的一面，还是走向坏的一面，是和教育者的引导有着密切关系的。如果父母能够真切了解儿子天生爱冒险的心理，并且采取正确科学的教育方法适时引导，那么儿子的冒险不但不会让他身处危险之中，相反还会提升他的创造、竞争能力，锻炼他坚毅、勇敢的品格，让他的人生变得更加精彩夺目。

不过，很多父母并不知道怎么才能巧妙应对儿子那些看起来夸张甚至怪异的冒险行为，也许下面这些方法会给你一些启发：

做个“善解”儿子冒险行为的父母

一位明智的爸爸曾这样对待儿子的冒险行为：

7岁的洋洋忽然对电产生了兴趣。有一天，竟然拿着一根小铁丝要去试插线板有没有电，幸好被爸爸发现了，但是爸爸没有大声喝止儿子的行为，而是马上来到儿子的身边问：“儿子，你在玩什么好玩的东西呢？来，爸爸给你找个更好玩的东西。”于是，爸爸就带着儿子来到了另一个房间，递给他一支试电笔。

洋洋拿着试电笔去接触插线板的插孔，结果试电笔上的灯立刻亮了，而当他把试电笔拿开的时候，灯又熄灭了。洋洋不解地问爸爸：“爸爸，这个灯为什么一会儿亮一会儿灭？”

这时，爸爸才认真地对儿子说：“儿子，你手里拿的是试电笔，它可以检测出插线板里哪些地方有电，哪些地方没电，而且它还可以很好地保护人的身体不被电到。如果你像刚才那样拿着小铁丝接触有电的地方，电就会传递到你的身上伤害你，而如果你用带有绝缘体的试电笔，就不会伤害到你。”

洋洋想了一下，说：“爸爸，如果我有绝缘体保护，是不是就不会被电电到？”

“洋洋真聪明，走，爸爸告诉你哪些东西是电的绝缘体！”

可能，遇到以上这种情况，大部分父母采取的措施都是打骂和斥责儿子：“你这孩子怎么这么调皮，万一电到你怎么办？”“臭小子，你是不是想死啊？这多危险啊！”“你就不能老实待着，整天就知道让我担心！”……

面对父母“劈头盖脸”的一顿训斥，儿子可能会很委屈，因为他只不过是想知道“电是怎么一回事”，但是父母的不良反应会马上打消他探索的积极性，而且越是得不到答案的事情他就越想知道是怎么回事，于是潜在的更大的危险势必会再次伴随着他。

教儿子学会自律

一天，邻居的小妹妹刚走进房间，“淘气包”瑞瑞就拿起自己手中的塑料“宝刀”朝小妹妹打了过去，虽然小妹妹没有被打疼，但却被这突如其来的动作吓哭了，而瑞瑞则哈哈大笑起来。父母看到后，狠狠地批评了瑞瑞一顿。

男孩天生顽皮，具有一定的进攻性，而这种进攻心理，可能是纯粹因为好玩儿，也可能是因为受不良情绪的影响而进行的发泄。不管原因是什么，这种无理的进攻行为都是不好的，父母必须及时让儿子明白，他的这种进攻行为是错误的，会给他人带来伤害。

当然，父母不仅要让儿子明白自己的不良行为是错误的，而且要让他学会自律。这光靠父母的嘴皮子是不行的，还需要一些其他的方法，例如通过让儿子看一些电视片、故事，告诉他怎样的行为是正确的，进而培养孩子正确的价值观和道德观，让他学会用这些规范来约束自己的行为。

细节3 英雄情结是男孩的特征

家有男孩的父母大都会有这样的疑问：我的儿子真的太喜欢惹事儿了，动不动就和别的孩子打架，为什么会这样呢？不仅仅是你的儿子，其他男孩也是如此，他们天生就有一种英雄情结，爱打抱不平纯属于一种本能的反应。就像他们喜欢看奥特曼一样，他们不仅仅是看情节，而且还渴望那样的情节能够发生在自己的现实生活中，渴望自己成为消灭怪兽、保护地球的“正义使者”。即便在现实生活中，他们的想法很难实现，但他们依旧会用从电影、动画片等搜集来的英雄形象来包装自己，因为对于男孩来讲，这种包装是神圣的、伟大的。

周末，妈妈带着8岁的儿子去商场买衣服。一走进儿童服装专卖区，她就拿着一款儿童品牌的最新款式问儿子：“儿子，你喜欢这件衣服吗？这件衣服看起来真不错，是你最喜欢的颜色。”谁知小家伙只是瞅了他面前的衣服一眼，然后很干脆地说：“这些我都不喜欢！”

“为什么呀？这些衣服看起来都不错啊！那这件呢，是你最喜欢的运动款！”妈妈又拿起旁边的一件衣服。

这次，儿子根本看都没看就走开了。后来，儿子突然走到一个小货架上，拿着一件质量不太好的上衣来到妈妈面前说：“妈妈，我要这件，这件有奥特曼！”虽然妈妈很不喜欢这件造价低廉、质量粗糙的衣服，但是儿子执意要买下它，而且一回到家就兴奋地穿上新衣服，跑到外边去显摆了。这件“奥特曼”的衣服从此之后几乎成了儿子的专属服装，经常被他穿在身上。

为什么儿子喜欢奥特曼呢？奥特曼是日本制作的科幻英雄片里的人物，是一个为了维持世界和平而与各种各样的怪兽作战的英雄。因此，对于男孩来说，奥特曼就是他们心中的英雄。

儿子喜欢英雄，更喜欢当英雄，他们之所以迷恋奥特曼，就是迷恋奥特曼身上的英雄气，也许很多男孩并不真正了解什么是英雄、什么是正义，但是他们渴望在现实中得到人们的认同和激励。那么对于男孩的这种英雄情结，父母应该怎样正确对待呢？

满足儿子当英雄的“雄心壮志”

6岁的小刚特爱打抱不平，平时最喜欢当“英雄”。有一次，爸爸下班刚回到家就听到妈妈对小刚说：“你这孩子怎么这么不听话，整天就知道和小朋友打架！”原来小刚今天和班里的“小霸王”打了一架，结果弄得满身伤。

爸爸没有加入妈妈训斥儿子的“阵营”，而是温和地问儿子：“儿子，能告诉爸爸，你为什么和小朋友打架吗？”

小刚噘着小嘴说：“小明欺负其他小朋友，老师又不在，所以我就去教训他了，然后我们就打起来了！”

“儿子，你做得非常对，简直就是个小英雄，爸爸佩服你！”爸爸笑着对儿子说。

小刚不解地看着爸爸说：“可是老师和妈妈都说打架的孩子不是好孩子！”

“你这是英雄行为，爸爸当然应该鼓励你。不过，老师和妈妈也没有说错，打架并不是解决问题的最好方式，你可以先和欺负小朋友的小明讲道理。如果大家团结起来反对他，他就不敢再欺负别的小朋友了，你说对吗？”

小刚听完爸爸的建议认同地点了点头。

儿子爱“逞英雄”并没有什么不对，至少说明这孩子心里有一股强烈的正义感，而这就像一簇小火苗，如果父母能够恰当地守护和引导儿子的这小小的“正义感”，那么这一点儿小火苗就可能成为温暖自己照亮他人的正义之光；反之，如果儿子盲目地做一些“英雄行为”，结果可能在伤害自己的同时，更给他人和社会带来伤害。所以，当小男孩因为打抱不平和别人打架时，父母先不要急着批评儿子的打架行为，而要先表扬儿子的英雄行为，肯定儿子“你这样做是对的”，即满足儿子的英雄心理。

另外，父母要学会在儿子面前“示弱”，让儿子做一些力所能及的事情，培养他的自理能力，例如出门在外时让儿子帮父母带路、帮爷爷奶奶拎东西……这样不仅能满足儿子想当英雄的“雄心壮志”，而且有利于培养他的男子汉气概。

利用儿子心目中的英雄“标杆”改正他的缺点

很多父母常常提出“儿子缺点就是多，怎么改都改不掉！”“有什么办法能让我的儿子少犯错误呢？”等诸如此类的问题，其实父母不必为此烦恼，我们完全可以利用儿子心目中伟大、神圣又能力出众的英雄，抓住儿子崇拜英雄的情结，让儿子轻易地改正自己的缺点，学习英雄身上更多积极向上的东西。

强强是一个很听话的孩子，但是有一个不好的生活习惯——爱赖床。每天早上，无论闹钟怎么响，妈妈怎么一次又一次地喊他，他都懒懒地说：“睡5分钟，再让我睡5分钟。”结果，10分钟过去了，这个“小懒猪”还躺在自己的被窝里。

后来，妈妈想到了一个好主意，她知道儿子一直把奥特曼当成自己的偶像，于是一天早晨妈妈对赖床的儿子喊道：“奥特曼，怪兽来了！”强强一听妈妈的话就来了精神，还在被窝里笑了起来。两分钟后，他大声回应妈妈：“我是奥特曼，妈妈是怪兽，我要代表正义消灭你，呵呵！”说着就从床上爬了起来。

让儿子知道什么是真正的英雄

“爸爸，我想当英雄！”每当儿子说出这句话时，说明他的心中已经有了想要成功、想要迫切得到他人承认的心理，这时，父母要做的是什么呢？当然，首先就是肯定和鼓励儿子的这种英雄心理，提高他的自信心，接着就要告诉他“什么是真正的英雄”。

儿子渴望做像奥特曼那样的英雄，但英雄并不一定是去拯救世界、保卫和平，并不一定要像奥特曼那样和怪兽战斗。因此，父母必须让渴望成为英雄的男孩明白——英雄应该具有这样的品质：冷静、睿智、积极、阳光……

其次，父母还要让儿子明白，做英雄的基础就是要先学会保护自己，不能一味蛮干，而是要学着运用自己的智慧巧妙地解决遇到的难题，告诉你的孩子，他要做的是一个冷静、智慧的英雄，而不是不计后果的英雄。

细节4　男孩的探索心理

生活中，我们总会听到父母有意无意地说出以下这些话：

“我家那个小祖宗，简直就是个‘破坏王’，昨天刚给他买的电动玩具车，没两天就被他拆得七零八落。”

“我真是奇怪了，家里的闹钟、收音机、电视机和儿子有什么‘深仇大恨’，他总是在想着怎样把它们大卸八块。”

“儿子最近总是有很多问题，一会儿问我地球为什么不掉下去，一会儿又问月亮为什么总在晚上出现，我能回答一些，可不是每个都能回答，都快被他‘问死’了。”

……

事实上，每个男孩心里都有无数的“小问号”，所以你总会看到他时不时地改造自己的玩具，或者把爷爷的收音机拆开，看里面说话的人躲在哪里……而所有的这些不过是男孩探索心理的表现。

不过，有些父母就不理解了：“难道儿子的探索心理就是搞破坏吗？”

当然不是，一位儿童心理学家曾经表示：男孩的“破坏性”原因大致有两种：一种是因为好奇而破坏，另一种可能就是故意破坏。因此，父母一定要正确认识儿子“破坏性”行为背后的真正原因，然后“对症下药”，这样才能正确地引导男孩。

正确对待“破坏小子”的好奇心

一天，3岁的洋洋在阳台上玩耍，他突然心血来潮，想知道爸爸养的那些花埋在土里的根是什么样子的，便把花连根拔了。爸爸回来以后，告诉他：这些花之所以开得这么鲜艳，全靠吸取土壤里的水分和营养，如果根离开了土壤，花就会枯死。说完，爸爸让洋洋和他一起把这些花重新栽到花盆里。爸爸没有因为洋洋的鲁莽行为而指责他，这不仅保护了洋洋的好奇心，而且使洋洋学到了知识。以后，洋洋还成了爸爸养花的好助手。

“破坏小子”和“问号小子”固然会给父母增添很多麻烦，但也正是这种带着探索心理和好奇心理的“破坏”和“问号”，推动着孩子主动去获取知识。因此，当你的小男子汉对周围的事物产生兴趣，并且想要探知其中的奥秘时，你应该及时给予鼓励和回答，儿子在得到父母的认同和鼓励后，一定更加有兴趣探知其中的“秘密”，而此时如果父母能进一步给儿子提供正确的获取知识的渠道，教会儿子解决问题的方法，那么不仅会使儿子尊重知识、获取知识，更有利于培养儿子的思维能力、创新能力、解决问题的能力等。

发现并挖掘儿子“破坏性”背后的天赋

父母或许不知道，儿子“破坏性”行为背后隐藏着很多天赋：创新能力、探索能力、思维能力、动手能力，等等。所以，如果你忽视或者小瞧了自己儿子“破坏行为”背后的这些天赋，你很有可能错失培养孩子的良机。

一位母亲曾这样给别人讲述自己的育儿经验：

我儿子从小就和别的男孩不一样，他不喜欢手枪、汽车等男孩标志性的玩具，而是特别喜欢玩积木，而且他还总是把妹妹辛辛苦苦组装好的积木推倒，自己再重新设计一个。女儿被儿子的这种行为弄得大哭起来，但我并没有训斥儿子的破坏行为，而是一点点地正确引导儿子的这种爱好。例如，我会经常带他参观一些风格独特的建筑；给他买图片书；和他一起玩搭积木的游戏，并比赛谁搭出的积木又好又快……

渐渐地，儿子对那些“小房子”产生了兴趣，更让我欣喜的是，他自己在学校设计的建筑竟获得了一等奖，而且从此之后，儿子真正爱上了建筑，希望将来成为一名优秀的建筑师。

这真是一位非常明智的母亲，她不但没有批评儿子的这种“破坏行为”，相反她看到了儿子这种行为背后的天赋——对建筑的兴趣，于是，她鼓励儿子继续自己的这种兴趣，并且运用恰当的方法引导儿子真正爱上建筑，或许在不久的将来这个小男孩真的会成为一名出色的建筑师。

耐心解答儿子头脑中的小问号

作为父母的你，是不是经常为儿子脑袋里那些稀奇古怪的问题感到头疼呢？可以这样说，几乎每个男孩的脑袋里都装着本《十万个为什么》。他们对周围的事情总是充满疑问与好奇，从宇宙星空到花草树木，他们想知道的事情太多了，并且在他们的眼里，父母就是无所不知，能够解决他们所有疑问的“百科全书”。

世界上许多科学家的成功大都是由一个“为什么”引发的，比如：牛顿发现苹果自由降落，一句“为什么”使他得出了万有引力定律；爱迪生在千万次实验失败后，不断问自己“为什么”，终于发明了电灯……

诸如此类的例子不胜枚举，因此，作为父母你千万不要觉得你家的“小问号”烦，更不要因为他拆了家里的录音机，你就对他大打出手，或是因为他质疑一些常规性的问题你就责骂他不懂事，要知道这些质疑往往就是创新思维的源泉。父母应该耐心解答儿子的各种疑问，让孩子养成勤学好问的好习惯。

多加鼓励，让儿子在疑问中发散思维

生活中，能够对自己质疑的事情提出问题，这证明你的儿子在思考，所以，千万不要认为，你的儿子提出这些问题是因为他不听话、不懂事，甚至有意和你作对，也不要为了保护自己的尊严而拒绝孩子对你的提问。这样只能让你的孩子丧失思考能力，从而在今后的学习和生活中墨守成规，碌碌无为。

下面是一位母亲的亲身经历：

张女士正在厨房里做饭，这时候正在屋子里看电视的6岁儿子跑进厨房，问张女士："妈妈，星星是从哪里来的？"

张女士先是一愣，接着说："我儿子的问题提得真不错，你想想看呢？"

说完，张女士继续切菜，而她的儿子则一个人走出了厨房，过了好一会儿，儿子又兴冲冲地跑进来对着张女士说："妈妈，我知道了，星星一定是用月亮剩下的材料切成的。"

张女士一听笑了，对儿子说："真是个好答案。等我们吃完饭，妈妈给你讲月亮和星星的故事……"

父母的鼓励会让儿子乐于思考。当然，父母一定要善于区分孩子的问题，对于那些孩子自己能够解决的问题，父母一定要鼓励孩子自己去完成。这样不仅解决了孩子的疑问，还能很好地锻炼他的独立性，让他知道有些事情是需要他自己去做的。而对于一些自己也没有办法回答的问题，父母千万不要随便编造一个答案，而要尽量引导孩子，告诉他这需要进一步的学习才能找到答案，让他对学习产生积极性，自己去寻找答案。

细节5 男孩都是精力旺盛的"淘气包"

"爸爸，老师请你去一趟！"相信很多男孩的父母对这句话都很耳熟。男孩确实太贪玩、调皮了，经常闯祸、惹事，比如欺负邻桌的女生，与同龄人打架，打碎邻居的玻璃，上课对老师搞恶作剧……总之，他们似乎永远没法像女孩那样安静一会儿，用大人的话说就是"这孩子淘气得没边儿了"。

可能父母会想：儿子到底怎么了？为什么他总是"淘气"？为什么他有那么多的精力去搞恶作剧？分析这些问题之前，我们先来看看一个小男孩在日记中记录的故事：

今天，我们班投票选举中队长，因为我在班里的人缘非常好，大家一直都很喜欢我，所以我觉得他们都会选我。但是班主任没有唱票，就直接选定她喜欢的一个女生做中队长。

我当然不服气，要求老师当堂唱票，可老师却说："我有权决定由谁来做中队长。而且你上课不遵守纪律，总是和老师顶嘴，还经常搞恶作剧欺负女同学，这样的学生怎么能做中队长呢？"我十分不认同老师的这种说法，因此，就和她大吵了一架。事后，老师找到我的爸爸妈妈，狠狠地告了我一状。我本以为父母会站在我这边，没想到他们一点儿也不理解我，还训斥了我一顿。我不明白，我平时不就是淘气一些吗？难道就因为这点，我就不能当中队长了？老师和爸爸妈妈就不喜欢我了……

顽皮、淘气、爱玩这些本就是男孩的天性，如果学校和家庭不能给男孩提供这种释放多余精力的机会和活动，那么他们就会自己想办法，于是便出现了一个又一个的"淘气大王"。

父母应该怎么做，才能正确引导因精力过剩而变得淘气、顽皮的男孩呢？

满足儿子淘气行为背后的好奇心理

男孩为什么每天都有那么多的淘气行为呢？其实男孩的淘气行为大多是好奇的表现，而一旦他的好奇心得到了满足，那么他的淘气行为也就自然消失了。

强强突然对玩水特别感兴趣，妈妈让他洗澡，他就弄得整个浴室都是水；小区花园里的自动水龙头喷水时，他就跑过去堵住出水口，结果全身都湿透了；一到下雨天，妈妈就想方设法把他“困”在屋里，但是这个小家伙瞅准机会就往外跑，然后在雨中撒了欢儿地玩儿……

妈妈见自己的儿子这么喜欢玩水，索性让孩子玩个够，于是一到下雨天妈妈就把小雨鞋、小雨衣给强强准备好，让他在雨里尽情玩儿，周末的时候还带他去游泳池游泳。没想到，一段时间之后，强强竟然对玩水失去了兴趣。

强强对水的好奇心得到满足之后，自然会将自己的兴趣点转移到别的地方。假如强强的妈妈对儿子的这种“淘气行为”只是围追堵截，那么孩子爱玩水的情况一定会延续更长的时间，而且会更加淘气。因此，专家建议各位父母，在安全的前提下，要满足男孩的好奇心，同时给予男孩足够的耐心，当他体验过某事某物之后，自然会对其慢慢失去兴趣。

让儿子为自己的淘气行为负责

一位妈妈在博客中这样写道：

我的儿子旺旺是一个调皮的男孩，你都想象不出他怎么能想出那么多的“鬼点子”，他时常在学校拿虫子吓唬那些胆小的女同学、趁老师不注意扔纸团砸其他同学……面对儿子的“劣行”，我没有纵容，也没有打骂，而是引导他认识到自己的错误，并为自己的行为负责。

有一次，儿子把同学的作业本撕烂了，按理他应该赔同学一个新的，但是他毕竟还是个小学生，哪有钱呢？所以，我就先帮他买了一个新的作业本给同学，让他主动和同学道歉，而买作业本的钱从儿子的零花钱里扣，或者让他帮我做家务，来抵消他的“债务”。

这真是一位聪明的妈妈，她在面对孩子的错误时，没有打骂批评，也没有过度溺爱，而是用正确的方法让孩子意识到自己的错误。我们教育孩子的目的是让他认识到自己的错误，改正自己的缺点，然后成为一个有责任感和上进心的男孩。

因此，面对经常淘气或犯错误的男孩，妈妈一定要从小就给他灌输这样一种观念：自己闯的祸，自己负责。

大胆让儿子去尝试

男孩天生爱冒险、爱尝试，这也让妈妈担惊受怕，因为男孩爱玩的通常是那些危险系数比较高的运动，所以妈妈担心他会受到伤害。但通常情况下男孩认定的事情一定要去做，你越是威胁、阻止他去做，他就偏要去做，那么与其和孩子闹得“两败俱伤”，倒不如把主动权掌握在自己手里，给孩子一定的自由空间，让他在你能力控制的范围内，大胆地做他自己想做的事情，去勇敢尝试一些增强他能力的事情。

细节6　男孩为什么那么倔强

一位妈妈曾在网络日记中这样记录道：

做了妈妈之后，我才发现教育孩子是一件多么令人头疼的事情，尤其是你要面对一个既调皮捣蛋又难以驯服的儿子时。儿子从小到大都没有让我省心过，我几乎要把所有的精力都放在他身上。我时常会担心他今天有没有趁我不注意爬到危险的地方去，有没有做一些我禁止他做的事情，更让我恼火和担忧的是这孩子根本就不听我的话，我让他往东他就想往西，我不让他做什么他就偏要做什么，你要是告诉他不要做什么，他就把头一拧，给你来一句“我就不”。我们一家人都很关爱这个孩子，可他还这么倔强到底是为什么呢？

男孩总喜欢和父母“唱反调”，老是倔强任性地去做自己认为对的事情，那么，我们应该如何教育倔强的男孩呢？可以参考以下几种方法：

把倔强儿子寻求刺激的欲望引向正途

一个 11 岁的小男孩在日记中写下了这样一件事情：

我今天做了一件很“出格”的事情，虽然这件事情爸爸妈妈阻止了我很多次，而且说因为我年龄小严令禁止我去做，但是今天趁爸爸妈妈不在家，我一个人偷偷地做了，真是太刺激了！这件事情就是在大马路上骑电动车。

平时，爸爸妈妈担心我骑车会出事，所以总是“看”着我，但今天我过足了瘾。虽然刚开始在马路上骑车我心里很紧张，但更多的是兴奋。我越兴奋，骑车就越快，很快就冲到了十字路口上，可是突然增多的人群和车辆把我吓了一跳，我连怎么停下来都忘了。幸好，一位交警叔叔及时拦住了我，否则我真不知道会发生什么事情。不过，即使这样我也不后悔，我终于敢在大马路上骑车了！

很难想象，如果上面这个“任性”的小男孩没有得到交警的帮助，后果会是怎样的。也许，很多父母看到这个情形会说：“看吧，就是因为这样，我才不让儿子做一些‘出格’的事情。”没错，父母的担心和出发点是为自己的孩子好，但你要知道小男孩和小女孩是不一样的，你越是不让他做某些事情，他就越想做某些事情，于是就演变成了上面这种情况：父母不让做，我就偷偷做。

因此，父母在教育儿子时，尤其是面对他有时的倔强和任性时，千万不要一顿打骂或者极力阻止，而是应该了解清楚儿子这样做是出于什么心理：好奇、探索还是寻求刺激？当你了解清楚后，就可以采取相应正确的措施把孩子引回正途。

允许精力过剩的儿子玩“打架游戏”

男孩总是精力过剩、好动、喜欢打斗、喜欢破坏东西……对此，父母不要过于抱怨和无奈，也不要过多阻拦，除非他正在进行特别暴力、危害自己或他人健康的行为。正确的做法是让你的儿子把过剩的精力宣泄掉。

一位妈妈这样讲述自己的教子经历：

一次，我看见我的儿子与他的好朋友明明打了起来，他们挥舞着手臂，互相拍打着。我连忙将儿子拉到一边，给他讲了很多道理，比如小伙伴之间应该团结友爱、互相帮助等，儿子听后点头答应道：“妈妈，你回去吧，我知道了。”

我相信了他，便起身往家走。可没走几步，我发现这两个孩子又厮打在一起了。我怒气冲冲地将他们拆散，并询问他们打架的原因，但两个孩子似乎都说不上来，他们只是觉得这样好玩。我当时真的疑惑了——只是好玩而已吗？

儿子不听父母的话和小朋友“打架”，不是他倔强任性，而是他精力过剩，所以，父母与其“屡禁不止”，不如让孩子把他的过剩精力完全发泄出来，只有这样他才能安静下来去做其他事，当然你可以让自己的儿子玩“打架游戏”，但前提是在正确的规则和不伤害自己和他人的情况下进行。

给你的儿子一些自由和权利

男孩往往争强好胜，喜欢挑战权威，所以很多时候他们自然就成了父母口中的“倔强小子”“不听话孩子”，但他们又不会轻易屈服于成人世界的规则，男孩们时时想要当“头儿”，希望自己的意见被采纳，在与别人相处的过程中，他们最关注的事情就是谁做主，自己是否能控制局面，这样的性格在日常生活中表现得特别明显。因此，面对你的倔强儿子，你要学会适当分给他一些权利，给他一些他想要的自由。

细节7　识别男孩特殊的表达方式

因为大多数男孩不善于表达自己的情绪，所以与女孩相比，男孩的表达方式具有一定的特殊性，父母有时需要识别并关注男孩，让他们更好地管理自己的情绪。

身为男孩，他们从小就比女孩多一份责任感，父母和老师常常告诫他们："要坚强做人，男子汉是不能掉眼泪的。"一般来说，如果男孩对别人的行为不满意，或者自己的心情不好时，常常会闷闷不乐地在屋子里走来走去，严重时还会对最熟悉的人大声喊叫、摔东西、伤害别人，甚至自残……其实这样的发泄方式非常不可取。父母应引导男孩正确地表达自己的情绪，健康、快乐地生活。

引导男孩倾诉心声，并认真聆听

李扬妈妈中午接到儿子的老师打来的电话，要她去学校一趟。她赶过去时，看见儿子正低头站在教室门口。老师说："上课时李扬影响同学听课，我说了他多次，但他都不听，所以让他出来冷静冷静。"李扬妈妈心想，儿子一向很乖，今天怎么会做出这么反常的事？尽管有些疑惑，但她还是笑着对老师说："不好意思，给您添麻烦了。"这时，旁边的李扬听了这话，似乎显得不高兴，他狠狠地推了妈妈一下，然后大步走掉了……

李扬妈妈与老师道了别，接着追了出去。她见儿子快速地向前走着，眼睛红红的。李扬妈妈温柔地问："儿子，为什么要推妈妈？"李扬嘴唇动了动，没有说话，眼泪却流了下来。李扬妈妈挽住了儿子的胳膊，说："时间还真是快啊！儿子，你看，你现在的个子都超过妈妈了，是个大男孩啦！刚才推妈妈那一下，还真有劲儿啊！"

李扬终于哭出了声，说道：“妈妈，对不起！”妈妈笑了，说：“扬扬，你真傻，妈妈把你养大，会不了解你的性格吗？其实我一直对老师的话有所怀疑，你们之间一定存在什么误会，我一直在等待着你对我说原因，没想到，你就那样走掉了。”

扬扬说：“我同桌把我的文具盒藏了起来，我要他还给我，他不还，我上课没法记笔记，只好去翻他的书包，没想到，被老师看见了……妈妈，对不起，我错了……”

妈妈说：“有问题要及时说出来，不要闷在心里，你不说出来，别人便难以了解情况……好啦，儿子，我们别提这件事啦！既然你今天公然翘课了，那妈妈下午也翘班吧，现在，我们逛超市去！不过有一点可要说好了，只此一次哦！”

人人都说“男儿有泪不轻弹”，但男孩在生活中也会遇到各种各样的困难，他们也会为某件事黯然神伤，他们也会被无数的烦恼纠缠……男孩也需要发泄自己的情绪。因此，他们需要一个聆听者，一个能够让他们倾诉心声的对象。父母往往是他们最值得信赖的人选。因此，作为男孩的父母，应该及时留意儿子情绪的变化，当你觉察出他的情绪有异常时，应积极引导孩子把憋在心里的不快说出来。

体谅男孩特殊的表达方式

比起生闷气、摔东西、吼叫等，有些男孩更愿意用身体来发泄自己的愤怒情绪，例如，用手砸墙、敲打自己的头、狠狠地跺脚等。此时，父母应该试着体谅男孩这种特殊的表达方式，千万不要对孩子的行为加以指责或“镇压”，否则会对男孩性格的发展产生不利影响。

小京的考试成绩很不好，回到家后，他将自己关在屋里，用拳头狠狠地敲打墙壁，他的手也为此受了伤。妈妈知道这件事后，便为儿子买回了拳击袋和拳击手套，她告诉儿子说：“你不开心的时候，可以练练拳，这样你的烦恼就消失了。”此后，每当小京不开心时，就会像妈妈说的那样发泄自己的情绪，后来再也没有发生过伤害自己的事件……

各位父母不妨学学小京的妈妈，为儿子准备一个沙袋、沙发垫等，这样，在孩子情绪异常的时候使用，既可以防止他受伤，又能促使他发泄出不良情绪。当然，这样做并不能从根本上教育孩子摆正自己的心态。父母还应该等到男孩的情绪稳定后，耐心地指导他，让他学会科学合理地表达、调节自己的情绪。

细节8 男孩精力旺盛，不安静

男孩的精力旺盛，永远没有安静的时候。让父母头疼的是，儿子在上课时也无法安静，不认真听课，作业本扔来扔去，对老师的批评毫不在意。

浩杰是个小学生，上课总是不认真听，虽然老师反复提醒，他还是控制不了自己，小动作不断。一等到放学就像个刚出笼的小鸟，放飞到了大自然，整天玩儿不够，可是一写作业就磨磨叽叽，撕了写，写了撕。在家做功课时，他总是一会儿要吃东西，一会儿要喝水，一会儿又要去厕所，坐立不安，父母对此烦恼极了。

对儿子的这种情况，有的父母往往当作天大的事来看待，对孩子非打即骂，却矫枉过正，孩子还是我行我素，成绩更差；而有的父母则认为，儿子小学时调皮没关系，中学时成绩就会赶上来了，什么也不影响，还是顺其自然的好。

这两类父母的想法都是错误的，孩子不喜欢上课，父母应该首先要考虑孩子为什么上课这么容易走神，怎么让他集中精力听课。建议父母们采取以下三种方法，改变孩子上课走神的状况。

及时鼓励，帮儿子找回学习的兴趣

孩子上课不认真，主要还是因为他对学习没有兴趣。爱因斯坦说过：“兴趣是最好的老师。”成绩好的孩子，就是由于他对学习有着浓厚的兴趣。所以，父母要想办法帮助孩子找回学习兴趣。有些兴趣是天生的，但更多的兴趣还是受环境、人为等多种因素影响而培养出来的。为什么儿子会没有学习兴趣呢？他一会儿搞怪，一会儿和周围的同学说话。学习对他来说成了枯燥无味的事，无法满足他与生俱来的对新鲜事物的探知欲。

小强对数字很感兴趣，他的数学成绩在班里是第一。他平时也很崇拜邻居家学奥数的哥哥。有一次他因为失误，考了全班第二名，便不愿上数学课了，出现这种情况后，老师非常着急。

小强显然是暂时失去了学习数学的兴趣。聪明的爸爸见他这样，就把一道数学题给他:“小强，这是邻居哥哥的作业题，你快来看看，帮帮哥哥，他在家都急坏了。”小强马上来了精神，趴在桌上认真做了起来，一会儿就做完了。爸爸很高兴地夸奖他，还故意意味深长地说：“看来奥数哥哥也有做不出来的数学题啊。”小强自己也很得意，从此以后，他学习数学的兴趣又被激发出来了。

孩子在快速成长期，对事物保持的兴趣也是不稳定的。所以，父母要帮助孩子保持兴趣，在他获得一点儿成就时，适当地给予肯定和鼓励，会给孩子很大的信心。当兴趣一旦成为一种习惯，孩子就会自己把握。

良好的学习氛围让儿子成长得更快

妈妈催丁丁去写作业，丁丁还想再玩会儿，就说：“爸爸为什么还看电视？”爸爸说：“大人的事，小孩子不要管，快去写你的作业。”

丁丁听后非常不情愿。妈妈走到爸爸跟前，小声说：“大人都做不到的事情，怎么要求孩子做到呢？”爸爸起身说：“关电视了，现在是学习时间。”说着自己拿起一本书安静地看起来。于是，丁丁这才痛痛快快地写起作业来了。

父母是孩子的第一任老师。日常生活中的“言传身教”都在潜移默化中影响着孩子的成长。现实中，父母在培养儿子时，更要注意为他树立一个好的榜样，在这样的家庭氛围中，孩子的学习自觉性也会大大提高。

把竞争意识转移到学习中来

男孩天生具有挑战意识，对新奇的事物总是充满好奇。卸钟表、拆玩具，研究“飞机”“坦克”，忙得不亦乐乎。但很多男孩的挑战意识，在学习中表现并不强，这就需要竞争的刺激才能把他的潜能充分发挥出来。因此，父母要鼓励儿子多参与学校和班级的活动，比如，多参加讲演、书画等比赛活动。通过这些活动参与竞争，从中得到锻炼，在竞争的环境中体验快乐，使自己的特长、个性、自信不断得到发展，而这些也将成为儿子学习的更强大的动力。儿子的竞争意识增强了，学习也就成了一项很有趣的挑战。

第2章

父母必须掌握的教育智慧

一位病人躺在手术台上。在没有进行麻醉前，外科医生走了进来，对病人说：“在手术方面，我没有接受过多少训练，但是我非常爱我的病人，我会利用常识来做手术的。”

如果你是那位病人，你是接受他的手术还是赶快逃命呢？

这是美国著名教育家吉诺特博士在其著作《孩子，把你的手给我》中讲的一个故事。他用这个故事道出了这样一个道理：父母和医生一样，仅仅有常识是不够的，仅仅有爱也是不够的，还需要学习特别的教育方法和技巧，这样才能更好地胜任自己的职责。

细节9　棍棒教育已经落伍了

“打是亲，骂是爱”是一种畸形的教育观念。约翰曾提出：“一对优秀的父母会用心呵护孩子幼小的心灵，培养孩子的荣誉感和自尊心，而不会打骂孩子。”他反对一切打骂式的教育方法，并称之为“奴隶式教育”。而中国的很多父母仍在延续这种错误的教育方法。

由于父母望子成龙、恨铁不成钢的急切愿望，所以在有意无意中，都会采取打骂孩子的教育方式。但是，多年的教育实践表明，这种教育效果往往事与愿违，甚至还可能造成一些触目惊心的家庭悲剧。

其实，父母不妨静下心来，冷静地思考一下，你为什么要打骂孩子？一般在什么情况下你会打骂孩子？打骂之后的结果又是什么？

妈妈打开冰箱的时候，儿子阿旭也把脑袋凑了过来，踮着脚摸了摸冰箱里的鸡蛋，正想拿一个鸡蛋出来看看，妈妈突然大声喝道：“哎呀，别碰鸡蛋，你会把鸡蛋打碎的！”阿旭听到妈妈的呵斥，先是一愣，继而把手缩了回去。

阿旭的妈妈为什么会大声呵斥儿子？因为她不想让儿子打碎鸡蛋。那么下次再遇到类似的情况时，妈妈还会对阿旭大声呵斥吗？会，因为呵斥起到了预期的教育效果。

除了想制止儿子的不良行为之外，当儿子把父母惹得“暴跳如雷”时，父母只能用大声呵斥甚至打骂的方式发泄自己的情绪；当父母苦口婆心地教导儿子，而儿子却不明白父母的良苦用心而屡教不改时，父母怎么能不发火呢？

用耐心的教诲代替一味的打骂

好动、贪玩儿、不爱干净、争强好胜都是正常的表现。如果父母把打骂作为管教男孩的方式，那就大错特错了。男孩都有很强的自尊心，一旦受到伤害可能产生两个极端，变得极度懦弱或是异常暴躁，甚至对父母产生敌对、仇视的情绪。

其实，在面对男孩的错误时，只要父母耐心地教导，摒弃打骂的方式，孩子还是能积极地改正错误的。

让儿子“自食恶果”一次

亮亮和妈妈一起去外婆家吃饭。吃饭前，亮亮在厨房的桌子上看见有很多包好的饺子，于是他趁着大人不注意就抓起一个放进嘴里。旁边的外婆看到后马上要阻止，却被亮亮的妈妈制止了。妈妈说：“让他吃，吃过之后他就知道生的东西不能往嘴里放了，这样才能认识到自己的错误。”果然，亮亮咬了一口生饺子便吐了出来，并大叫道：“太难吃了，下次我再也不敢吃了！”

有时，在确保安全的前提下，父母可以让淘气的小家伙“自食恶果”一次，他便能切身地体会到父母为什么会阻止他的某些行为了。

因事制宜，变换花样

下面，我们看一下刘先生分享的教子方法：

当儿子没有发生什么原则性错误时，我通常采取讲故事、举例子的方法让儿子领会其中的意义；有时，我也会领孩子去博物馆、动物园等地方，结合看到、听到的事物阐述生活的道理，这种方法更易于被孩子接受；当儿子犯下性质恶劣的错误时，我会批评他。当然，我的批评不等于责骂，我会以严厉的态度对他说清是非曲直，讲明后果，让儿子知道事态的严重性，以免再犯。

如果你不懂得更新自己的教育方法，总是用同一种说教的口吻和面孔，那么孩子会感到厌烦，你也无法达到教育的目的。我们不妨学学上例中的刘先生，在一些生活细节中，不经意地阐明自己的想法，并配合轻松的谈话方式，这样才更容易让儿子接受。

细节10　营造温馨和谐的家庭环境

对于孩子来说，家庭才是他赖以生存的地方，对他的影响远比成年的社会要大得多。在男孩们眼中，家庭不仅仅是一个生活场所，还是他们接受爱、学习爱的地方。因此，一个良好的、温馨的、和睦的、甜蜜的家庭对孩子的身心健康起着至关重要的作用。

说到这里，很多父母便会问：什么样的家庭才适合孩子成长呢？答案很简单，让你家里的小男子汉来告诉你。

曾经有一位教育学家在一所小学里做了这样一项实验：

他让所有的孩子回答这样两个问题："你心中最完美的家是什么样子呢？""生活中，哪些事情让你觉得温暖？"这位教育学家本以为孩子们肯定会说有洋房、汽车的家是完美的，能让他们感到温暖的是那些好吃的和好玩的，然而，让这位教育学家惊讶的是，没有一个孩子这样回答，他们所谓的完美的家和温暖的感觉，都是日常生活中每天都在发生的事情，比如鼓励、民主的讨论、与父母一起玩耍等，在孩子们的回答中，家与家人的关爱胜于物质和娱乐。

不要以为你的孩子还小，什么都不懂，其实他们非常了解家的含义。在他们心中，家不一定非要富丽堂皇，但一定要温馨；爸爸妈妈很少吵架，每天都是开心的；家庭生活中，不一定每天都有好吃的零食，但只要是全家人一起吃饭，聊聊天，开开玩笑，就是幸福的；在家中的游戏肯定没有去游乐场好玩，但他们喜欢和父母一起在家共同玩耍……

父母是孩子的第一任老师，家庭则是孩子的第一所学校，健康和谐的家庭环境是孩子身心健康发展的前提条件。

营造民主的家庭氛围

大部分孩子的家庭环境都算得上是温馨的，但有时会缺乏民主氛围，这样的家庭氛围会使孩子感到压抑。如果父母动不动就对自己的孩子说，你应该这样，你不能那样，这无疑会破坏孩子天生的创造力。这样的孩子虽然看上去老老实实，是父母眼中的“好”孩子，然而未来步入社会时却缺少了一分灵性。因此，各位父母要力争为孩子创建一个民主的家庭氛围。

孩子从他出生起，就是独立的个体。他有自己的思想、意志，也有强烈的自尊心，需要得到父母的尊重。只有在对孩子的教育中树立这种平等的意识，才能让你的孩子真正听你的话，让他从内心尊重你。

此外，父母千万别存有那种“孩子还小，很多事情没有必要让他知道”的心理，这样会让你的孩子觉得自己是脱离家庭生活的，从而产生一种孤独感。作为父母，你必须保证家庭内每个成员之间都是平等的，要知道，儿子虽小却有自己的感受，他能感受到你对他的尊重和重视，更能感受到你的爱。

营造和谐的家庭氛围

“你简直就是个窝囊废！”

“有本事你去挣钱，就知道在家里耍横！”

……

这是家庭生活中夫妻双方吵架时经常说的话。也许当夫妻双方争吵完后，并没有觉得有什么不对，但他们却没有考虑到孩子的感受，这些恶意伤人的话，会对他们的孩子造成什么影响。

心理学家研究表明，从小就生活在紧张的家庭环境中，孩子的智力发育较同龄人会晚一些；有的孩子还会因为恐惧拒绝与人交往，而患上自闭症。反之，一个自幼生活在和睦家庭的孩子，他的身心发育则会更健康。

在和谐的家庭氛围中生活的孩子，通常能够感受到一种幸福感。父母经常带着自己的孩子外出散散步、逛逛公园等，不仅可以增进父母与孩子之间的感情，还能潜移默化地将一些知识传授给孩子，从而使孩子更加热爱学习，对周围的事物充满好奇，乐于与他人接触。反之，若孩子生活在一个不和睦、经常发生争吵的家庭中，父母不仅无心照顾孩子，甚至还会拿孩子当“出气筒”，这无疑会给孩子的精神造成很大压力，严重危害孩子的身心健康及智力发展。

家庭是孩子成长的摇篮，父母的一言一行都对孩子的成长起着至关重要的作用。比如一个公益广告中所演：一个小男孩在无意间看到忙碌了一天的妈妈在为奶奶洗脚，双方非常融洽地聊着天，他也学着端来了一盆水给自己的妈妈洗脚……因此，父母要努力为孩子营造温馨和谐的家庭环境。

细节11 做儿子的第一任“伯乐”

很多男孩的父母都羡慕那些生女孩的父母。在他们看来，女孩乖巧、伶俐、懂事，在她们身上具备了很多男孩所不具备的优势，看上去要比淘气的男孩更加惹人喜爱。于是，很多父母总是按照要求女孩的标准去教育儿子，这无形中便对儿子造成了伤害。

其实，每个男孩都有自己出众的一面。作为父母，首先应认真地了解儿子的优势，再采取相应的培养措施，以发扬儿子的长处，回避儿子的短处，为儿子日后的成功奠定良好的基础。

一般来说，男孩具备以下这些天赋和优势，父母可以通过下面所列的内容与自己的儿子作比较，进一步发现他的闪光点：

男孩具有较强的实践能力、自学能力；

男孩天生是运动的能手，在运动方面有着极强的爆发力；

在大多数情况下，男孩喜欢直接地解决问题，因为他们具有较为明确的目的性；

大多数男孩都具备很强的逻辑思维、推理能力、运算能力和理解能力；

事业对成熟的男孩来说是非常重要的，大多数男孩会把某一领域的成功作为生活目标；

与女孩相比，男孩在语言交流时更倾向于提出建议和解决问题的办法；

……

在教育男孩的过程中，父母要做的工作就是当好一个领航者和培训师，让自己的儿子在不失去自己个性的同时，发挥自己的长处。

劣势变优势，从锻炼儿子的表达能力开始

对于成长中的男孩来说，培养他的表达能力是非常重要的事情。只有锻炼他完整、顺畅地表达出自己的感受，他才更容易被人了解和接受。

一位母亲这样讲述自己的教子经验：

自从我的儿子出生起，我就每天抽出一些时间和他说话。我每天都教他读一些优美的诗句，给他讲一些好玩的小故事。看得出来，儿子虽然不能完全理解诗歌或故事的含义，但他很乐于我这样做。

为了锻炼儿子的表达能力，在他3岁时，我开始引导他讲故事给我听。我还记得儿子第一次为我讲故事时的情景，他磕磕巴巴，显得很心急，可越心急越讲不清楚，最后讲到一半就不想讲了。我在一边鼓励他："儿子，你讲得真棒！比妈妈讲得好。可是，你为什么不讲了呢？"儿子听我说完便受到了莫大的鼓舞，接着，又继续为我讲了下去。

在我的鼓励下，儿子爱上了阅读，爱上了讲演，他的表达能力在同龄孩子中非常出众……

这位母亲的做法非常聪明，她知道男孩天生对语言不敏感，于是在儿子很小的时候，就坚持不懈地培养他的表达能力。我们也应该这样做，在我们的儿子还小的时候，就要试着通过认物、读诗、讲故事等方式，

让儿子从小就对语言产生兴趣，然后教他开口说话、讲故事，并给予他相当大的鼓励，从而使儿子产生强烈的表达欲望。当然，在这个过程中，父母会遇到许多困难，但是只要坚持不懈，儿子的表达能力就会得到很大的提高。

好好培养儿子的每一种天分

父母不应把眼光停留在儿子的学习成绩上，要知道，学习不能作为衡量所有才能的标准。

以下是一位母亲的教子经验：

儿子这次考试排了全班倒数第四。为此，我心情很差，回家后一动不动地坐在桌前思考儿子的问题究竟出在哪里。在我思考问题的这段时间，有几个小朋友接二连三地敲门，要找儿子出去玩儿。但儿子知道自己惹我伤心了，所以一直没有出去。

过了一会儿，又有敲门声了，我好奇地开门，见到门口站了好几个小孩子，他们异口同声地哀求我说：“阿姨，你让康康陪我们玩一会儿吧！没有他，我们玩着没意思……”正是这样的一句话点醒了我。康康虽然成绩很差，却拥有良好的人缘，每个孩子都很喜欢他。难道这不是一种比学习更可贵的天赋吗？

想到这里，我再也不干预儿子的生活了，甚至还鼓励他多多交朋友，把同学叫到家里一起做功课。经过半年的时间，儿子的学习成绩明显上升了，还跟别的小朋友学会了绘画和音乐……

父母在平时要多多留意自己的儿子，努力发现他的优点或天分：他是否喜欢音乐、美术胜于学习？他是否口齿伶俐、感受力强、具有幽默感？他是否喜欢模仿，喜欢表达？找到孩子的长处后，便可像上面的那位母亲那样，积极引导孩子朝着他感兴趣的方向发展，用你的鼓励和赞美促进孩子天分的发挥。

细节12　父母合力打造最优秀男孩

有一家三口，夫妻俩和一个上小学四年级的儿子。丈夫忙于工作，每天早出晚归，很少有时间与儿子沟通，一有时间就和儿子闹个没够，十分宠惯他。妻子很生气，责怪丈夫把孩子都给惯坏了，而丈夫总是口头检讨，行动不改。一次，儿子对爸爸说脏话，妈妈听后很生气，便罚儿子不许吃晚饭。惩罚过后，爸爸带着儿子进了一家餐馆，点了几个好菜，请儿子美美地吃了一顿。

对孩子的教育方式不一致，是存在于现代家庭教育中的一种潜在危机。根据男孩的性格特点我们知道，当他们犯错误时，还是会惧怕因此带来的惩罚，可是当惩罚不能再吓倒他们的时候，便会更加肆意妄为。上例中的儿子害怕担任“白脸”角色的母亲，对母亲的话言听计从，而面对唱“红脸”的父亲，儿子不免少了几分畏惧。这样一来，父母共同的教育效果就会大打折扣，甚至相互抵消。长此以往，儿子就不会害怕做错事受惩罚，从而为儿子可能犯更大的错误埋下了隐患。

在教育孩子的过程中，父母的“合力教育”能使孩子成长得更好。如果父母一个唱红脸，一个唱白脸，甚至常当着儿子的面大吵，这样下去，就会使孩子变得不知所措。

父母要树立“合力教育”的意识，在儿子遇到问题时，双方应心平气和地坐在一起，寻找最科学、最恰当的方法教育儿子。

双方意见发生分歧时，要求同存异

在一个家庭中，由于父母双方的受教育程度和生活背景不同，在很多问题上的观点往往不一致，特别是在孩子的教育问题上。正确的做法是站在孩子的角度换位思考，并抱着商讨的态度，求同存异，共同解决问题。

教育矛盾要背着孩子协调

当父母在教育孩子的过程中发生矛盾时，一定要背着孩子协调，切不可将它暴露在孩子面前。父母要在孩子心中树立威信，要给孩子做个好榜样。在意见不统一时，要冷静听取对方的意见，好好商量，得出统一的结论，更好地教育孩子。

细节13　男孩快乐成长三要素

很多父母可能都有这样的感觉，和男孩相处是一件很有难度、很费力的事情；在男孩小时候，不像女孩那样乖巧、听话，还常常发脾气，和父母发生矛盾；等长大了一些，他们变得更加倔强、固执，不仅听不进父母的话，还和父母对着干。我们常常听到一些父母抱怨说：

“我7岁的儿子一点儿也不听话，常常惹我生气。”

“我的话，儿子一点儿也听不进去，他常常和我对着干。”

“儿子有了心事宁愿和网上的陌生人倾诉，也不愿意和我分享。”

“虽然我是儿子最亲密的人，但是我们之间的关系却总有一些隔阂，这大概就是人们常常提起的‘代沟’吧。”

……

如何才能和孩子关系升温呢？这大概是每个父母都想过的问题。父母要想改善和孩子的关系，就要懂得孩子心中是怎么想的：他们最喜欢什么样的家长，最喜欢什么样的沟通方式等。

某家报纸曾经就这个问题做过一次调查，结果发现，大约90%的孩子把票投给了以下几个选项：

信任我，不做我的监工。

尊重我，让我平等地参与家庭生活。

理解我，做我的知心朋友。

说话算数，不轻易爽约。

允许我结交知心朋友，并且尊重我的朋友。

从上面几条可以看出，孩子非常渴望得到父母的信任和尊重，他们希望父母把他们当作独立的个体来看待，并且给他们一定的自由和空间。其实，只要我们稍加用心，对孩子多些关爱和理解，这些要求是很容易做到的。只要我们能够做到这些，我们和孩子的关系自然会得到改善。

多给孩子一些信任

信任是相互的，如果一个人不信任我们，自然也得不到我们的信任。同样的道理，如果我们不信任自己的孩子，孩子自然也不会信任我们。虽然这些道理我们大家都懂，但是在生活中却经常有这样的事情发生：

场景一：12岁的小凡兴致勃勃地对妈妈说："妈妈，周末我要和几个同学去野炊。"妈妈皱起眉头说："你们几个小孩子去荒郊野外多危险啊，不许去。"

场景二：爸爸和妈妈要外出办事，留下儿子一个人在家里写作业。妈妈怕儿子偷着上网看电视，便每隔半小时就给儿子打一个电话，问问他是不是在写作业。

一般来讲，父母对儿子的不信任源于以下两点：第一，出于对儿子的关爱，怕他独自无法应付一些事情。第二，怕给他太多的自由出现安全问题，或者光顾玩耍而影响了学习，甚至还会学坏。虽然父母的这些"不信任"也是出于对儿子的爱，但是在儿子看来却不是这样。对儿子来说，父母的不信任是在怀疑他的能力，甚至是在怀疑他的品行，这让他感到非常不舒服，从而和父母之间产生隔阂。所以，我们要想让儿子信任我们，把我们当作知心朋友，我们必须信任儿子。

尊重儿子的意思，不把自己的意愿强加给儿子

很多父母都遇到过这样的情况：有时候儿子犯了错误，他自己也认识到了错误，但是他就是不认错，宁愿接受父母的惩罚。为什么会出现这样的情况呢？这是因为儿子的自尊心是非常强的，他宁愿接受惩罚，也要维护自己的自尊心。所以，在和儿子相处时，我们一定要尊重他，友好、平等地对待他。

一位优秀的母亲谈到自己的教子经验：

在前两年，我和儿子的关系非常不融洽，常常发生矛盾。尽管我竭尽全力想和儿子搞好关系，但是儿子总是对我敬而远之。后来我终于找到了儿子不愿意接近我的原因：我常常把自己的意愿强加给儿子，而没有平等地对待他。例如给儿子报兴趣班，我不和他商量就直接给他报名；再比如给儿子买衣服，我从来没想过他喜不喜欢，只买那些自己感觉不错的衣服。找到这个原因后，我不再把自己的意愿强加给儿子，而是很多事情都和他商量，听听他的看法。甚至家庭中的一些事情，我也让儿子参与进来。儿子感觉自己受到了尊重，和我的关系也就亲密起来了。

用理解跨越代沟

很多父母都抱怨自己和孩子之间存在代沟：自己感兴趣的事情孩子一点儿也不喜欢，而孩子感兴趣的事情自己又一点儿也不了解。正是因为代沟的存在，很多父母竭尽全力想和孩子搞好关系，但是却做不到。

其实代沟并非鸿沟，只要我们理解孩子，多站在孩子的角度上思考问题，就可以轻而易举地将代沟跨越过去。

孩子比我们更年轻，接触的新鲜事物也更多，他们的兴趣爱好不可能和我们一样。所以，我们应该理解他们，不要要求他们向我们看齐，而是主动向他们看齐，这样，我们就可以轻易跨越代沟，从而让亲子关系更加融洽。

细节14 教育方法决定教育成果

一般来说，父母对孩子的教育方法决定其最终的教育成果。

事实上，每位父母都有自己教育孩子的独特方法，但总体上可以分为四种风格：权威型、专制型、纵容型、忽略型。这四种教育风格下的父母都有自己的具体特点和表现内容：

权威型父母多表现为关心和倾听孩子，对孩子的需要能做出敏感的反应，能及时给予孩子帮助，在孩子心目中有很高的威信，彼此信任、尊重、理解。权威型父母教育下的孩子易于形成真诚、友善、自立、合作的品质，而且有良好的社会适应能力和自我控制能力，较能自信、愉快地学习。

专制型父母多表现为严格控制孩子，并要求孩子无条件服从自己的各种要求，一旦违反，孩子就要遭受严厉的惩罚，不关心孩子的内心感受和想法。专制型父母教育下的孩子易形成行为上的两面性，并时常感到焦虑、不满、退缩、沮丧、自卑、悲观、对人缺乏信任等，还易产生攻击行为和报复心理。

纵容型父母多表现为溺爱孩子，他们对孩子不是没要求，但他们从来不严格要求自己的孩子。纵容型父母教育下的孩子易形成犹豫、霸道、任性、缺乏主见等不良习惯，而且看似“小皇帝”的他们内心常常焦虑不安，心理发展也不成熟，自控力差，缺乏应有的进取心和探索精神。

忽略型父母多表现为对孩子漠然、拒绝，更多时候沉浸在自我的需要中，对孩子既不关心，也不提要求，亲子之间缺乏应有的交往和沟通。忽略型父母教育下的孩子易产生多种行为问题，身心都得不到健康发展。

根据上面的叙述，父母是不是已经找出了属于自己的那一种教育风格？如果你已经知道自己现在采用的教育方法是不正确、不科学的，那么就请及时改正，以免对孩子的将来造成无法挽回的后果。下面这些方法或许能够让你知道自己以后应该如何做：

对儿子不要“总要求”

很多父母在教育儿子的过程中，为了使自己的孩子更加出色，总是会对儿子提出各种各样的要求：“这次考试你要考100分！”“书桌你怎么不摆在这个位置？”……可能实际生活中儿子确实存在着这样那样的问题，但你“总要求”他去做事，很容易让孩子产生逆反心理。因此，父母在教育孩子时不要对他“总要求”。

涛涛上小学三年级，天性好动、调皮。他的妈妈为了让儿子变成一个乖巧懂事的“小绅士”，采取的教育方式就是“总要求”，例如每次送他去学校的时候，妈妈都要说：“涛涛，上课的时候不要做小动作。”“涛涛，上课要注意听讲。”“涛涛，老师提问一定要积极回答。”结果涛涛每天都是苦着一张脸去上课，而且妈妈要求他做的事情他一件也没有做。

看来父母“总要求”这种教育方法并不能真正达到教育孩子的效果，反而会适得其反。

对儿子不要“总表扬”

现在人们都提倡赏识教育，于是很多父母都觉得自己掌握了教育孩子的好方法，无论自己的儿子做什么事情，都是说：“你真行！”“你真棒！”“你太了不起了！”以为这样就能“夸出一个好孩子”。其实，这种“总表扬”的教育方法，不是让儿子变得自负，就是让儿子对自己的能力产生怀疑。

有一个男孩就曾在日记中这样写道：

今天放学回到家，父母就开始表扬我，我像往常那样给爸爸倒水，爸爸就说：“儿子，你真棒！”我去倒垃圾回来，妈妈就对我说：“儿子，你太了不起了！”可我真的不知道自己棒在哪里，了不起在哪里。爸爸妈妈是不是生病了，要不然最近一段时间他们为什么老是表扬我，我好像没有做什么值得表扬的事情，我好迷惑啊！

对儿子不要“总批评”

很多时候，当父母发现“总要求”和“总表扬”不管用了，接下来就是“总批评”，认为这样儿子就会改正自己的错误，朝着父母认为对的方向前进，殊不知这种教育方法不但不能很好地帮助儿子改正自身的不良习惯，反而会伤害亲子之间的感情。

在日常生活中，假如儿子真的做了错事，父母适当地批评一下也是应该的，但言语之中不要带侮辱性的词语，或者狠狠地打他一顿，甚至惩罚孩子不让他吃饭。这些方式都是错误的，并且会严重损害孩子的身心健康。

细节15　左手奖励，右手惩罚

很多教育专家经常告诫父母，在教育孩子时要奖罚分明，但是，在某些情况下，很多父母却奖罚不明，该惩罚儿子时不惩罚，而是奖赏；该奖赏儿子时不奖赏，反而惩罚。如此一来，儿子自然错误连连。

刘女士正在念初中的儿子斌斌又被校长劝退了，这令刘女士很烦恼。其实斌斌已经转过很多学校，每次都是因为打架被劝退。斌斌之所以崇尚武力，全因父母的错误引导。

有一次，斌斌在小区里与年纪差不多的小朋友们玩儿，见有一个小女孩被一个个头稍大一点儿的男孩欺负，就勇敢地站出来帮助小女孩把那个男孩撵走了。这一切被不远处的妈妈看见了，她大大夸奖了儿子的行为，并买了玩具奖励他。斌斌因此很高兴，在心中却产生了这样的想法：武力不仅能帮助人，还能获得父母的奖励。后来，斌斌把自己的拳头看成是征服别人的最有力武器，对于一些纷争常常采用武力方式解决，慢慢地就变成了学校里的“小霸王”。

父母要知道，奖惩孩子并没有想象中的那样简单，不是做得优秀就必须给予奖励，犯错误就必须给予惩罚，还要视情况而定。

幼年时期的男孩正处于是非观和性格形成的懵懂时期，正确的奖励可以让男孩保持积极向上的良好心态，正确的惩戒可以培养男孩的责任感以及适应生活和学习的能力。然而，父母对孩子的奖励和惩罚不恰当却会给孩子带来很多负面的影响，那么父母怎样才能正确地奖罚儿子呢？

奖罚儿子真正重要的是动机，而非结果

男孩虽然淘气，但在大多数情况下，他做某件事的动机基本是出于善意的，不过有时儿子的想法不能被父母接受，或者结果出现偏差。例如：一个男孩帮妈妈洗碗却不小心把碗打破了，如果妈妈责骂儿子，既打消了儿子今后劳动的积极性，又打击了儿子帮忙的好意。所以，父母在奖罚儿子时，要看儿子的出发点即动机是不是积极向上的，是不是善意的，不能只注重结果的好坏，片面地给予奖励或惩罚。

抓住儿子的心理，善于利用他的自尊心

男孩的自尊心强，有时强硬的批评态度很容易使他产生逆反心理，但是改用温和的态度，甚至给予奖励的方式对待儿子的某些“错误”，就会激发他心中强烈的愧疚感，从而让他发自内心地去改正错误，这也是奖罚的一种妙用。

一次，关关在期中考试中名列前茅，父母表扬了他，并给他买了很多玩具。但是关关心中并不高兴，每当看到玩具时，不免心生愧疚感。原来关关在期中考试时作弊，且没有被监考老师发现。

其实，父母早就知道关关作弊，班主任在批阅卷子时发现了雷同卷子，告诉了关关的父母，出于保护孩子的自尊心的想法，老师没有将卷子作废。父母知道后继续装作毫不知情地奖励了关关，并多次在外人面前夸奖关关，说儿子最大的优点就是诚实。关关对于“诚实”二字更是觉得刺耳，于是在心底暗下决心，下次考试中一定要靠自己的实力获得父母的认可。

果然，在期末考试中关关用行动证明了自己的决心，成绩十分优异，因此获得了老师和父母由衷的赞扬。

不是只有当孩子做得对、做得好的时候，父母才能奖励。就像故事中关关的父母，明知道儿子的错误行为还是奖励他。有时候我们应将奖励视为一种刺激，善用儿子强烈的自尊心，帮其改正错误，发愤图强，取得成功。

细节16 父母要一诺千金

中国青少年研究中心针对中小学生学习和生活现状期望的一项调查显示，父母最令孩子不满的行为就是说话不算数。的确，现实生活中有不少父母经常“忽悠”孩子，这种行为常常令孩子感到失望。

很多父母为了一时目的就哄骗孩子。可能这种行为在你眼中是件小事,却会引发亲子之间的信任危机。对于儿子而言,最信任的人就是父母，一旦这个信任关系遭到破坏，孩子就很难再相信他人，这会严重影响儿子健康人格的形成。

父母失信于儿子还有很多危害。首先，这会让孩子觉得一个人可以说话不负责任,答应的事也可以不办,于是,孩子养成了“轻率”的坏习惯。其次，父母在失信于孩子的同时，也便失去了在孩子心中的威信，一个没有威信的父母又拿什么要求孩子呢？要避免这些危害，你就要以身作则，说话算数。

不轻易许诺，不随便许愿

不能为了想达到某种目的，或是要摆脱眼前的困境，甚至一时兴起就随便对儿子许愿或做出承诺。给儿子许愿时，首先要慎重考虑是否合理，是否能兑现。如果愿望不合理或是不可能兑现，绝不能轻易答应。

对于达不到的请求，要耐心地和儿子一起研究可行的办法，或者直接告诉儿子做不到的原因，不能欺骗他，这样才能得到儿子的理解和信任。

心理学家说过，很多父母对孩子身上哪怕再小的错误都难以容忍，但是他们不知道孩子的很多缺点、错误都是从父母身上学到的。从某种角度来说，孩子身上的一些不足往往是父母的翻版。所以，作为父母，一定要做好典范，培养儿子的诚信和责任感。

要做到言必信、行必果

曾参杀猪取信于子的故事广为流传：

一天，曾参的妻子要到集市上去，儿子哭着闹着要跟着去。母亲对儿子说："你先回家待着，待会儿我回来杀猪煮肉给你吃。"儿子很高兴，乖乖地坐在门口等母亲。当妻子刚从集市上回来后，曾参就要磨刀杀猪。妻子忙劝止道："只不过是跟孩子开玩笑罢了。"曾参说："夫人，可不能随便跟孩子开玩笑啊！小孩子没有思考和判断能力，凡事都要向父母学习，听从父母的教导。现在你欺骗他，这不是教孩子骗人吗？母亲欺骗儿子，儿子就不再相信自己的母亲了，以后对孩子教育也就困难了。"于是曾参就把猪杀了煮肉给孩子吃。

在现实生活中，父母要慎重给孩子承诺或是答应孩子的要求，但答应了的事必须要兑现，这样才能获得孩子的信任，为以后的教育树立威信。另外，孩子在父母言行的影响下也能养成一诺千金的好习惯。

细节17　儿子需要"穷"着养

中国的父母可以说是天底下最疼爱孩子的父母，即使孩子已经长大成人了，还会依靠父母的帮助，"啃老族"的出现正说明了这个问题。虽然很多年轻父母明知道过多的物质享受对孩子的发展不利，但是还会不遗余力地把最好的东西给孩子。

2008 年，比尔·盖茨正式宣布退休，并声称将把自己全部财产 580 多亿美元捐给慈善事业，一分一毫也不留给子女。他的理由是：巨额的遗产会使下一辈失去奋斗的精神、做事的热忱，形成不劳而获的观念，甚至会使他们丧失生存能力而堕落下去。

14 岁的张晨生长在一个富裕的家庭中，从小就享受着爷爷奶奶和爸爸妈妈无尽的爱，玩具、衣服、零花钱、手机、电脑……只要是他要的，大人都会满足。随着张晨的长大，爸爸妈妈发现他越来越任性，却拿他没办法。他们想，只要孩子再过几年长大点儿自然就会懂事了。

可是最近，张晨行为更加反常，情绪忽高忽低，对大人讲话又没礼貌，索要零花钱次数越来越多，数目也越来越大。后来，张晨的父母跟踪儿子，发现儿子经常泡酒吧，并结识了很多不良朋友，染上了毒瘾……

丰富的物质享受容易让儿子养成贪慕虚荣、铺张浪费、喜欢攀比、坐享其成的不良习惯。当儿子对物质追求的欲望膨胀到父母无法满足时，他就可能走入歧途，为金钱而犯罪。有调查表明，未成年人盗窃的案例中，很多都是因为没有正确的金钱观，平时养成大手大脚的习惯，经常进入网吧、游戏厅、歌舞厅等场所，接触到社会上的不良人员而学坏的。

苏联教育家马卡连柯说过："一切都让着孩子，牺牲一切，甚至牺牲自己的幸福，这就是父母给孩子最可怕的礼物！"父母过分的爱会让儿子失去面对困难的勇气，所以，作为父母，一定要"穷"养儿子。

不要轻易满足他的要求

父母最架不住的是孩子的撒娇，有时一个无助或是渴望的眼神，就令父母心甘情愿掏腰包满足孩子的要求。有句话叫"自古寒门出贵子"，其实不管你是否富有，都不应该满足儿子所有的物质愿望。太多的物质享受只会消磨掉儿子的意志。

"穷"养并不会让儿子损失什么，反而会让他获得更大的财富。现在

“穷”一些，他就知道父母赚钱不易，就会更关心父母;现在“穷”一些，他就知道生活不易，就会通过自身努力，好好学习，为自己赢个好未来。因此，父母不要给儿子太优越的物质条件，而是要让他养成艰苦朴素的优良作风。

让儿子吃点儿“苦”

彬彬的家距学校有点儿远，坐公交的话可能要花半个多小时，所以，刚上初一的彬彬常常不吃早饭就往学校赶，妈妈看着心疼就让儿子每天上学打车，而自己还要挤一个多小时公交去上班。就这样，儿子初中三年，就打了三年的车，而妈妈还是一如既往、心甘情愿地挤公交。

不知道从何时起，孩子上下学都已经习惯用车接送，难道今天的孩子不能骑自行车、坐公交了吗？对此，也许有的父母会找出一些借口，如社会不安全因素太多、路程太远等，但年轻的父母是否还记得当年你们是怎么上学的？有人可能会骑上1小时的自行车，有人可能会坐很久的公交车，还有人可能还要走上几十里的山路……那么，今天你们的孩子为什么不可以呢？请对你们的儿子狠一点儿，过多的呵护只会令他更脆弱。不经历风雨，又怎能见到彩虹呢？

细节18 让儿子拥有“国际化视野”

世界本是广阔的，如果一个孩子不能主动去探索，那么再广阔的世界在他眼中也是有限的；世界本是神奇的，如果一个孩子不懂得去发现，那么再神奇的世界对他而言也会变得呆板。常言道：“好男儿志在四方。”父母应培养男孩的“国际化视野”，只有这样，他才能站在较高的起点上望得更远。

英国教育界曾经提出“世界范围内的教育”口号，是指给孩子灌输全球化意识，提高孩子国际环境下的交流、生存技能，培养孩子在全球化经济社会中的各项能力。对此，我国的教育学家也特别指出：让下一代了解不同政治、不同文化、不同信仰、不同民族背后的差异和特点，会为他今后的生活提供更大的空间。

那么如何培养儿子的“国际化视野”呢？除了让儿子掌握一门或多门外语、出国留学之外，是不是就没有更好的教育方式了呢？当然不是，为了不让自己的儿子输在起跑线上，父母提高儿子的国际化意识，可以有多种教育方式。

需要注意的是，父母培养孩子的国际化意识，不要太急功近利。要结合儿子的实际，选择适合他的教育方式，让他接触多种文化，视野变得更开阔。

打开他那扇通向世界的窗户

二年级的波涛是英格兰队的球迷。世界杯期间，他一直很关注自己崇拜的球队，还不停地给父母分析每个人的状态，像鲁尼、兰帕德、特里等。爸爸问他：“你知道英格兰在哪儿吗？”波涛抱起脚下的球就在上面找起来了。原来波涛玩的球是爸爸专门买的一个画有世界地图的球。爸爸又问：“你知道英格兰的全称叫什么吗？”波涛摇头，爸爸又问：“鲁尼的家乡在哪个城市？”看到波涛还是摇头，爸爸就跟波涛说起了这些知识，包括从英格兰的全称到鲁尼的故乡利物浦，又到英格兰的地理位置、风土人情，以及英国绅士……波涛听得入迷了。

从孩子的兴趣着手的教育是最成功的。聪明的波涛爸爸就是从儿子的兴趣开始，让波涛兴致勃勃地了解了他的偶像球队及其国家风貌。让儿子多了解各个国家和地区的文化习俗、价值观念，并给予理解和尊重，儿子在以后的生活中，就能学会与不同文化背景的人互相尊重、互相宽容、互相合作。父母要善于激发和引导孩子的兴趣，并在兴趣的基础上，时时为他开启一扇通往世界的窗户。比如，对有些爱画画的孩子，父母有时间可以带他去参观画展，欣赏世界名画，扩大孩子的视野。

儿子不能没有世界地图

就像儿子的玩具不能没有刀、枪、车、坦克一样，也不能没有世界地图。没有世界地图，孩子就很难直观地了解世界。

平时，父母可以和儿子做游戏，让儿子在地图上辨识不同的国家。或者让他画各个国家的地图，打乱后再一个个地辨识，并说出每个国家的特点。这样，就会在儿子的心中慢慢形成对世界各国的初步认识。

引导儿子对科技知识产生兴趣

随着经济全球化、人才国际化，将来具有国际理念的科技人才更受青睐。怎么让你的儿子对科技知识产生兴趣呢？父母要多让孩子接触不同知识的书，激发他的兴趣。周末，带儿子去科技馆参观，儿子的好奇心和探知欲就可能被调动起来。父母还可以通过给孩子讲一些科学家的故事，在潜移默化中影响他。

当然，如果你的儿子正在接受你的国际化视野的培养，那么，他学习会更主动、视野会更开阔，对世界的认识也更全面，对国际上先进的科学技术也会更加了解。

男孩要多关注国际形势

让你的儿子养成看国际新闻的习惯，多去关注国际形势，可以通过网络、电视、报刊等途径。这样，他可以了解各国的文化，将来也更容易融入全球化的教育环境，更具有国际化的视野。同时，这个过程也教会了他从全球的角度关注人类命运，关注社会进步，强化了他的国际责任意识。这样，儿子会对未来迎接全球化和信息发展的挑战更有信心。

第3章

与儿子有效沟通的八个技巧

两个小男孩在公园踢球，不小心撞在一起，摔倒在地上。第一个男孩的妈妈赶紧跑过去，关切地问："宝贝，摔疼了吧，快让妈妈给你揉揉。"这个小男孩本来没有哭，听妈妈这样一说，哇哇大哭起来："疼！非常疼！"

第二个男孩看到这个孩子哭，眼睛一红，也想哭。妈妈走过来对他说："草地上摔一下不疼，男子汉会自己站起来的！"那个小男孩受到了妈妈的鼓励，真的从草地上爬了起来，若无其事地去玩儿了。

和孩子说话，也要讲究沟通的方式和技巧。方式不同，取得的效果也不同。

细节19 要善于倾听儿子的心声

“我认为倾听是一种非常好的教育方式。因为倾听对孩子来说，是在表示尊重，表达关心，也促使孩子去认识自己的能力。如果孩子感到，他能自由地对任何事情提出自己的意见，而他的认识又没有受到轻视和奚落的时候，他就会变得毫不迟疑、无所顾忌地发表自己的意见，先是在家里，然后是学校，将来就可以在工作上自信勇敢地正视和处理问题。”这是德国教育家老卡尔·威特的一段话，由此可见倾听的重要性。

随着社会发展和生活节奏变得越来越快，现在很多父母没有了倾听孩子心声的专注和乐趣。他们或许会给孩子买一大堆的玩具和衣服，却很难得坐下来听孩子说会儿话。孩子的快乐、烦恼都埋在心里，在同学朋友那里不能倾诉，在父母那里又得不到肯定，他们就会郁郁寡欢，心灵备受打击。

倾听应该是父母要修的一门重要功课。倾听孩子的话很重要，但父母的倾听不能仅仅停留在听的状态，还要对孩子说的内容积极地回应，这才是有效的倾听。不然，孩子在倾诉，父母虽然听着，却心不在焉，半天不知孩子在表达什么，对孩子也是一种不尊重。因此，父母也要学会倾听儿子的话。具体来说，可以采取以下几种方法：

认真听，了解他的想法

周末，妈妈陪着亮亮一起在写作业。写了一会儿，亮亮扭来动去的，就是安静不下来。妈妈看他一眼，他就写几个字，一会儿又做起了其他小动作。这时妈妈问他:“怎么了，亮亮？”亮亮看了妈妈一眼，犹豫了一下，就问妈妈：“妈妈，麦子的‘麦’怎么写？”妈妈就在纸上写给他看。过了一会儿，他又问妈妈：“妈妈，劳动的‘劳’怎么写？”妈妈又写给他看了。这时亮亮又指着纸上的两个字，说："妈妈，这中间还差一个字呢！"妈妈一看这两个字"麦""劳"，一下恍然大悟："麦当劳？儿子，想吃麦当劳了吧？"亮亮这才有点儿不好意思地点点头。

日常生活中，有些男孩并不直接表达自己的愿望和想法，父母要通过更多的倾听，及时捕捉他的小小变化，观察他没有明确表达的想法。因此，想要了解儿子的想法，就要乐于做他的倾听者，多花一点儿时间，多花一点儿精力，慢慢地听他说，这样才可能走进他的内心世界，进而对他的生活和学习进行一些指导。

对他说的保持兴趣，并给予回应

在有些家庭中，我们经常可以看到一种有趣的现象：

儿子在兴致勃勃地给父母讲着童话故事，讲得绘声绘色，手舞足蹈，可父母只是以"嗯""是吗"应付着，只顾玩游戏、发信息或看报纸，根本没有在意孩子说的是什么内容。而孩子说着说着，看到父母这样不在意，也突然觉得索然无味，于是放弃了自己的故事，很沮丧地离开了。

没有回应的倾听，无疑会让诉说者感到沮丧、失落，也没有了说的欲望。因此，父母对孩子的话，要表现出兴趣来，注意他说的话，让他感觉到你对他的重视，这样他才有可能和你分享更多他内心的东西。不时地对他的话给予回应，比如提出疑问，或者肯定他的聪明才智，来鼓励他继续表达。

倾听时保持冷静，不要打断他

处于青少年时期的男孩思想还不成熟，说出的话也常常不假思索，有时让父母很难接受。

对于孩子不成熟的顶撞或冒犯，父母不要过早表态，让孩子继续把话说完。而很多父母不等孩子把话说完，就火冒三丈，与孩子立即形成对立局面，从而使孩子失去了说下去的勇气。父母应该反省一下自己，是不是在认真听孩子说，是否对他的问题给予了帮助，是否打断了他的诉说。倾听并不意味着纵容孩子，而是要给孩子表达的机会。做个与时俱进的父母，就要学会倾听孩子的诉说。

倾听是一种沟通的方式，会让父母与孩子之间形成非常亲密的朋友式的关系。孩子会感受到你的关怀和重视，对你更信任，进而向你坦露更多的心声。

细节20 唠叨是沟通的大忌

父母说得涕泪交流，儿子还是无动于衷；父母苦口婆心地叮嘱和关怀，儿子则丝毫不闻。他不领父母的情，有时还故意和父母唱反调。

一提到与成长期的儿子交流，有些父母常常很苦恼地说：

“我在家里已经很注意了，可是稍微给他提醒一句，他就嫌我唠叨。我才说一句就说我唠叨，唉，这孩子真是没法管了。”

“我天天起早给他做饭，送他上学，放学接他，我自己还要上班，每天忙得如陀螺一般转着。可他还是不理解，上学不好好听课。在家里，你就是喊上三遍，他也不会从沙发上起来帮我个小忙，我的孩子怎么是这样的啊！”

……

很多时候，父母对沟通产生了误解，认为命令就是沟通，儿子不听从命令，就是不愿沟通。还有很多父母经常习惯于把命令、批评强加于孩子。而孩子长期生长于这样的环境，就会对这种暴力沟通产生反抗的心理。当父母说哪个邻居考上北大、清华了，哪个表哥又找了一份好工作，不学习的结果会怎么怎么样等。儿子对这些老生常谈的话题越听越烦，到最后他就会拒绝与父母沟通，而只乐于享受孤独了。

要改变这种沟通难的状况，父母和孩子沟通，可以采取以下几个方法。

不要当众教育儿子

男孩自尊心强，不愿在别人面前表现出自己不好的一面。有时哪怕你打他也没关系，只要不是当着外人的面就行。所以，教育儿子，尽量避免在人多的场合，更要避开他的朋友和同学。

文昊的父母曾经经历过一件事，至今让他们记忆犹新，他们因此调整了自己对孩子的教育方式。

文昊小时候特别喜欢画画，父母也很支持他。可是，后来他玩魔兽游戏上了瘾，慢慢地也不怎么画画了。父母怎么说他也没有用，他还是我行我素，游戏玩得不亦乐乎。有一天，爸爸的朋友带孩子来家玩儿。看到他们屋里摆着文昊原来画的素描，惊奇得不得了："文昊太有天赋了，画得这么好，看这素描，线条简洁，形象生动……"她旁边的儿子也跟着说："哥哥，我兴趣班的老师还不如你画的呢。我以后就跟你学吧。"

文昊听着别人夸他，激动得脸发红，眼睛发亮。爸爸摸着文昊的头说："我们家文昊从小就对色彩感兴趣，画起画来很有自己的想法和特点，他自己可喜欢画画了。"

从那以后，文昊又开始自觉地画画了。每天不用父母提醒，晚饭后，他就高兴地走进书房，拿起了画笔画上好一阵。

可见，父母教育儿子，应该少唠叨，多诱导，避免当众教育他。要想办法婉转地提醒他，激发他学习的动机。比如，孩子学习的自控能力差，就尽量为他营造一个安静的氛围；孩子显得与同龄人话题少，就多带他去博物馆、科技馆参观，扩大他的知识面，从而增加他和同学朋友交流的话题;孩子不喜欢阅读，就带他去书店、图书馆多看看，激发他阅读的兴趣。父母精心地营造一个良好的氛围，孩子就会在不知不觉中受到熏陶。

不拿别人的儿子做参照

父母不要在孩子面前，总是提及别的男孩如何如何优秀，想着给他树立学习楷模或带来学习的动力。适度地提及还可以，如果频率过高，孩子就会产生逆反心理。父母说东，他偏向西，父母说西，他偏要向东。当儿子遇到生活和学习中的难题时，父母要帮助他分析问题，找到解决方法，而不是一味地抱怨，或者以别人的优秀衬托他的无能，试图给他压力，这样只能适得其反。

远航的成绩在班里是中上游水平。妈妈为了给他增加动力，可谓煞费苦心。她经常以朋友家的孩子或远航班上比较优秀的同学为例，一遍遍地鼓励他。

“远航，邻居家的哥哥今年考上了清华，你一定也要努力学习，到时给爸爸妈妈挣个面子，考上个清华、北大的……”

“远航，你表哥参加奥数竞争在全市得了第一，你的成绩怎么还是老样子，一点儿也没有进步……”

“远航，你们同学是怎么学习的，钢琴弹得那么好，成绩还保持得那么好。你可好，一个特长也没有……”

起初远航还忍着听妈妈唠叨。再后来，妈妈只要一说谁谁怎么样了，他就立即跑出去，妈妈说的话一句也听不进去了。

细节21　敢于向儿子敞开心扉

语言是人类沟通交流的最主要的一种方式。在父母和孩子之间，语言也承载着教育的功能。父母教育孩子，应当以“循循善诱”为依据，不应当用逼迫威胁式。

现实生活中，很多父母苦恼的是，自己苦口婆心地说了那么多，孩子竟然无动于衷，置若罔闻，或者干脆捂起耳朵来不听。天下的父母都是为儿女考虑的，有时孩子道理都懂，但为什么孩子还是不领父母的情呢？

爸爸晚上下班回来都10点了，商店也已经关门了，所以没有买上答应给儿子的玩具汽车。儿子盼望了一天，听说爸爸没有买到，很生气地说："你骗人，明明答应的，你真是太坏了……"疲惫的爸爸看到儿子这样，也急了："你对学习怎么没有这么上心呢？为一个玩具就这样声势浩大地讨伐我们。"儿子一听便一摔门，哭着跑开了。

现实中，我们经常会碰到类似的现象，孩子和父母锋相对，父母并不向孩子解释没有兑现承诺的原因，索性摆出一副唯我独尊的气势，斥责、打骂孩子，而孩子在这种强势的打压下，滋生出更加强烈的逆反心理。于是，沟通在父母与孩子之间变得越来越困难。

如果父母向孩子敞开心扉，真诚地和孩子去交流，把内心的想法告诉他，他一定会理解父母，使亲子之间的关系更加融洽。

让儿子明白你的想法

东东一直想要一台电子琴，可是妈妈就是不给他买，所以每当他想起这件事的时候，就觉得妈妈不支持他学乐器，所以也不再提这件事了。东东生日时，妈妈却给了他一个惊喜，给他买了一台漂亮的电子琴。东东又惊又喜，他很奇怪地问妈妈："妈妈，你不是不喜欢我学电子琴吗，怎么又给我买了呢？"

妈妈说："儿子，我从来就没有不想让你学电子琴啊。上次没有给你买，是因为我们在那家商场看到的电子琴质量并不好，弹出的音质也不好。所以，当时我就没有给你买。"东东听到妈妈这么说，才明白了妈妈当时没有给自己买电子琴的原因。

东东的妈妈不给他买电子琴是有自己的理由的，她完全可以当时向东东解释，说出自己的想法和计划。恰恰相反的是，她却放弃了与儿子的交流，没让儿子及时了解她内心的想法，使儿子内心受到伤害。

儿子在成长，他的思想也在慢慢走向成熟。父母不要总是以为他还是小孩子，不重视和他进行思想上的交流，一味地以大人想当然的心态为他安排一切。这样，亲子之间容易产生隔阂，不利于进行良好的沟通。

对儿子要适时肯定和真诚赞美

有些父母把赞美自己的孩子当作家常便饭，以为这样是鼓励他们，其实这样做是不对的，如果父母的赞美和肯定不是真诚的，孩子不仅不会接受，还会觉得厌烦。

爸爸下班回到家，儿子迎上来，拿着自己刚画的画问："爸爸，这幅画好看吗？"劳累一天的爸爸疲惫不堪，他一边换着拖鞋，一边嘴里说着："好看，挺漂亮的。"儿子走过来继续说："你看看吧，爸爸。"爸爸扫了一眼"嗯，不错，挺好挺好。"儿子不高兴地走开了。这时妈妈走过来，对爸爸提出了抗议："儿子在问你的意见，你不要这么随便地应付他，他画了半天了，你看都不认真看一眼，就说漂亮，这样是对他的一种不尊重。如果太累了，就告诉他说歇会儿再欣赏，儿子会理解的。"听到妈妈这样说，爸爸点点头，叫儿子："儿子，你的画色彩的搭配看起来不错。不过，爸爸要休息一下，吃完饭，再重新好好地欣赏一下你的杰作，怎么样？"儿子听了很兴奋："好啊，我来帮爸爸端饭。"

被关注是任何一个人都有的心理需求，被关注是一件幸福的事，不管是大人和小孩子都一样。而孩子的内心更渴望被关注，渴望被赞美和肯定。如果父母只是一味地迎合孩子，赞美的话随口而出，那么这些赞美也不会起到应有的效果。父母的赞美要真诚，发自内心，这样的赞美才会成为孩子前进的动力。

细节22　和儿子关系迅速升温的秘诀

有时候，对于父母过多的说教，天生叛逆的儿子很容易产生逆反心理，认为父母太唠叨。这样，父母苦口婆心地说了一大箩筐，儿子是左耳朵听，右耳朵出，根本起不到什么作用。沟通是双向的。有时口头语言显得很枯燥、乏味，父母就要想办法用其他的表达方式向儿子传达自己的关怀和爱。

《傅雷家书》是傅雷写给孩子们的信的合集。这些信里有傅雷对孩子的谆谆教诲，体现着浓浓的父爱。傅雷在给儿子傅聪的一封信中说过："长篇累牍地给你写信，不是空唠叨，不是莫名其妙的 gossip（说长道短），而是有好几种作用的。第一，我的确把你当作一个讨论艺术、讨论音乐的对手；第二，我极想激出你一些青年人的感想，让我做父亲的得些新鲜养料，同时也可以间接传布给别的青年；第三，借通信训练你的——不但是文笔，尤其是你的思想；第四，我想时时刻刻，随处给你做个警钟，做面'忠实的镜子'，不论在做人方面，在生活细节方面，在艺术修养方面，在演奏姿态方面。"父爱贯穿于家书的全部内容，教诲儿子不断地进步，严肃地对待艺术，最终使傅聪成为一名享誉世界的钢琴家。

由此可见，教育孩子不见得只能通过言语的教育才能达到目的。父母要多尝试，通过多种沟通方式走进孩子的内心世界。

留小纸条，暖意的传达

可别小看一张小小的纸条，这是父母与儿子之间沟通的一种有效方式。父母在纸条中对儿子的一些叮嘱、表扬或者批评，父母点点滴滴的关怀，他都可以感受得到。由于落到纸上的文字比口头语言更温馨，更多一分理解和体贴，儿子在这种引导下，会更愿意去完成父母交代的事情。安安妈妈曾这样说过：

我平时工作很忙，再加上性格比较急躁，所以，有时候对儿子也没耐心。有一次，我晚上没睡好，早晨起来心情有点儿烦躁。儿子起来吃早饭时，看我没吃，就跑到里屋叫我："妈妈，你怎么不吃饭呢？"我脱口而出地说出一句话："哪这么多事，快吃完饭走你的吧！"儿子没有吱声就退出去了。我其实说完就很后悔，儿子又没做错事情，我干吗那么对他呢？一大早就把坏情绪传递给他了。于是，我就给他留了张纸条："儿子，早晨时妈妈身体不舒服，也说了让你心里不舒服的话，妈妈真抱歉！"晚上下班回到家时，儿子迎上来，忙着帮我拎包、拿拖鞋，关切地问我："妈妈，你好点儿了吗？"我那时已经忘记了早晨的不舒服，儿子一句话问得我差点儿流出泪来。从那以后，给儿子留纸条就成了我的习惯。有什么生活、学习、思想上的事，我们常常通过纸条来沟通。儿子现在更懂事了，越来越理解大人，生活、学习也基本不用大人操心。

发短信，让他随时感受你的关怀

为了方便联系，现在很多孩子都有了手机。父母也不妨很好地利用这个资源，用短信经常和孩子沟通，让你的关怀时时陪伴着他，让他在你的关怀下取得更大的进步。

说到父母的短信，李健深有感触。每当他学习取得一些成绩时，父母祝贺和鼓励的短信就会如约而来，让他获得不断进步的动力。父母从来不限制或强迫他去做什么，但是父母的关怀却会让儿子更多了一分自律。有一天晚上，李健和几个同学一起去吃饭。吃完饭后，都9点了，有个同学提议一起去滑冰场再玩会儿。李健正在犹豫不决时，妈妈的短信发过来了："儿子，回来的路上注意安全！"看到这条短信，李健立即决定回家了。

书写网络日志，见证儿子的成长

每天晚上，方明和妈妈都用半小时的时间去上网。他们一个在客厅，一个在书房，分别写着自己的日志。妈妈从方明未出生时就开始为他写成长日志，每天都记录他的有趣的事情，方明成长中点点滴滴的精彩瞬间都被妈妈用文字记录了下来。方明上学后也学妈妈开了博客，写自己的成长日记。他和妈妈经常在网络上相互留言交流。妈妈通过看他的日志，能够给他的学习和生活提供一些指导；而方明看到妈妈为自己写的成长日志，更体会到了妈妈对自己的爱。

为儿子写日志记录他的成长是一件非常不错的事情，但也不是说每个父母都必须为儿子写成长日志，这也不是见证他成长的唯一方式。其实，在网络上与他沟通，帮他解决一些问题和苦恼，也是在见证他的成长。总之，父母要与时俱进，采用多种方式与孩子进行有效沟通。

细节23 重视与儿子的“非语言沟通”

英国教育家斯宾塞说过:“事实证明，如果对自己的孩子多一些拥抱、抚摸，有时甚至是亲昵地拍打几下，孩子在对外交往以及智力、情感上都会更健康。”

孩子会从父母日常的言行中感受到爱，在他们受伤的时候，疲惫的时候，不自信的时候，需要被赞美的时候，一个温暖的眼神、一个轻轻的拥抱，或许就是对他们最好的鼓励和安抚。

与女孩相比，男孩似乎更不擅长用语言来表达自己的情感，因此，“非语言沟通”是一条更有效的与男孩沟通的途径。那么，父母通过什么方式实现与儿子的“非语言沟通”呢?

让儿子感觉到你对他关切的眼神

眼神是一种常见的非语言行为，鼓励赞许的眼神会给儿子以自信；责备轻视的眼神则会使儿子感到自卑和伤害。父母应给予儿子信任与期待的目光，让儿子感受到你对他的期望，相信他可以做得更好。

有个叫晓旭的小学生曾在他的作文中写道：

星期天，在家玩儿时，我不小心打碎了花瓶。妈妈很认真地看着我说："儿子，花瓶碎了，你要负责，把地扫一下吧。"我忐忑不安的心一下踏实下来，内心意识到自己太不小心了，以后再也不犯这种错误了。妈妈的眼神中没有任何责备之意，我反而更愧疚……

时刻可以感受到父母及身边的人关注的目光，知道自己被期待，会激发孩子们的上进心，他们会努力地做得更好以证明他们值得被期待。

多多对儿子报以微笑

孩子们擅长观察父母的表情，从而来猜测父母的想法和态度。

公园里有一对母子，儿子不过五六岁的样子，正在和一群小朋友玩儿。这时大家看到这个小男孩在打另一个女孩的头，双方的家长都急忙奔过去，女孩的妈妈很气愤地斥责了几句，抱着女孩走了。小男孩很生气，脸都气红了，一句话也不说。男孩的妈妈并没有斥责他，他把儿子拉到身边坐下，笑着问："能告诉妈妈为什么吗？"儿子显然还在生气，妈妈一直微笑地看着他，耐心地等着他的回答，他嘟着小嘴，好半天才委屈地说："我不是打她，她头上有只小蜜蜂，我想帮她赶走……"

从上面的事例可以看出，不妨对孩子多报以微笑，让他们知道，你乐于与他们沟通，乐于了解他们内心真实的感受，那样孩子们才会对你敞开心扉，才会让你知道他们真正的想法。让微笑荡漾在你和孩子的脸上，让孩子在微笑中得到肯定，在肯定中快乐、健康地成长。

给儿子一个安慰的拥抱

拥抱孩子是一种良好的亲子沟通方式，在父母的怀抱里，孩子感到温暖和安全，那是一种天然的信任感。

有一位父亲是一名出色的宇航员，整个国家甚至整个世界都以他为荣，可是在他孩子的眼里，父亲只是父亲，跟成就没有多大关系。在他孩子 10 岁的时候参加了学校举行的关于父亲的作文比赛，每个人都以为他一定会写父亲的辉煌业绩，可是，他对父亲最深刻的感受却是“当我的小狗斯伯蒂被车撞死时，他走过来紧紧拥抱着我”。对于一个 10 岁的孩子来说，没有什么比在他受伤的时候有父亲的拥抱更值得信赖。

拥抱是一种无声的语言，孩子们可以通过身体的接触来了解父母的想法和感受，并满足自己的内心需要，从而达到有效的沟通，让孩子们体会到安全、依赖和信任。正如德国教育家卡尔·威特所说：“我认为，沟通是一种艺术，有关的时间、地点、环境和方式都要考虑到。比如说孩子有时候希望在心理和情感上保留一些自己的空间或者说他感情波动很大，非常需要安慰，而不是提问，在这些时候，我会拥抱、抚摸儿子，传达给他沉默而温暖的信号。”

细节24 适当地给儿子表扬和赞美

美国哲学家和教育家约翰·杜威曾说过：“人类本质里最深远的驱策力就是：希望具有重要性，希望被赞美。”的确，每个人都渴望被赞美、被尊重、被认可、被理解……一旦这种精神需求得以满足，人就会自信满满、动力十足地投入到工作或学习中。

儿子需要父母的呵护与赏识。如果父母忽视了儿子的行为和想法，往往会伤害到他们的心灵。给儿子适当的赞美有利于父母与儿子进行心灵的沟通，更有利于对儿子进行因势利导的教育。当然，父母的赞美要发自内心，要真诚而自然，否则起不到任何作用，还会让儿子感到你的虚伪。

拿破仑·希尔是世界最伟大的励志大师。他永远热情如火，鼓舞了美国千百万人，因此有人称他为“百万富翁的创造者”。

拿破仑·希尔的母亲在他很小的时候就去世了。有一天，他的父亲把继母接回家。从这位陌生女人进入家门的那一天起，拿破仑·希尔就很担心她以后会对自己有不好的态度，于是就双手交叉放在胸前，用愤怒的眼神凝视她，没有丝毫欢迎的意思。

父亲对继母说："这是拿破仑，他是希尔兄弟中最坏的一个。"接下来的事情让拿破仑·希尔终生难忘：他的继母把双手搭在他的肩上，用温柔、慈爱、坚定的目光看着他的眼睛，说："他是最坏的孩子吗？我觉得完全不是。他好像是这些孩子中最伶俐的一个，而我们所要做的，无非是把他所有的伶俐全发挥出来。"

一句简简单单的赞美，却打动了拿破仑·希尔的心。那一刻，他意识到，自己将永远拥有一个亲爱的继母。在此后的岁月里，他一直温顺地听从继母的教导，并通过努力，成为一个成功的人。

赞美的力量就是如此神奇，永远要比批评的力量大。作为父母要知道，教育孩子时最不可取的做法莫过于动不动就给孩子提意见、挑他的毛病。尤其是对小孩子，更不要凶巴巴地指责和批评他，而是要适当地给孩子表扬和赞美。

在表扬和赞美儿子时，父母要讲究方法和技巧，具体可以参考以下几种方法：

赞美要细化，不要过于笼统

"儿子真棒！""儿子真厉害！""儿子真好！"类似这样的表扬对我们来说是轻车熟路。在父母眼里，从儿子来到这个世界的每一个成长细节都是值得惊叹和赞美的——他会笑了，他能翻身了，他会走路了，他能说话了……于是，在这种不断的惊喜中，父母已经习惯于随口夸奖孩子。殊不知，这种心不在焉、张嘴就来的赞美会带来负面影响。它虽然符合以鼓励为主的教育精神，但对孩子来说却毫无意义可言。

举例来说吧，比如某天，儿子帮你倒了一次垃圾。你可能会感到很欣慰，因为儿子能帮自己干活儿了，于是兴高采烈地表扬他说："儿子，你真棒！”这样说会让儿子感觉很茫然，你不妨这么告诉他：“谢谢你帮我倒垃圾，我很高兴！”

总是笼统地表扬儿子，会让他无所适从；而有针对性的、具体的表扬则更容易让儿子理解和接受，他会知道今后具体该如何做、如何努力。

要赞美孩子的努力，而不是他的聪明

“聪明”是父母夸奖孩子惯用的词汇。很多父母喜欢用“聪明”去激励儿子的每一个进步。然而，这却不是一个聪明的表扬方式。比如孩子考试成绩不错，用“聪明”去夸他，结果只会导致他把“好成绩”与“聪明”画等号，而无法将“好成绩”和“努力”联系起来。这一方面会使儿子变得“自负”而非“自信”；另一方面，可能会使他今后在面对挑战时采取回避态度，因为不想出现“不聪明”的情况。

美国的研究人员让幼儿园孩子解决了一些难题，然后，对一半的孩子说：“答对了 8 道题，你们很聪明。”对另一半的孩子说：“答对了 8 道题，你们很努力。”接着，研究人员又给他们两种任务选择：一种是可能出一些差错，但最终能学到新东西的任务；另一种是有把握能够做得非常好的任务。结果 70% 被夸“聪明”的孩子选择容易完成的；90% 被夸“努力”的孩子选择了具有挑战性的任务。

为达到激励孩子的目的，真正做到“夸具体”“夸努力”，父母首先要对孩子做事情的整个过程有所了解。有时，在你亲眼看见孩子的良苦用心和付出的努力之后，当你在总结孩子成绩的时候，不妨详详细细把自己的所见所闻描述出来。比如孩子写完作文之后，你可以说：“文章的开头很好，你能想出这样的开头实在不容易；中间的描述能感觉出你经过了仔细的观察；结尾的一句话也比较精彩，用它来点题很恰当……”这样，你把孩子在作文上所花费的辛苦一一说了出来，愉快自信的笑容立刻就会洋溢在孩子的脸上。

如果你没有亲眼见到孩子的努力也没关系，你可以用提问的方式让孩

子自己说出努力的过程，在这个过程中不失时机地加以适当的点评，同样可以给孩子一个有益的赞美。

要赞美事情本身，而不是赞美孩子的人格

“好孩子”这样的话是典型的“夸人格”，很多父母会无心地将其挂在嘴边。但“好”是一个很虚无的概念，如果孩子总被扣上这样一顶大帽子，对他反而是一种压力。当然，如果父母的赞美总是言过其实，孩子也会有压力，觉得自己不配这样的赞美。他们有时会在你刚刚赞美完他的时候，就做出让你头疼的事情，以示“真诚”。

细节25 批评儿子需要“忠言顺耳”

生活中，那些被父母称为“淘气鬼”“小邋遢”“破坏王”的小男孩免不了要受到父母的批评。在他们的成长过程中，这些小男孩常常会犯些小错误，于是，不少父母就常常把那些批评孩子的话挂在嘴边。这样的批评说得太多，会让孩子产生反抗情绪。

李默的母亲很疼爱自己的儿子，但却有一个不能容忍孩子反驳她的毛病。每次她教育儿子时，只要儿子一提出反驳意见，她就火冒三丈，劈头盖脸地责骂孩子一顿。有一次，她再次因为李默与自己顶嘴而发起火来。一时气急，她还揪住李默的耳朵，说:“从小我就提醒过你，不要和我顶嘴，到现在你还不知道改。我要你有什么用？给我滚！”

当天晚上，李默就留下一封信，离家出走了……

儿子错了，父母可以批评，但不要使用蛮不讲理的态度，更不要以长辈的身份威胁、恐吓他。正确的教育是把自己放在与儿子平等的地位，否则可能会让你的儿子对你的批评产生质疑和反感。因此，父母要把批评当成一种艺术来对待，尤其注意把握好批评的时机。当孩子与你讨论其个人问题时，当孩子因为太高兴或者太难过而没有解释清楚一件事情时，当孩子需要父母帮他做决定时……在这样的时刻，父母是绝对不能批评孩子的，否则就会打击他的积极性，还会伤害他的自尊心。

那么，父母如何才能把握好批评的时机和尺度呢？

批评儿子的行为，而非品格

父母在批评儿子的时候，一定要认清一点——批评他错误的行为，而不是对他进行品格上的评价。就拿学习这件事来说，当儿子的学习成绩不理想时，绝对不要这样说："你真是个傻瓜""你太笨了"……这样不但起不到帮助儿子改正错误的作用，反而会让他认为自己真的是傻子、笨蛋。换言之，这样的批评会对孩子的内心造成很大的负面影响，严重地伤害他的自尊心和自信心。

再以上网为例。很多父母都对孩子三番五次地强调：上网不能超过晚上 9 点。但当你在晚上 10 点多，发现儿子依旧坐在电脑前打游戏时，就二话不说冲上去一顿怒骂："告诉你多少遍！不让你上网超过 9 点，你是不是没长脑子啊？"这样的话，可能很多父母在现实生活中都说过，这其实是错误的，因为这些批评的话根本没有点明孩子错在哪里，今后应该怎么做。长此以往，还会让儿子产生抵触心理："你不让我上，我就偏要上，你的打骂我才不怕呢！"

上述事例中，如果父母换一种方式说，结果就完全不同了——"怎么又在上网呢？这样不仅耽误学习，而且对身体不好，我有点儿生气了，因为你答应过我晚上 9 点后不上网的，很显然你没有做到。希望明天这个时间你能好好躺在床上休息，这样一来，你明天就会有更好的精神上学，晚上回来再玩游戏的时候，也能多过几关，我相信只要你做到，你就能成为一个又会玩又会学习的好孩子！"这样的批评不仅会让孩子心里感到温暖，还会让他乐于按照你的话去做，并且他能在你的话里听到希望，感受到你对他的爱，他自然会变得越来越好。

不要当众批评儿子

你可能发现这样一种情况：很多时候在家里批评孩子，孩子一般不会做出多大的反抗，然而若是在公共场所批评孩子，没说两句，就会引起孩子的抵触心理。

明智的父母会在他人都在场的时候表扬自己的孩子，而当孩子犯了错误后，则会在家里单独进行批评教育。这主要是因为当父母当着很多人称赞自己的孩子时，孩子会感到很骄傲、很自豪，会向着这个目标继续努力；而父母若当着很多人批评孩子，则会让他觉得难为情，甚至无地自容，难免会产生一种破罐子破摔的想法。因此，当众批评孩子的方式是不可取的。

不说空洞的话，要让儿子对你的批评心服口服

教育的目的就是让孩子改正错误，更好地成长，但这一切的前提是必须让孩子对你的话心服口服。不要对你的儿子说一些空洞的话，让你的话对他失去效力。那么，怎样才能让儿子信服你的话，且真心接受呢？

首先，让儿子信服，靠武力绝对不行，还是要从沟通入手。

其次，当你知道你的孩子做错事情后，一定要保持冷静和理性，耐心地去引导你的儿子，告诉他什么是对的，什么是错的，并且要告诉他，你相信他是一个很棒的孩子。

细节26　适当来点儿幽默

提到如何教育调皮捣蛋的男孩，很多父母都认为这是一件令人头疼的事。有时候，父母这边说得头头是道，孩子在一边却心不在焉；有时候，父母想对孩子来点儿谆谆教诲，孩子却充耳不闻、我行我素……其实，作为父母，在心中都想过这样一个问题，用什么方法才能让儿子心甘情愿地

接受自己的教导呢？

家庭教育的方式多种多样，总体来说，可以分为心平气和、疾言厉色和风趣幽默三种。无论哪一种教育方式，都是要给孩子灌输正确的生活理念，只不过不同的灌输方式产生的效果也不尽相同。心平气和式的教育虽然能使孩子体会到你对他的尊重，但是语言过于平淡，产生的效果持续时间不长；疾言厉色式的教育虽然可以威慑住孩子，但它很容易令孩子产生对抗心理，也不是一种好的教育方式；风趣幽默式的教育符合孩子活泼、善良的天性，能够起到较好的教育效果。

一天，粗心的轩轩不知道把书包丢在哪里了，妈妈好不容易才帮他找回来。回到家后，轩轩吓得躲在房里一声不吭。妈妈把轩轩叫出来，并没有责备他，反而安慰他说："你看，书包里面塞了那么多没有用的东西，它一定累坏了，自己跑去睡觉了，你以后走的时候一定记得叫醒它，而且也帮它减减负。"轩轩明白妈妈的意思，赶紧把书包里没用的玩具、球拍等拿了出来。此后，轩轩再也没有丢过书包。

这位妈妈采用幽默的方式教育儿子，不但使儿子改掉了丢三落四的毛病，而且使母子关系更加融洽。

男孩的性格要比女孩倔强，他们不喜欢被约束、被管制，逆反心理强，父母要他往东，他偏偏往西。所以在教育儿子时，父母不妨转个弯，从侧面入手，采取幽默的教育方式，这样既维护了儿子的自尊心，又能达到教育效果。而且有教育专家研究表示，一个在幽默环境中长大的孩子，不但想象力丰富，心胸宽广，其表达能力和面对挫折的能力也都很强。

将幽默带进教育中

6 岁的雨泽总是不爱吃饭。一次妈妈带他去外婆家串门，邻居家的大狗冲了过来，吓得雨泽直往妈妈身后躲。

后来，大狗被妈妈赶跑了。雨泽问妈妈："为什么大狗只追我咬，不咬妈妈呢？”妈妈摸着儿子的头反问道：“你知道狗最喜欢吃什么吗？”雨泽说：“骨头。”

妈妈笑着说：“那就对了，你看妈妈每顿吃一大碗饭，身强力壮，而你挑食，不爱吃饭，瘦得一身皮包骨，狗当然追你啦。”雨泽点点头说：“嗯，那我以后每顿也吃一大碗饭，我要像妈妈一样强壮！”

教育往往就是这么简单，有时苦口婆心的教导孩子很难接受，而一个简单幽默的小事件却能让孩子深刻领会其中的道理。故事中的妈妈就是由一只狗引发对儿子偏食坏习惯的教育，幽默风趣的语言既能让孩子接受，又能让孩子改掉坏习惯。

幽默不等于讽刺、挖苦

孩子都喜欢说话幽默的父母，但你也不能口无遮拦，要讲究分寸，如果将幽默变为讽刺、挖苦，就无法取得理想的教育效果，甚至会适得其反。

刘女士到学校给儿子开家长会，看到儿子同桌考了第一名，便对儿子说：“你看你也考第一名，人家也考第一名，不过人家是正数第一名，而你是倒数第一名。”儿子听完心里很不是滋味。

很多人误解了幽默教育，其实，它不等于讽刺、挖苦孩子。幽默能够激发孩子的自尊、自信和潜力，而讽刺、挖苦就可能伤害到孩子。经常被父母讽刺、挖苦的孩子，自尊心和自信心都会受挫，越是责备，孩子进步就越慢。父母的讽刺、挖苦会使孩子情感上变得冷漠，对家人失去信赖，进而引发孩子的反抗心理。所以，在孩子犯错时，父母千万不能讽刺和挖苦。

第4章

自信，儿子立足于世的资本

有个小男孩头戴球帽，手拿球棒和棒球，全副武装地来到院子里。“我是世界上最伟大的投手！”他非常自信地说道，然后把球向空中一扔，用力挥棒，但却没有打中。他毫不气馁，又向空中一扔，大喊一声：“我是最厉害的投手！”他再次挥棒，可惜又落空了。他愣了一会儿，然后又试了一次，这次他仍告诉自己：“我是最杰出的投手！”然而第三次尝试他又失败了。“天哪！”他突然高兴地跳起来，“原来我是个一流的投手啊！”

三次的失败，都没让小男孩气馁。自信心是人生成功的第一要素，培养孩子的自信心对他未来的学习和生活有着重大的意义，尤其是男孩，自信心显得尤为重要。不论在什么时候、什么情况下，男孩都不能失去自信。

细节27 别让自卑困扰儿子

一位母亲忧心忡忡地在网络上写道：

最近我儿子的学习状况越来越糟糕，小学阶段他学习还不错，可是上了中学，成绩退步非常明显，第一次期中考试两门不及格，我和老师都狠狠地批评了他一顿，所以儿子这几天闷闷不乐。没想到之后的几次测验，儿子的考试成绩一再退步，学习情绪更是萎靡不振，悲观失望。他总说自己笨，无论怎么努力，都不会取得好成绩的，因此丧失了学习的信心。老师还对我说，儿子上课的时候，总是低着头，不敢正视老师，更怕回答问题；下课后，也不和同学交谈，觉得“自惭形秽”，低人一等。更令我吃惊的是，本来具有较好表演天赋的儿子竟然变得不愿上台演出，怕出洋相。平时，儿子像个小老头似的长吁短叹，说自己没出息，老师嫌弃他，同学不喜欢他，家人也不待见他，所以回到家总是把自己关在屋里，沉默寡言，性格也变得孤僻起来。儿子变得越来越自卑，越来越沉默，我该怎么办呢？

其实，这个孩子没有以积极的态度来对待学习上的失败，是由于自卑心理在作怪，让他变得有些自暴自弃。现实生活中有很多男孩和这个孩子一样，遇到一些小挫折、小打击，就会产生强烈的自卑感。

那么自卑感到底是怎么产生的呢？对此，教育专家的解释是：“身体某些方面的缺陷、学业成绩的不佳、交往过程中的挫折、家庭环境的影响等，都可能引发孩子的自卑心理。自卑是一种不健康的心理及倾向，是由于无能而产生的不胜任和痛苦的感觉。”可见，自卑是令孩子无法成功和健康成长的主要障碍。所以，父母一定要想办法带领儿子走出自卑的阴影，帮助他建立起自信，让他在面对挫折和打击时，能够鼓起勇气，继续努力。

多给予自卑的儿子鼓励和帮助

有一位妈妈的教育经验是这样的：

我儿子叫高宽，可是他一点儿也不高，也不健壮。儿子很自卑，因为与所有同龄的男孩相比，他比人家矮一大截。

儿子讨厌上学，特别是讨厌学校集合，他总是排在队列的第一个。大家有意无意地常常以此取笑他，喊他“矮冬瓜”“小不点儿”，弄得儿子打心眼儿里感到自卑。

我看见儿子放学回家一副无精打采的模样，就来到他的房间说：“宽宽，妈妈给你讲一个故事，好吗？”

“我不要听故事，为什么我这么矮，而且总是长不高？”

“妈妈给你说，每一个孩子都是天使变成的。有的天使性子急，宝宝还没有长好，就急忙来到人间，所以个子矮小，总是长不高。”

“妈妈，这是真的吗？我以前是个急性子的天使吗？”

“是的，孩子。但是这个秘密你一定要守住，不然的话，天使就会愤怒的。”然后，我又挨家挨户走访儿子的同学家长，希望他们配合一下，把这个故事说给自己孩子听。从此之后，矮个子的儿子不再自卑了，他心里住着天使，他立志要好好学习。后来，儿子的学习成绩越来越好，而且还结交了很多朋友。

这真是一位用心良苦的妈妈，她在儿子因为个子矮小而丧失信心的时候，耐心地帮助儿子重拾了自信。可见，要帮助儿子克服自卑心理，父母自己要先克服自卑心理，不能常为儿子的“不争气”“没出息”感到失望，更不能据此丧失对儿子的信心。曾有一位学者呼吁，“哪怕天下所有的人都看不起你的孩子，做父母的都应眼含热泪地欣赏他、拥抱他、赞美他”。

没错，父母应该多给自己的儿子一些鼓励和帮助，尤其是自卑的儿子，鼓励和帮助就是带领他走出自卑的有效途径。

对儿子的要求要恰当

壮壮的妈妈总是要求壮壮考试要考 100 分，如果壮壮考得很差，妈妈不是骂他“笨蛋”“没出息”，就是打他一顿。而且妈妈还经常拿壮壮和学习很好的同学比，久而久之，壮壮不但变得越来越自卑，话也越来越少。

很显然，壮壮的自卑是因为妈妈对他的过高要求而导致的。其实，很多父母往往自觉不自觉地冷淡或责备成绩差的儿子，不顾儿子的自尊心，让他感到抬不起头来。但很快父母也会发现，批评、责备、冷淡并不能让儿子成绩提高，相反会导致他成绩下降。

究其原因，就是因为父母对儿子的要求不恰当，致使儿子因为没有完成或达到父母的目标而变得自卑，进而更没有自信去学习、做事或交朋友。所以，父母要根据儿子的实际情况和能力、天赋等来给他提要求，然后把对他的期望和评价调整到正确的水平，对儿子取得的点滴成绩，及时给予肯定和表扬，帮助儿子逐步恢复自信，以便让他远离自卑。

细节28　激励是培养自信心的沃土

一位儿童心理学家做过这样一个实验。他将孩子分为四组：赞赏组、斥责组、忽视组和统治组，要求这些孩子连续三天做加法演算。第一天，各组的平均分数大致相同，然后随着时间的推移，赞赏组的成绩不断进步，明显高于其他三组。赫洛克认为产生这种结果的原因是，赞美组的孩子认为被他人寄予了厚望，所以有较强的努力欲望，成绩自然要高。

事实上，赞美、肯定、表扬、理解、尊重或者物质奖励都是激励男孩的方式，而这些无疑都会增强男孩的自信心，促使他们继续努力，以便获得更多的认可。父母对儿子有效的激励，不但会增强他的自信心，还会对他的行动起到激发、推动的作用。反之，无效的激励或者不激励则会打击孩子的积极性，甚至可能会使他养成自卑的性格。

下面这位爸爸就犯了无效激励的错误：

一场篮球比赛结束后，儿子兴致勃勃地跑到爸爸身边说："老爸，你有没有看见我在篮板下的那个投球？"爸爸冷冰冰地说："看见了，可是你这场比赛犯规次数太多，而且传球也不准，你以后还要多练习投篮！"听完爸爸的话，与爸爸并排走的儿子放慢了脚步，落在了爸爸后面。爸爸的话如同当头一盆冷水泼下，刚才的兴奋劲儿顿时烟消云散。

这位爸爸原本是想指出儿子的错误，让儿子查漏补缺，继续努力，但是他的话不仅忽略了儿子的长处和才华，而且伤害了儿子的心灵。有位专家曾说过："孩子真正需要的其实是内在的奖励，它并不需要拿什么具体的东西来装饰，只要给他一点儿鼓励，他就能深刻感受到父母对他的信任。"没错，鼓励和激励的确具有这种神奇的力量，更能激发男孩的自信心和潜能。所以，在日常生活中，父母一定要学会多激励儿子，让他变得更自信。

学会为儿子的每个小进步喝彩

有一位妈妈的教育经验是这样的：

我没有什么文化，初中没上完就退学了，英语更是一点儿也不懂，自然也看不明白儿子的英语作业。但是每次儿子把英语作业拿回来让我看时，我都会说："儿子棒极了！"然后把作业本小心翼翼地挂在客厅的墙壁上。一有客人到访，我总是自豪地炫耀说："看，我儿子写得多好！"其实，有时儿子写得并不好，客人见我这么说，都连连点头应和。儿子受到鼓励，英语作业一天比一天写得好，学习成绩一天比一天好。后来，儿子上了重点高中，还考上了重点大学。我想这与我对儿子每一点儿小进步都鼓励他是分不开的。

当父母为儿子喝彩时，儿子会给父母一个又一个惊喜；当父母说他笨时，儿子会用行动证明他真的很笨。要做智慧的父母，就要用心去发现男孩身上每一个闪光点，为他的每个小进步喝彩。

激励教育是家庭教育的基石，要想挖掘男孩的潜力，父母就不要吝惜自己的赞美、肯定、表扬之词，多给男孩一些鼓励，男孩也会多给你一些惊喜。就像英国的教育学家伊丽莎白·哈特利－布鲁尔给父母的建议那样：对于儿子的每一点儿成功，都要充分鼓励；对儿子的正确行为要表示赞赏；教育儿子时，应多一分赞美、鼓励，少一分批评、指责。

不要随便否定儿子

尹建莉老师曾说过：“当孩子在对自己的能力不确信的情况下，需要有外在的赞美和肯定来巩固他的自信。”没错，要想激励男孩，妈妈绝对不能随便否定儿子，而是应该多给儿子一些赞美和肯定，否则就会打击儿子的自信心。

下面这位爸爸做得就不好：

我儿子已经上小学五年级了，但是他有一个缺点——经常迷路。对于家附近的路，儿子还是没问题的，但是远一点儿的地方他就找不到家了。因此，我限制了儿子的活动范围，不让他独自出门或走太远。有一次，儿子和几个同学约好去新建的体育场踢球，我知道后阻止他说：“那么远的地方，你又没去过，一定会迷路，你不可以去。”儿子却说：“我用本子记下怎么去，不会走丢的。”最后，我还是态度坚决地不让儿子去，儿子生气地把自己关在了屋子里。

这位爸爸本意是为儿子好，但他过度否定了儿子的能力，认为儿子一定会迷路。很显然，这种对儿子能力的否定，一下子打击了孩子的自信心和自尊心。所以，在儿子可能遇到困难时，父母切记不要指责、挖苦、否定，要想办法帮助儿子越过这些障碍。

当然，现实生活中还是有很多父母经常对儿子说：“你不行”“你不可以”之类的话。但这些并不能避免儿子犯错，相反会让儿子失去自信。因此，父母不要随便否定儿子，而是要多肯定和赞扬他的行为，激励他勇敢去尝试，即使犯错也没关系。

细节29 欣赏自己是自信的开始

在一家心理咨询室里，一位13岁的少年正在向心理辅导专家倾诉他内心的苦恼："上中学之后，我越来越苦恼，作为一个男孩子，我个头不高，长得不帅，身体不健壮；作为一个学生，我成绩一般，德智体美劳没一样出色的；在家我也不是一个优秀的儿子。我觉得所有人都比我强，我身上一点儿优点都没有，都是缺点，属于干啥啥不行的人，我的人生注定是一个悲剧。”没有谁的人生注定是一个悲剧，这个少年的苦恼来源于他并不懂得欣赏自己。

一个懂得欣赏自己的男孩，他一定会感受到更多的快乐，因为无论是他人赏识还是自我赏识，都是对男孩自身能力、魅力的一种肯定和赞美，这自然会令男孩心情愉悦；一个懂得欣赏自己的男孩，他一定更懂得尊重自己，因为懂得欣赏自己，就不会过于在乎别人的评价；一个懂得欣赏自己的男孩，也一定会让更多的人来欣赏自己，也会尽情发挥自己的个性和魅力，获得心灵上的自由。可见，懂得欣赏自己，会让男孩变得更加自信、自尊、自立。

可是现在很多父母发现自己的儿子并不懂得欣赏自己，相反，还常常否定和怀疑自己，就像下面这些妈妈说的那样：

“我儿子总觉得自己什么都比不过别人，学习没别人好，长得没别人帅气，唱歌不好听……”

“最近儿子一直在为学校运动会忙碌，可是几次小失误，让他开始不断怀疑自己的能力，甚至还跟我说要退出比赛。”

“儿子常挂在嘴边的词语就是‘我真傻’‘我太笨了’‘我怎么这么蠢’‘我不行’……似乎他就只能与失败和否定的词语挂上钩。他从来不觉得自己身上有什么过人的优点和天赋，甚至整天抱怨自己的无能和平凡。”

……

父母可以仔细回想一下：你的儿子是不是也整天怀疑和否定自己，而不是懂得欣赏自己呢？假如男孩不懂得欣赏自己，甚至不断地怀疑和否定自己，那么就很难取得成功。

所以，父母一定要帮助儿子学会自我赏识，让他学会激励自己、相信自己、肯定自己，进而用无比的自信和勇气去做该做的事情。

下面就给父母提供一些教儿子学会欣赏自己的方法。

教给儿子学会“积极自我暗示法”

这天，一位满脸焦急的母亲带着14岁的儿子来到心理咨询室。这位母亲对心理咨询专家说：“我儿子学习成绩一向不错，但就是自尊心很强，而且一到考试的时候就担心自己考不好，因为太紧张，儿子就会反复出现出冷汗、手指颤抖、手臂僵硬、头脑反应迟钝等一系列症状，学习成绩也下降得很快。我们该怎么办啊？”专家看了一下坐在旁边低着头的男孩，然后说:“从现在开始，让你的儿子一有时间就对自己说‘我是最棒的’‘我愿意准备迎接考试’‘我会做到最好的’‘我的记忆力会越来越好’，每天至少50遍。”听完专家的话，母亲带着很多疑虑回去了，但她还是按照专家的话去做了。没想到，一段时间之后，奇迹竟然发生了。儿子考试焦虑的症状不但消失了，学习成绩也有所提高，最重要的是他学习的积极性也提高了很多。

为什么几句积极的自我暗示就能产生这么明显的效果呢？这是因为

积极的自我暗示会强化积极的思想，然后产生积极的条件反射，进而产生积极的动力。也就是说，积极的自我暗示会带来积极的行为，让男孩越来越自信。当然,像“我挺笨的”“我怕考不好”“我的记忆力很差”“我不行”“我完不成”“我能力差”“我的情绪总是很不好”“我最不喜欢英语了”……这些消极的暗示会带来消极的行为，也会让男孩越来越自卑。著名广告公司创始人布鲁斯·巴顿说过：“只有那些敢于相信自己内心有某种东西能够战胜周围环境的人，才能创造辉煌。”所以，父母要让儿子学会积极的自我暗示,要让儿子经常对自己说:“我能行！”“我可以！”“集中注意力！”“加油！”等。

帮助儿子强化他的自我激励

要让儿子看到身上的优点和长处并不难，但要让他一直学会欣赏和肯定自己就有些困难。因为在儿子的成长道路上,挫折与困境,怀疑与否定,总是会时不时地出现。所以，把儿子对自我的欣赏与肯定稳定下来，并且加以强化，就十分重要。

父母不妨这样做：

让儿子给自己写信。鼓励儿子在自己行为良好或尽了力追求成功的时候，写一封信给自己。在信里，儿子要描述自己认为好的行为，并且对此提出赞赏和鼓励。

记一本成功日记。给儿子一本日记簿，让儿子每周花些时间来写出或画出自己的成功，同时，父母也要告诉儿子，真正的成功是自己对自己做出的任何改进，以及为这种改进付出的努力。

让儿子给自己设计一份奖品。父母可以告诉儿子，只要他做了一件令家人骄傲的事情，并且描述出来，就可以为自己设计制作一份奖品。相信通过以上这些行为,孩子不但学会自我激励和自我欣赏,也会变得更自信、更快乐。

细节30 维护好儿子的尊严

曾经有网友在论坛上发表了一个以“爸妈最伤我的那些话、那些事”为题目的帖子，没想到跟帖的网友很多，有心的网友还总结了几十条令孩子难堪和痛苦的“伤人语录”，例如：

“你太不争气了，太丢我的脸啦！”

“你永远都赶不上×××。”

“我没有你这样的儿子！”

“当初真不应该把你生下来！”

“像你这个样子，长大了只有捡垃圾！”

……

可能很多父母会说：这些只是无心之语，也是因为儿子太不争气，太惹自己生气了，也许过一会儿孩子就会忘了。对于这些“伤人之语”，孩子真的很快会忘记吗？当然不是，未成年的孩子都很敏感，而这些伤人的话显然会伤害他们的自尊，他们往往会把这些伤人的话记得很牢，甚至会产生怨恨心理。反之，如果父母维护他们的尊严，并且尊重和信任他们，他们自然会心生感激。

有位爸爸就做得很好：

一天，我5岁的儿子从板凳上摔了下来，我赶忙跑过去要扶起儿子。谁知儿子不愿意起来，极力对我辩解道：“爸爸，我只是想睡觉，没有摔倒。”看着儿子认真的样子，我没有拆穿他的谎言，也没有让他马上起来，而是让他躺在地板上。

为什么小男孩顾不得身上的疼痛，也要躺在地上呢？答案很简单，他觉得摔倒很丢脸，想要挽回自己的“面子”，所以就撒了谎，而聪明的爸爸也没有急于拆穿他的谎言，而是保全了儿子的尊严。

有人说过：“对人来说，最最重要的东西是尊严。”没错，尊严就相当于男孩的第二生命，有了尊严，男孩就会变得自信、有骨气，觉得自己被他人尊重和信任。所以，父母一定要维护儿子的尊严。

下面这些方法将有助于父母维护儿子的尊严：

不要在公共场合随意批评、指责儿子

这天放学之后，妈妈带着儿子坐公交车回家，此时小男孩手里拿着一本英语画册。上车之后，妈妈问儿子：“苹果用英语怎么说？”小男孩眨巴眨巴眼睛，怯生生地没有回答。“香蕉呢？”“橘子，西红柿……”妈妈问了一连串的水果和蔬菜，小男孩两只小手拽着妈妈的胳膊，茫然地望着妈妈不知道怎么回答。“你一个都不知道？我再问你，苹果怎么说？”“apple”，小男孩轻轻地说道。“那香蕉、橘子、西红柿……呢？”小男孩又陷入了沉默，只是呆呆地看着妈妈。“你怎么回事啊，学了一下午，就只会一个啊，别人怎么都知道啊！”“也不知道你上课干什么呢！”小男孩的妈妈开始在公交车上大声地指责儿子，而小男孩仍旧羞怯地抓着妈妈的胳膊，什么也不说，脸红红的，眼泪也一直在眼眶里打转。“以后不要出去玩儿了，也不要到同学家去，什么都不会！”最后妈妈怒气冲冲地说。

这位妈妈只知道斥责儿子的“不上进”，却没有体会到儿子在公交车上的尴尬、难过、委屈、害羞和惧怕。这种行为无疑会让男孩觉得“没有尊严”，久而久之，男孩可能会变得自卑、怯懦、自我怀疑，甚至有些男孩的叛逆心理会越来越严重。

因此，父母不要在公共场合随意批评、指责儿子，而是应该多维护儿子的尊严，多在公共场合给他一些“面子”，而可以在私下单独教育或批评儿子。

给予男孩足够的尊重和信任

有一位妈妈是这样教育儿子的：

我一直把儿子视为“心头肉”，从来不让他自己干任何事情，甚至离家只有几步之遥的地方都不让他独自一个人去。自从有了儿子，我的担心增多了，比如：怕儿子遇到什么突发事件不会处理或遇到坏人。儿子曾多次想挣脱我的手，独自一个人去做点儿事情，但都被我拒绝了，我觉得他还小。有一次，儿子想一个人去书店看书，我没有答应，结果儿子很严肃地对我说：“妈妈，请你给我一次机会，尊重我的选择，我一定可以做到的。”面对儿子的请求，我决定给他以尊重与信任。很快，儿子高高兴兴地从书店回来了，脸上挂着一种很自豪的表情。从那之后，儿子能自己处理的问题，我都放手让他尝试着去做，有时还把一些重要的事交给儿子办，完成得都还不错。或许儿子感觉到了我对他的尊重与信任，也显得懂事多了，还常和我说好多的知心话，把我视为自己的好朋友。

上述事例中，最初妈妈对儿子处理事情的能力缺少尊重与信任，实际上就是对儿子自身缺少尊重与信任，这自然会招来儿子的反感。幸好，这位妈妈后来及时纠正了自己的错误，给予了儿子应有的尊重和信任，也换来了儿子的懂事和贴心。

追求他人的尊重与信任是一种积极的心态，更是激发男孩奋发进取、积极向上、实现自我价值的内驱力。所以，父母一定要给予儿子足够的尊重和信任，像对待朋友那样对待自己的儿子。

细节31 挖掘儿子内在的潜能

一位著名的日本教育专家做过这样一个实验：他把一个学习成绩较差的班级当作优秀班级来对待，而将另外一个学习优秀的班级当作问题班级来教。一段时间后，他发现原来成绩距离相差很远的两班学生，在实验结束后的总结测验中平均成绩相差无几。

对于这个结果，专家认为，差班的孩子因为受到不明真相的老师对他们的鼓励，产生了前所未有的学习积极性，而原来的优秀班级学生受到老师对他们怀疑态度的影响，自信心被挫伤，学习积极性下降，自然会影响学习成绩。

由此可见，自信心可以激发男孩学习的潜能，而一旦潜能被激发出来，男孩就会产生更多的积极性和自信，进而激发出更大的潜能，并最终形成一个有益于男孩成功的良性循环。

有一位妈妈在激发儿子潜能方面就做得很好：

我儿子上初中二年级，是一个害羞、内向的男孩，每次上台演讲他就变得很紧张，甚至有些结结巴巴、词不达意。于是暑假的时候，我让他参加了青少年激励班，希望能提高他的自信心，在家里我也会不断鼓励儿子，多发现他身上的优点加以肯定和赏识。暑假结束之后，我发现儿子变得自信多了，回到学校之后，儿子在课堂上也积极举手发言，整个人变得越来越有信心。

著名戏剧家莎士比亚曾说过：“一个人的心灵如果受到鼓舞，即使器官已经萎缩，也会从沉沉的麻痹中振作起来，重新开始活动，像蜕了皮的蛇一样获得新生的力量。”事例中的男孩正是因为变得自信，自身隐藏的潜能被激发了出来，使他整个人都焕然一新，变得更加自信、勇敢、积极。

所以，要想激发儿子自身的潜能，父母就要不断增强儿子的自信心。下面这些方法或许能给父母一些启示：

引导儿子勇于突破极限

1945 年，一名英国运动员创造了 4 分 1 秒 4 跑完 1 英里的成绩，当时很多人认为，这已经超出了人的生理上限，就连很多著名的生物学家也认为这的确是人类身体和心理的极限。于是，人们认为 4 分钟 1 英里是人类极限，同时演变出体育界著名的“4 分钟障碍”理论。之后的很长时间内，1 英里跑的世界纪录始终徘徊在略微超过 4 分钟的位置。

但有一位美国运动员罗杰·班尼斯特认为，只要有信心，一切障碍都能克服。他最终突破了“4 分钟障碍”这个“人类不可逾越的极限”，创造了奇迹。不过，接下来，这一记录再次被多人打破，至今，世界上能够在 4 分钟内跑完 1 英里的有数百人。

李开复曾经说过这样一句话：“只要不给自己设限，人生中就没有限制你发挥的樊篱。”没错，男孩只要相信自己，他身体的潜能就是无限的。所以，父母要帮助儿子勇于突破极限，让他相信只要信念执着，不断努力，他就可以创造一个又一个奇迹。

让儿子从成功的喜悦中获得信心

有一位妈妈的教育经验是这样的：

我儿子学习成绩很差，而且迟到早退，学习注意力不集中。一直以来我对儿子的期望很高，所以看见儿子学习不上进，我就非常着急，对他更是经常责骂。慢慢地，儿子失去了学习的兴趣，他常说自己根本考不上大学，混个小学毕业就不错了。有一天，儿子的班主任找到我，希望我在儿子身上找到闪光点，然后给予赞扬，在生活中也要注意提高儿子的自信心。后来，我终于发现儿子在草稿纸上画的卡通画比较生动，于是，我便诚心地赞赏儿子的绘画天赋。之后，我又将这一情况告诉了儿子的班主任，班主任就安排儿子负责班刊的插图工作。儿子做得很认真，老师又借机大大表扬了他。从此，儿子便迷上了画画，上课的时候像变了一个人似的，专心致志地听课。后来他报考了美术专业，并且考上了大学。

儿子的改变，在于妈妈和老师让他从画画中体验到了成功，从而激发了自信心，进而激发了他在学习、画画以及生活等方面的潜能，并使他获得了更多的成功。

因此，父母要学会在生活中发现儿子的优点、长处或者闪光点，然后加以赞美和鼓励，并且让儿子体验成功，哪怕是很小的成功也能让儿子获得自信心，并释放自身的潜能，进而创造出属于他自己真正的成功。

细节32 不做人云亦云的“复读机”

聪明而有主见的男孩总是受人欢迎的，那么，父母怎样才能帮助儿子摆脱从众心理，让他成为一个有主见的孩子呢？

每一位父母都想让自己的儿子有主见，不做人云亦云的“复读机”，对此，教育专家王金战给出的建议是:重视孩子的新发现，学会反问孩子；培养孩子善于观察的好习惯，不断观察和思考的过程，有利于孩子形成自己的主见和思想；认真回答孩子思考中提出的问题，这是孩子独立思考、锻炼主见能力的最好机会。

培养儿子的自信心

自信心是一个人对自身能力的熟悉和充分估量，是自我意识的重要组成部分。在现实生活中，有的男孩看不到自己的能力和潜力，认为自己干什么都不行，觉得自己处处不如别人，对自己能力的认识和可能达到的成就估量很肤浅，不稳定，完全从属于别人的评价。对于这样的儿子，父母要以适当的语言评价他各方面的表现，切忌用疑惑或否定的语言对儿子说话，比如“你看 ×× 做得多好”“你看 ×× 比你强多了”等。这些话很容易使儿子怀疑自己的能力，对自己失去信心，从而导致儿子要向别人看齐，加重他的从众心理。

为了增强儿子的自信心，父母应该从以下几方面努力：要不断丰富儿子的知识，从各方面提高儿子的能力；要不断制造条件，使儿子有充分表现自己的机会；儿子自己的事情让他自己做，对他所做的事情，要给予充分的肯定，增强他对自己的认知，让他相信自己的能力。

提高儿子辨别是非的能力

对于年龄小的男孩来说，道德观念尚未完全形成，是非判断标准还比较模糊，他们主要还是按照自己的好恶来判断人物和事物的是与非。在他们这个年龄阶段，模仿性强，操控能力差，往往分不清是非好坏，看别人怎样，自己就跟着学，难免会产生一些不当的言行。对此，父母既不能忽视放任，也不可羞辱惩罚。最恰当的做法是耐心地予以正面诱导、纠正，使他们经过成人对其行为、言语的评价，逐渐认识到自己言行的是非对错，从而提高他们辨别是非的能力。比如儿子听到某些人说了脏话，于是就跟着学，这时父母一定要明确地告知儿子，这些话是骂人的脏话，不文明，不礼貌，千万不要学等。这样多次引导，孩子就不会因为从众心理而模仿不良行为了。

男孩有了自信心，又有了明辨是非的能力，做事就会有自己独特的见解，而不会再盲目地跟从别人了。

引导儿子独立思考

独立思考是培养男孩认识问题、解决问题的主要手段。很多男孩在生活中遇到疑难问题时，总希望父母给自己答案。如果父母对儿子有问必答，虽然解决了他们当时的问题，但从长远来看，儿子势必会养成依赖父母的习惯，遇到问题时不会独立思考、不会自己去寻找答案，这对男孩形成独立思考的习惯是没有任何好处的。

涛涛很喜欢自己解答比较难的数学题。一天晚上，数学作业中有一道相当有难度的题目，他思考了将近半小时，仍然没有把这道题解出来。

睡觉的时间快到了，姐姐走过来问道："做什么呢？"

"数学应用题。这道题很难，不过很有意思。"涛涛回答说。

"我来给你看看。"姐姐拿过涛涛的作业本看了两眼。

"不用了，我自己再想想吧！"涛涛不相信自己解不出这道题。

很快又过了半小时，姐姐有点儿生气了："我不管你了，我要去睡觉了，答案就放在这里。"姐姐一边说，一边把写好的答案放在了涛涛的书桌上。

涛涛继续思考着。很快半小时又过去了，涛涛为了防止自己犯困，用凉水洗了把脸后继续坐在书桌前思考他的数学题。终于，难关被攻破了，答案做出来了，涛涛怀着快乐的心情进入了梦乡……

故事中的涛涛完全不必费那么大的劲儿就可以得到问题的答案，但他没有那样做。因此，最终他不仅学会了独立思考，更体会到了难题被破解后的成就感。

每一位父母都要鼓励自己的儿子独立思考，启发他们去想、去分析、去运用自己学过的知识和经验，并通过翻查参考资料等方法，让他们自己去寻找答案。这不仅有利于锻炼儿子的思维能力，还有利于培养儿子的自主意识，让他们遇到问题时敢于坚持自己的主见。

鼓励儿子发表自己的意见

现实生活中，有些男孩在发表意见时，常常会受到他人的影响——他们容易受父母或老师的暗示而改变主意，或者动摇于各种意见之间，或者盲目附和随大流，这种没有主见的做法对儿子的发展极为不利。

那么，父母应该如何改变儿子的这种随大流的不良习惯呢？

首先，父母要给儿子营造一个民主、和谐的家庭氛围。在这样的氛围中，儿子才能无所顾虑，畅所欲言。其次，父母要鼓励和引导儿子发表自己的意见。

聪聪对画画很感兴趣，所以妈妈经常带他去看画展，并鼓励他积极思考、发表自己对各种作品的看法。一次，妈妈带他去参观一个个人画展，但事先并没有告诉他这是一个个人画展。妈妈领他转了一圈后，故意问道："儿子，你觉得哪些画风格比较好？"

"我觉得这些画好像是一个人画的，画得都很好。"聪聪有点儿疑惑地说。

"是吗？你觉得好在哪里呢？没关系，你尽管说。"妈妈鼓励道。

"布局好，气魄大，用笔也好。"聪聪大胆地说。

妈妈满意地笑了。

通常情况下，儿子对于那些自己不是很有把握的答案，往往不敢说出口。而故事中的聪聪却大胆地说出了自己的见解，这与妈妈平时就鼓励他积极思考、大胆表达是分不开的。

因此，父母要想自己的儿子有主见，就要鼓励他们敢于发表自己的看法，在他们发表自己的意见时，哪怕是错误的，父母也应该让他们说完，然后再给予恰当的指导和纠正；而对于儿子的正确意见，父母应该予以肯定和表扬，让儿子增强发表意见的信心。

第5章

自律，成就儿子未来的关键

一个人开车经过一个十字路口，红灯在他的前方闪烁着。他心想：反正没车，于是加速冲了过去，结果不巧被警察拦了下来，警察问他："你没看到红灯吗？""看到了！"他回答。"为什么还闯红灯呢？"警察又问。他说："因为我没有看到你呀！"

有些人常想在生活中投机取巧，以为神不知鬼不觉，殊不知，这些缺乏自律的行为不仅对自己的发展不利，更会给孩子树立坏榜样，影响孩子形成良好的行为习惯。

细节33　教儿子在诱惑面前敢于说“不”

五光十色的大千世界里，可谓无奇不有，在男孩们的周围自然也存在着很多的诱惑。那些美好的诱惑，激励着他们去追寻，但生活中还有很多干扰他们学习、影响他们幸福未来，甚至危害他们身心健康的不良诱惑存在，比如：吸烟、喝酒、黑社会团体、毒品、色情……

这些不良诱惑会使孩子们在不知不觉中养成不良习惯，甚至走向犯罪的道路。因此，父母必须教会自己的孩子学会分辨和自觉抵制社会生活中那些看似“光鲜”的不良诱惑，这样孩子们才会健康、快乐地成长。

一位戒毒中心的医生在自己的博客中这样写道：

身为一名戒毒医生，每天都会看到一些吸毒的人被送进来，这对我来说已经是习以为常的事情了，但最近两年，看着越来越多十几岁的孩子被送进来，我的心被刺得更痛了，我不禁要问：这些本应该在明亮的课堂里认真读书的孩子为什么会染上这样致命的“恶习”呢？

前两天，一个15岁的清瘦少年被父母送进了戒毒中心，据他的父母讲，这个男孩虽然从小爱玩好动，但学习成绩一直不错。随着他进入青春期，外面各种各样的不良诱惑就像旋涡一样，不断“吸”着他“下沉”。上初三的时候，这个孩子可能是因为学习压力突然加大，脾气变得很暴躁，而且又爱上了网络游戏。因为爸爸妈妈在家管得严，他就经常跑到外面去上网，于是在网吧里遇到了一些不学无术的青年。和他们混熟之后，这个男孩开始吸烟、喝酒、打架。有一次，其中一个“哥们儿”给了他一支烟，这孩子想都没想就吸上了，从那之后，他就再也离不开这种烟，而且为了能够有足够的钱让自己“享受”，他竟然开始偷家里的钱，要不是妈妈发现后报了警，可能永远都不知道自己的儿子竟然吸毒。

青少年由于自身意志力薄弱，再加上模仿力强，没有很强的分辨能力和认知能力，所以他们很容易把不良现象和行为当成追求“酷”“时尚”的一种表现和途径，这也是造成小小年纪的他们吸毒的主要原因。

天下恐怕没有父母会希望自己的儿子成为人们口中的“烟鬼”“酒鬼”“吸毒者”，但面对处在叛逆期、青春期的男孩，父母又不知道怎样才能让自己的儿子远离那些不良诱惑。

请父母不要着急，下面这些方法或许能带给你一些启示：

用决心和恒心为儿子创造“无烟环境”

文博是一名初二的学生，有一次妈妈在为他整理书包时，发现了藏在夹缝里的香烟。其实像这样的情况妈妈已经发现了很多次，但儿子就是屡教不改，这让她深深意识到了问题的严重性。不过这一次，妈妈并没有像上次那样狠狠地教训儿子，而是忍住心中的愤怒，仔细盘问他究竟是怎样学会抽烟的。

“我们班会抽烟的男生经常聚在一起买烟，而且他们经常在我面前得意扬扬地炫耀，还总是对我说抽烟的感觉有多棒，还说不抽烟的男生根本就不算是男生。他们总是拉帮结派，看谁不抽烟就故意刁难谁。所以为了和大家打成一片，也为了不让那些男生笑话，我才学会抽烟的。”听了儿子的回答，妈妈感到异常震惊和担心，现在的初中生竟然一个个成了烟不离身的“小烟鬼”，还自诩是一种“成熟男人”的表现，这样下去对他们的学习、生活和身体健康都会产生不良影响。

像文博这样的孩子还有很多，他们认为抽烟就是一种成熟的标志，是一种“爷们儿”的表现，而且他们还有很多理由：“我爸也抽烟。”“现在哪个男生不抽烟，你看来我们家的客人，只要有男的，都会递烟。”……

男孩们为什么能这么“理直气壮”地为自己的行为辩护？其根源就在于我们没有给他们创造一个真正的“无烟环境”。所以父母与其整天对孩子说“吸烟有害”，不如从现在开始用你的决心和恒心为孩子创造一个“无烟环境”。男孩生活在这样的环境中，再也找不到抽烟的借口，就会在家长潜移默化的影响下，逐步戒掉抽烟的坏习惯。

以身作则，“戒酒”从爸爸开始

处在生长发育时期的男孩们身心发展尚未成熟，身体各器官对酒中的有害物质极为敏感，所以喝酒带给他们生理和心理上的不良后果要比成人严重得多。

但由于青少年对酒存在一些错误的认识，或者受朋友、同学的影响，或者是因为学习、生活上的压力，进而他们希望借助喝酒来获得某种安慰。这时，父母就要给孩子做好榜样，用自己良好的生活习惯去影响自己的儿子。

有一位父亲是这样做的：

我不是个酒鬼，但平时高兴的时候或者家中来客人的时候，我总爱喝点儿小酒，有时候也会喝醉。我爱人虽然说过我很多次，但我不以为意，觉得男人不喝酒、不吸烟就不是真正的男人。

不过，随着儿子年龄的增长，我发现我的这些坏习惯对他产生了很坏的影响。上初三的他竟然喝酒、吸烟、打牌……为了让孩子改掉坏毛病，我决定先要改掉自己的坏习惯。于是，我和儿子“约法三章”，在他18岁之前，我不会再喝一滴酒、再吸一支烟，而他也要遵守这个约定。从约定起效之后，我真的戒烟、戒酒，虽然这个过程很痛苦，但是我要让儿子看到我的决心和诚意。果然，儿子的坏毛病都渐渐改掉了。

早预防、早发现，让儿子远离毒品

众所周知，毒品对青少年的危害不单单是一个人，对一个家庭来说更是灭顶之灾。那怎样才能让我们的儿子远离毒品呢？父母首先要做的就是早预防、早发现。

从儿子还没有进入青春期开始，父母就要多给他讲解一些“吸毒有害”的知识，也可以带他去参加一些“青少年预防毒品”的讲座和展览，或者让他观看一些这方面的教育影片。

男孩一旦进入青春期，受到的诱惑就会更多，这时父母一定要培养孩子良好的生活习惯，切忌让他接触一些不良环境和交一些品德很差的朋友，以免孩子在不知不觉中受到毒品的侵害。

细节34 让儿子轻松告别任性

10岁的浩浩是一个非常任性的小男孩。在家里，父母什么事都要依着他，要不然他就会没完没了地吵闹下去。因为每天都长时间看电视，浩浩的眼睛有些近视，妈妈劝他多休息少看电视，他随口就说："我想看就看，你不用管！"

前两天家里来了客人，妈妈做好饭后，让爸爸和客人先吃，浩浩等会儿再吃。这下浩浩不高兴了，当着客人的面就摔了筷子，气得妈妈直跺脚："你这孩子太任性了，真是快把我气死了！"

从心理学角度来说，孩子的年纪小，心智发育不成熟，对很多事情都缺乏判断能力，所以多多少少都会有些任性。当男孩们的要求得不到满足时，他们会用哭闹、摔东西、在地上打滚等方式来表达自己的情绪和要求。

可以说，任性在某种程度上是孩子的普遍现象。但是如果我们放纵他的话，很可能对孩子的性格造成消极的影响，甚至会影响到他长大后事业的成功，因为一个任性的人很难和他人进行友好的合作和协商，而往往把自己放在中心位置。

一般来说，儿子骄纵任性主要与以下因素有关：

第一，父母过分的娇惯和迁就。在很多家庭中，父母都把孩子放在中心位置，在自己的儿子提出不合理要求时，父母也不忍心拒绝他们，而是放任、迁就他们。慢慢地，孩子就形成了骄纵任性的心理以及行为定式。

第二，儿子对他人的模仿。当几个男孩在一起时，如果一个男孩出现了任性的表现并且取得了不错的结果，其他男孩就会进行模仿。

第三，父母对儿子不尊重，粗暴地对待孩子。有些父母对自己的儿子要求非常高，孩子无论怎么努力都达不到父母的要求，慢慢地，孩子就会产生逆反心理，从而变得任性起来。还有些父母动不动就斥责自己的儿子，儿子为了保全自己的面子，从而产生任性、对抗的行为。

世界上没有哪个父母喜欢骄纵、任性的“小皇帝”，但是当你的孩子已经变得任性时，应该采取哪些正确有效的方法帮助他纠正这种不良的习惯呢？

教育儿子分清是非，不模仿他人

妈妈带5岁的儿子到超市买东西，他们看到一个小男孩因为父母没有答应他的要求，正躺在地上打滚。妈妈对儿子说：“好孩子不应该骄纵任性，你看这个小男孩又哭又闹，大家都在看他，多不好啊！”

很多时候，孩子的骄纵任性是和其他同伴学来的。当他们看到同伴用哭闹的方式逼迫父母满足了自己的要求时，他们也会使用同样的方法。所以，我们应该让儿子分清是非，并使其对任性产生一种排斥的心理，这样，他们就不会模仿自己的同伴了。

不要过分迁就儿子

现在大多数的孩子都是独生子女，而且在人们心目中，小男孩是家里的“香火”，是父母最为看重的家庭成员，所以很多时候父母会更喜欢儿子，也会更迁就和娇惯自己的儿子，即使儿子提出一些不合理的要求也答应下来。正是这种无原则的迁就，让儿子形成了骄纵任性的心理以及行为定式。

在和儿子相处时，父母应该和他们有约定：当儿子有了某种要求时，应该和父母讲道理，而不是用哭闹的方式逼父母“就范”。如果儿子不同意父母的意见，可以和父母进行讨论，也可以请其他家庭成员发表看法，但是不能发脾气、要小性子。

细节35 教儿子遇事要镇定

在人的情商中，冷静、镇定自若是个效用奇特的要素。男孩要想成功，首先要具备高情商，而男孩要想具备高情商，首先要学会控制自己的情绪，遇事冷静、沉着，不焦躁，不慌乱，处变不惊，临危不乱。这不仅是男孩需要具备的修养，也是其以后在社会上生存发展必不可少的能力。

有人说："慌乱使事情遭殃，但受害最大的却是自己。"人一旦处于慌乱的状态，便会失去理智，难以保持清醒的头脑，很难做出正确的判断，因而做错事、蠢事的概率便会大大提高。很多有智慧有成就的人都曾反复告诫人们：成大器须冷静，父母要想让自己的儿子成大事，成大器，就要教他遇到突发事件时镇定自若，千万不要慌乱。

在日常生活中，人们难免会遇到一些突发或意外情况，一旦这些突发或意外情况发生，如何才能让儿子最大限度地保护自己，将伤害程度降到最低呢？对此，父母一定要引起高度重视，以防万一。

那么，父母应该怎样有效地培养儿子应对突发事件的能力呢？

告诉儿子，每个人都有应对突发事件的能力

父母应该让儿子知道，在我们没有任何准备的情况下，突发事件可能会降临到我们身上。父母更要告诉儿子，每个人都有应对突发事件的能力。这样一来，儿子心中就会有所准备，有所预防，当"突发事件"降临到他身上时，他就会坚信自己有力量应对，并能及时地找到应对方法。

经常用"不要急"这句话安抚儿子

在日常生活中，当父母发现自己的儿子有慌乱的表情或迹象时，要学

会用“不要急”这句话安抚自己的儿子。

强强有一道数学题做了将近1小时了，仍然做不出来，急得他额头上直冒汗，并不断地用手拍打桌子，时不时地还站起来直跺脚。爸爸看他这个样子，走过来安慰和鼓励他说：“不要急，静下心来。你只要沉住气，一定能做出这道难题的。”听爸爸这么一说，强强的心情好了很多。他稍微休息了一下，重新进行了演算。很快，难题被他攻克了。他高兴地对爸爸说：“老爸，你说得很对！不要急，就能做出难题。我就是因为太心急才写错了一个数字的。”

其实不仅是小孩子，我们大人也是一样，当某件事做了多次还不成功时，心里难免会着急，而且，越是急躁，事情就越是没有头绪。这时如果能静下心来，好好思考一下，很容易就能找到解决问题的头绪。所以，父母要告诉自己的儿子，遇事保持冷静是解决问题的好办法。

细节36 让儿子上网要有节制

每当儿子到假期，李先生就坐立不安。因为一放假，儿子每天就对着电脑浏览网页。因为怕儿子在网上接触到不良信息，李先生只要一看到儿子坐在电脑前，就在儿子房间内走来走去，一边监视着孩子的行为，一边对孩子唠叨个不停。但在这种“高压”之下，儿子依旧聚精会神地浏览网页、玩在线游戏，丝毫没有离开电脑的意思。一气之下，李先生在电脑上设置了密码。儿子知道后，对父亲的做法非常气愤，他再也不在家上网了，网吧成了他休息的主要场所……

互联网是时代进步与发展的产物，它一方面为孩子提供了丰富的图文、声音等信息资源，创造了精彩的学习、娱乐与交往的时空；另一方面，互联网中那些色情、暴力等内容也在潜移默化地侵蚀着孩子的心灵。如何发挥网络资源的正面作用，消除或减少其负面影响，成了父母面临的一个难题。

现在是网络时代，父母不能再像以前一样限制自己的孩子去接触网络，但当儿子睁大眼睛好奇地对着网络世界时，父母又难免会担心。生怕网络世界中的不良信息会在不经意间伤害到自己的儿子，更害怕自己的儿子因一时好奇而泥足深陷，最终变得一发不可收拾。正因为如此，很多父母不得不施行陪“网”甚至限“网”政策。

为了避免儿子沉迷于网络，有的父母在家里装了一大堆的拦截不良信息的软件；有的父母则给孩子买电脑却不开通网络，只让孩子在电脑上看看教学光盘；有的父母害怕孩子去网吧上网，在休息日把孩子关在家里，不让孩子出门……但没过多久，父母就会发现，这样的方法都是治标不治本的，父母在阻止孩子接触网络的同时，也关住了孩子那颗渴望自由和探知未来世界的心。而且，这种过分阻拦的行为对正处在叛逆期的孩子来说，无疑是一种反向推动力，会让他们更加痴迷于网络。

那么，究竟该用什么方法才能引导男孩健康上网、安全上网，避开那些网络陷阱呢？

通过耐心的沟通，打开儿子封闭的心门

研究发现，凡是喜欢上网的男孩都有一些共同点：性格孤僻、内向，不善于交际，情感淡漠，与父母的对抗强烈。这些都是由什么引起的呢？答案只有一个：与父母缺乏沟通！要引导孩子正确使用网络，父母一定要懂得如何和你的孩子沟通，只有你的儿子愿意听你说话，你的话才能成为对他有益的教导。

沟通前，首先要求父母对网络有一个正确的认识，了解网络的利与弊。接着，再以温和的态度告诉孩子如何正确地使用电脑上网，如何避开网络中的不良信息。让孩子知道，对这个时代而言，网络是一种最便捷的

查询工具，上网本没有错，只是不应该沉溺于其中。

下面是一位父亲的成功教子经验：

1 年前，我的儿子迷恋上了网络。一味地纵容他上网肯定不行，而贸然地制止又会引起儿子的抵触心理。经过深思熟虑，我决定进入孩子的世界——偷偷地做儿子的网友。

于是，我以“上官”的网名加儿子为好友，经常有事没事找他闲聊。只用了 1 个月的时间，我便取得了儿子的信任，成了与他无话不谈的“老大哥”。一次，儿子告诉我：“我真的很孤单，我的父母总是很忙，每天只把工作当成头等大事，根本不关心我，所以我才借助网络在寻找关爱……”我听完儿子的讲述，真的很自责，后悔没有关心孩子的心理状况。于是，我又做了一个决定——永远维持自己在网络上的身份，做孩子幕后的朋友，默默地支持、鼓励、引导他的行为。同时，在生活上我要多给予孩子关注，让他体会到家庭的温馨、父母对他的爱。

有一天，儿子给我留言：“我可能要与你暂别一段时间，因为我要考高中了。我不想让关心我的爸爸妈妈失望，必须以优秀的成绩回报他们。”看见留言的那一刻，我笑了，儿子懂事了，没有枉费我的良苦用心……

与女孩相比，男孩更容易沉迷于网络。对此，父母最错误的方法就是不分青红皂白地指责和限制。其实，不少男孩在最开始接触网络时，对网络的喜爱程度并不是很深，但由于父母的过度限制，反而会激发他们的好奇心或叛逆心理。

对于孩子来说，家庭和父母远比任何一所学校和老师重要。父母一定要时刻去关注自己的孩子，不要抱着有学校、有老师教育这样的念头，对孩子放任不管。

培养儿子自觉健康上网的能力

网络其实并非洪水猛兽。如果能引导孩子学会健康上网，不仅能够让他开阔视野、促进交流，而且可以促进男孩的个性化发展。那么，父母具体该如何做呢？

儿子刚学会上网时，父母可以在一旁加以指导：为孩子推荐一些有益的网站；帮孩子了解国内外的重大新闻；为他选择一些利于学习的辅助资料；帮孩子下载一些有意义的学习或娱乐视频等。通过父母的指导，孩子可以学会搜集、选择、整理、归纳和运用信息，对提高自己的学习成绩很有帮助。

一段时间后，孩子还能培养出辨别是非的能力。这样，在纷繁复杂的网络信息时代，他们就会自觉接受健康信息的陶冶，父母再不必担心自己的儿子会受到不良信息的影响了。

投其所好，与儿子建立亲密的关系

下面是一位父母面对上网成瘾的儿子的一段经历：

13岁的儿子半年前开始接触网络游戏，很快就到了痴迷的程度，经常旷课逃学去网吧上网，学习成绩不断下降。无奈之下我只好每天接送他上下学，限制他的零花钱，把家里的电脑设上密码……但儿子依旧沉迷于网络游戏，即使没有办法坐在电脑前玩儿，他也会买各类的游戏书看。

于是，我开始改变自己的教育方式，尝试玩儿子喜欢的游戏，设身处地地去体会儿子的爱好……久而久之，我觉得原来儿子与我之间除了亲情之外，还拥有朋友一样真挚的友情。

成为朋友后，我开始在言谈之间提到一些关于沉迷于网络的坏处和一些孩子因染上网瘾而犯错的故事，潜移默化地去改变儿子的认知。当儿子对网游的危害有一定的认识后，我又开始转变思想，向儿子讲述一些计算机中有趣的小知识，教儿子在电脑上画漫画，做图片。渐渐地，儿子不但克服了网瘾，还学会了很多实用的软件技术。

这位父亲的做法很明智。他在与孩子聊天的时候，从不揪住上网这件事情说个没完，而是投其所好，先置身于网络中体验孩子的爱好，并以此为话题，与他建立稳固的“朋友”关系。最后，再通过正确的引导，教给孩子如何利用网络来增长自己的知识，开阔自己的视野。

任何事情都有利有弊，网络也是如此。只要你运用得当，网络不仅不会影响孩子的健康成长，还会成为他学习、生活上的辅助工具，更能成为维系父母与孩子亲情的纽带。

细节37 培养儿子判断是非的能力

一位母亲不解地询问儿童心理医生:“我的儿子为什么不会判断是非，他已经快3岁了。我发现这个孩子不聪明，平常总喜欢跟随他父亲或奶奶去评判别人。这孩子为什么没有独立的判断能力呢？”其实，这位母亲的疑惑很多父母都会有。

事实上，男孩在3岁以前判断是非是很困难的，因为这个阶段的孩子心理发育水平有限，还不能理解判断事物的是非曲直。孩子的道德观念是在3岁之后才逐渐产生的，并且随着社会交往的增加，逐渐内化形成自己的道德标准。

卡尔·威特认为，让孩子成为一个聪明的人比让他成为一个老实人更重要。事实上，老实的、循规蹈矩的人并不一定能够妥善地处理好自身与社会的关系，也不太可能达到与社会规范相协调的程度。他还说，孩子正处在半幼稚、半成熟的成长阶段，是独立性和依赖性、自觉性和幼稚性错综复杂、充满矛盾的时期。当孩子的人生观、世界观还未完全形成时，他们眼前的世界却已是纷繁复杂的了。因为光明与黑暗同时存在，所以我们应时刻提醒孩子，切莫轻信陌生人，以免上当受骗。

有一次，老卡尔外出工作，非常想念父亲的小卡尔在见到父亲回家时，非常兴奋。所以，父亲的马车还没有到家门口，小卡尔便已经在那里等父亲了。老卡尔刚从马车上下来，小卡尔便向他跑来，兴奋地一跃而起想扑在父亲的怀里。可是，老卡尔没有像往常那样将他抱起，而是故意闪开了。小卡尔扑了个空，重重地摔在了地上。

小卡尔从地上爬起来后并没有哭，而是不解地看着老卡尔。那时，小卡尔只有 4 岁多一点儿。他不明白一向爱他的父亲为什么会这样做。见老卡尔这样“无情”，妻子满脸不高兴。她责怪道：“卡尔每天都在念叨你，为什么一回到家就这样对他？”老卡尔没有回答她，只是微微地笑了一笑。小卡尔狠狠地瞪了父亲一眼，转身就往房里跑去。

这时，老卡尔叫住了他：“卡尔，等一等。”小卡尔头也不回地站在那里，似乎在等父亲的解释。老卡尔说：“爸爸是在和你开玩笑，也想让你明白一个道理。”小卡尔生气地说：“开什么玩笑？有什么道理？”老卡尔说：“我这样做是想让你明白，不要轻信任何人，哪怕是你的父亲。”

听父亲这样说，小卡尔转过头来不解地看着父亲。于是，老卡尔便进一步向他解释：“当然，爸爸是你最可信赖的人。但等你长大后有许多平时看似对你好的人并不一定会在任何时候关心你、帮助你，就像刚才爸爸对你那样。”

或许老卡尔的做法对于 4 岁多的小卡尔来说还很难理解，但我们相信这件事一定给小卡尔留下深刻的印象。

现实中很多父母告诉儿子，世界是如何美好并且执意让儿子相信，但这种表面迷人的说法只会使儿子失去分辨力，这样的孩子将来也很难成为一名成功者，因为轻信只会让他变得愚蠢和无能。那么有哪些方法可以帮助儿子判断是非，不轻信别人呢？

培养独立个性，避免盲从

一味地盲目从众，会扼杀一个孩子的积极性和创造力。而能否减少盲从行为，运用自己的理性判断是非并坚持自己的判断，是孩子将来能否成功的决定因素之一。

有一次，日本著名指挥家小泽征尔去欧洲参加指挥家大赛，在决赛时，评委交给他一张乐谱。演奏中，小泽征尔突然发现乐曲中出现了不和谐的地方，他本以为是演奏家出错了，就指挥乐队停下来重奏一次，但仍觉得不自然。

这时，评委都郑重声明乐谱没有问题，而是小泽征尔的错觉。面对几百名国际音乐权威，小泽征尔不免对自己的判断产生了动摇。但是，他考虑再三，坚信自己的判断没错，于是坚定地说道:“不，一定是乐谱错了！”他的话音一落，评委们立即向他报以热烈的掌声，祝贺他大赛夺魁。原来，这是评委们精心设计的“圈套”，以试探指挥家们在发现错误而权威人士又不承认的情况下是否能坚信自己的判断。

当对情境不了解或出现认知偏差时，此时的从众就是“盲从”。而经历尚浅的孩子更容易由于认知偏差导致盲从，狂热的“追星族”即是一例。

另外，一些男孩自身个性的不完善也是容易盲从的一个主要原因。研究表明，具有独立个性、良好自我观念的男孩，自我评价较高，自信心较强，具有较强的判断力，他们的从众率较低。因此，培养孩子独立的个性和立场独立性的认知方式有助于避免盲从。

让儿子不要轻信陌生人

孩子为什么会轻信陌生人呢？一方面是因为他们生活阅历尚浅，另一方面是源于他们的天真和可爱，对身边的人缺乏是非辨别能力，分不清哪些是好人，哪些是坏人，也难以想象社会上有些人总是戴着“假面具”出现，利用花言巧语引诱纯真的孩子受骗上当，最后酿成悲剧。

现在这个社会，虚假的东西太多，而孩子又年幼无知，根本无法理解自己身边会有坏人出现，就容易上当受骗。所以，我们应该通过电视、新闻或者一些图书等，启发和提醒孩子注意身边的人和事，不要和不认识的人交往，更不得轻信陌生人。同时，还可以将发生在身边的事说给孩子听，以引起孩子的注意。

第6章

挫折，上天送给儿子的最好礼物

母狮子生了一头小狮子。这头小狮子既聪明伶俐又威武强壮，母狮子对他抱有很高的期望。每一天，她都会对小狮子说："快快长大吧，你就是未来的百兽之王，到那个时候整个山林的野兽都会臣服在你的脚下。"母狮子每天都沉溺于幻想之中，而没有教给儿子怎样捕猎、怎样对付敌人。时间一天天过去了，小狮子终于长大了，但是它不仅没有成为百兽之王，甚至连独自生存的能力都不具备。

和故事中的母狮子一样，我们每个人都望子成龙，希望自己的儿子能够成才。有愿望当然是一件好事，但真正把愿望变为现实，父母就要通过正确的方法，让儿子得到应有的磨炼。否则，愿望只能是愿望，永远都不会实现。

细节38 越挫折，越长大

一天，一个小男孩在公园的草地上发现了一个蛹，并出于好奇把它带回了家。几天后，蛹上突然出现了一道小裂缝，通过这道缝小男孩看到了一只在拼命挣扎的蝴蝶，但里面的蝴蝶挣扎了好久也没出来，它的身子似乎被卡住了。于是，小男孩用剪刀把蛹壳剪开，好心地想要帮助蝴蝶脱蛹而出。但由于这只蝴蝶没有经过破蛹前的痛苦磨砺与挣扎，所以出壳后它的身躯臃肿，翅膀干瘪，根本无法展翅飞翔，不久就死了。

其实，故事里的蝴蝶就像我们的孩子，而那个小男孩就像作为父母的我们，孩子不经历挫折磨难就无法破蛹化蝶，无法去展现自己的美和体验快乐，如果父母主观认为让孩子少受苦、少遭罪就是在帮助儿子更好地成长，那么这种做法只会让儿子变得懒惰、懦弱、自卑……

现在大家都提倡“富养女，穷养儿”，其实“穷养儿”并不是让孩子去过度经受挫折，而是要让儿子适度经受挫折。这种适度的挫折对他的人生是一件好事，因为适度的挫折可以帮孩子驱走惰性，促其奋进，同时挫折对孩子来说也是一种挑战和考验。

那么我们如何正确而又巧妙地利用适度的挫折教育自己的儿子呢？下面这些教育方法也许会给你一些启示：

根据儿子的性格类型施以相应的教育方法

每个男孩的性格特征都不一样，有的是活泼外向的“阳光小少年”，有的是胆小内向的“忧郁小王子”，有的是倔强固执的“冷酷小帅哥”，有的是敢于冒险的“小小男子汉”，因此父母要根据自己儿子的性格施教。

如果你儿子的性格是外向型的，那么你可以直言不讳；如果是内向型的，你可以选择旁敲侧击；如果是抑郁型的，你就要讲求策略。千万不要选错了教育方式，以免适得其反，下面这位父亲就选错了方式：

明明是一个有些怯懦的小男孩，天生白净的面容和安静的性格，让他看起来像一个羞涩的小女孩，而且他动不动就脸红。这让一心要把他培养成顶天立地的男子汉的爸爸伤透了脑筋，于是只要看到儿子遇事犹犹豫豫，或者向自己求助时，爸爸就大声斥责儿子说："一点儿出息都没有，你不会自己解决嘛！扭扭捏捏的一点儿男子气概都没有！"面对爸爸的指责，明明内心感到既委屈又害怕，在不断的自我否定过程中，他的性格变得更加内向，还常常把自己关在屋子里。

很显然，明明爸爸的这种直接性批评方式是错误的。有时儿了遭遇挫折时，他也许需要的不是家长给予的具体解决方法，而是一句鼓励或一个方向指引。当内向型儿子遭遇挫折时，父母最好在给予鼓励的同时，也给孩子提供适当的解决方案，让你的孩子在经受挫折后体会到一种成就感。

对儿子应有适度的期望和正确的评价

儿童心理学家认为：很多父母会主动替孩子把每个障碍都清除掉，以便满足孩子的每个要求；有的父母甚至在孩子还没有提自己的要求时，就已经为他们想到了这些。其实，父母这样做等于剥夺了孩子体会坚强和毅力的机会，剥夺了孩子接受挑战的机会。事实上，孩子只有通过与外界环境的接触，才能学会如何正确地提高自己、评价自己。

因此，父母在儿子遭遇挫折时应给予他正面的适当引导，通过适度的挫折和磨炼让儿子变得坚强勇敢，同时，也让儿子明白：成功的道路是曲折的，只有经历挫折和克服困难，才能取得成功。

因为父母对儿子期望过高，会使他因为对自己能力预计不足或对困难的心理承受力准备不充分，而产生强烈的受挫感，令孩子失去自信。所以，适度的期望和正确的评价才是儿子最需要的，也才能让他更从容地应对生活中的各种挫折。

教会儿子从挫折中吸取教训、获得经验

俗话说“吃一堑长一智”，既然挫折是人生不可避免的，那么我们就要教会儿子如何应对挫折，如何在挫折和困难产生时，去剖析问题，查找问题产生的原因，然后如何借助自己的能力或者外在条件去寻找对策，解决问题，并从中总结经验教训。

有一位父亲的教育经验是这样的：

10岁的李奇是一个个性很强的小男孩,平时在班级的表现一直不错，而且是个体育爱好者。六一儿童节的时候，学校准备办一场运动会，李奇兴致勃勃地报了名，课余时间也积极练习。但是在班级选拔的时候，兴致很高的李奇在最喜欢的长跑中落选了。回家后，李奇非常失落，也不吃晚饭，一个人在房间里生闷气。爸爸发现儿子不对劲儿后，通过多方面打听，知道了儿子落选的事情。他详细地和儿子分析了落选的原因，例如兴趣很大，但实力欠缺。所以在接下来的时间里，爸爸让儿子继续保持对长跑的兴趣外，又协助儿子制订了一项适合他的长跑计划。一段时间之后，李奇不但通过长跑增强了自己的耐力和体力，整个人也更自信和充满活力了。

经历狂风暴雨后依旧昂然屹立的树木才会成为栋梁，经历挫折洗礼后的儿子，如果能够吸取教训、总结经验，那么他一定会更勇敢更有实力地面对下一次挫折的挑战，并最终取得成功。

细节39　勇敢是男孩必备的品质

一位哈佛的心理学教授曾说过：“勇敢的精神，是一个人最不可缺失的元素，因为人类哪怕每一个微小的进步，都需要勇气作为先导。”做人

不能墨守成规，贪图安逸和享乐，应当勇字当头，敢于前进。对于一个男子汉而言，勇气更是必不可少的素质，然而在现实生活中，父母无微不至的照顾，致使很多男孩胆子非常小。

4岁的鹏鹏是个可爱的小男孩，不但懂礼貌还特别乖巧，邻居都很喜欢他。鹏鹏唯一的缺点就是胆小，不敢一个人睡觉，不敢到关了灯的屋子里取东西，就连小区里很多玩具设施他都不敢玩儿，因此很多小朋友都不喜欢和他在一起。一次，舅舅带鹏鹏去游乐园，临走时妈妈再三叮嘱舅舅："别让鹏鹏玩快跑、跳远、爬高的游戏。"

到了游乐场，鹏鹏看着各种电动玩具很兴奋，当舅舅问他想玩什么的时候，鹏鹏左看看、右瞧瞧，最后扫兴地说："我怕，我哪个也不敢玩儿。"舅舅说："没关系，会有适合你玩的游戏的。"于是，舅舅领鹏鹏玩旋转木马。坐在木马上的鹏鹏一直忐忑不安，紧紧抓着杆子，没想到刚转了两圈，他便哇哇大哭起来，弄得工作人员不知所措，无奈之下，立刻暂停了游戏。下来的鹏鹏一直哭着喊着找妈妈，舅舅没办法，只好领着鹏鹏回家了。

生活中的大多数问题，男孩自身是可以轻松应对的，只是旁边的父母总是提心吊胆地告诫他这样做危险，那件事要小心，结果孩子信心不足，变得胆怯起来。对于孩子来说，存在胆怯的心理是很正常的，父母要学会激发和引导孩子内心的勇气，不能让他养成逃避的习惯。

勇气是男子汉气概的主要来源，家庭教育是影响男孩勇气形成的重要因素。所以，父母要掌握恰当的方法让儿子的胆子大起来，成长为真正充满勇气和力量的男子汉。

不要把你的儿子当成弱者

一天，妈妈带着明明去医院打疫苗。挂号的时候明明有点儿害怕，妈妈在一旁安慰他说："别怕，妈妈会一直在你身边。"进了诊疗室，明明紧紧地抓住妈妈的手，哭哭啼啼让妈妈领他走，说什么也不让护士给他打针。这时，一位老护士走过来对妈妈说："请你先出去吧！"妈妈不情愿地走出了诊疗室，在门外焦急地等待着。不一会儿，明明平静地走出来。妈妈搂过他问：“宝贝，疼不疼？”明明说：“有点儿疼，但是我没哭！”

后来，老护士解答了妈妈的疑问：“父母守在孩子身边会让他产生依赖，就会任性、撒娇。我让你离开是要促使孩子自己直面痛苦。当孩子发现没有了依靠，就会靠自己的意志和毅力战胜疼痛和心中的胆怯。”

有位教育专家说过：“如果孩子的生命是一把披荆斩棘的刀，那么挫折就是一块不可缺少的‘砥石’，为了使孩子生命的‘刀’更锋利些，应该坚决摆脱父母过分保护的教育方式。”

生活中，父母不要把自己的儿子当成弱者，而要给他磨炼的机会，让他充分认识到自己的能力，形成“我能行”的心态，勇敢地面对人生中的各种考验。

告诉儿子，自己的事情自己做

下面是一位小学老师和一个新入学孩子之间的对话：

老师：“你平常在家洗袜子吗？”

男孩：“不洗，平时都是妈妈给我洗。”

老师：“如果妈妈不在家呢？”

男孩：“还有爸爸呢！”

老师：“如果爸爸妈妈都很忙，没时间给你洗呢？”

男孩：“那就放着，等他们有时间再洗好了。”

老师：“等你以后长大了，谁来给你洗呢？”

男孩：“长大了，我可以请保姆啊！”

试想，这样一个连生活都需要别人照顾的男孩，还如何奢求他有勇敢之心？父母为孩子代替和包办的事情越多，孩子的胆子就会越小。要想让儿子拥有坚强的意志和勇敢的品质，首先要让他学会自己照顾自己。所以，父母要想让儿子成为强者，就要学着放手，让儿子慢慢学会独自面对并处理各种事情。

在儿子遇到困难时，多给他一些鼓励

每个人都有胆怯的时候，更何况是孩子。例如在公共场合说话时、在众人面前表演时、遇到某些奇怪的动物或昆虫时，儿子都可能会产生恐惧。这个时候，父母要学会鼓励儿子，引导他做一个敢于面对困难、克服困难的强者。

细节40 锻炼儿子的逆境商

法国著名的文学家巴尔扎克曾说过："苦难对于天才是一块垫脚石，对能干的人是一笔财富，对弱者是一个万丈深渊。"可见，同处逆境，对待逆境的态度和行为不同，结果也不同，也就是说人的逆境商不同，结果也不同。

当人生中那些不可避免的挫折来临时，人们就要靠平时修养成的逆境商来应对。由此可见，逆境商对男孩的人生来说非常重要。正如著名教育家告诫的那样："不要担心挫折，应该担心的是怕挫折而不敢让孩子做任何事情。"是的，我们应该在生活中不断锻炼儿子的逆境商，让他越挫越勇，而不是一遇到挫折就退缩和害怕失败。

有一位母亲曾无奈地讲述发生在自己儿子身上的事情：

我的儿子4岁了，但是他什么事情都习惯让我出面解决。一天，我去幼儿园接他回家，本来我们都已经走到大门口了，但是儿子突然有些难过地拉住了我。原来，这天吃饭时表现好的小朋友都可以得到一个漂亮的水果娃娃，而儿子没得到。最后，我只好去求老师给一个，老师虽然很无奈，但在我的再三恳求下还是给了儿子一个梨娃娃。平时，我总鼓励儿子争先进、拿第一，就是希望儿子进取心强些。可是儿子如果没有得到第一，他就会很难过，哭得很伤心，我怎么安慰都不行。这孩子是不是太经不起失败和挫折了？

没错，故事中的男孩确实太经不起失败和挫折，而他的逆境商之所以显现不出来，与家长的教育方法不得当密切相关。假如他的妈妈不纵容、不溺爱他，给予他适当的期望值，那么他就能更好地面对挫折。

锻炼男孩的逆境商并不是一蹴而就的，这个过程需要时间，更需要方法。下面这些方法或许能给父母提供一定的参考：

鼓励儿子照顾和帮助他人

瓦尔纳博士是美国加州大学的儿童心理学家，他在对 700 名出身贫寒孩子的长达 20 年的跟踪研究中发现：那些在成年后拥有坚韧不拔个性的人往往在小时候乐于帮助和照顾他人。

乐于助人的美德看似和锻炼男孩的关系不大，其实两者之间关系密切，因为一个孩子在帮助别人的同时会慢慢发现自己身上的各种能力，就像人们常说的那样：“如果你有能力帮助别人改变生活，那么你一定有能力改变自己的生活。”我们就是要让孩子在帮助他人和照顾他人的过程中，意识到自己是如何的“强”，是怎样一个有能力的小男子汉。

有一位母亲是这样做的：

我的儿子京京 8 岁了，为了锻炼他的各种能力，我总是有意无意地给他提供帮助他人的机会，因为我发现儿子在帮助他人的过程中，不但变得自信、认真，而且遇到难题时，他首先想到的不是向大人求助，而是自己想办法解决。例如有一次，我让他去照顾腿脚不灵便的奶奶。吃完晚饭后，坐在轮椅上的奶奶要去楼下散步，虽然只有三个台阶，但是京京为了不使坐在轮椅上的奶奶颠簸，就自己找来两块木板，斜放在台阶上，将轮椅顺畅地推了下去。

父母千万不要小瞧孩子稚嫩的肩膀，他们每个人都可以成功地抗击生活的暴风雨，问题的关键在于你是否给他创造合适的机会，鼓励他照顾和帮助他人，让他不断提高自信心和独立办事的能力。

给儿子一个遭遇挫折的机会

一天，妈妈带着4岁的儿子去春游，两人一起走在狭窄的坑坑洼洼的山间小路上。崎岖的山路对于一个小孩子来说很难应付，但妈妈并没有马上拉起儿子的手，而是任由他一路歪歪斜斜、跌跌撞撞地走，甚至看着儿子差点儿被小石头绊倒，妈妈也不伸手帮助儿子。

这真是一位明智的妈妈，她知道如何让儿子自己去亲身体验生活，体验挫折。如果父母整天想着如何将自己的孩子保护得更好，替他遮挡狂风暴雨，抵挡住伤害与失败，那你的儿子永远也学不会如何独自承受打击与挫折，如何对抗逆境。所以，父母要克制自己想帮孩子的心，给他一个遭遇挫折的机会。

教儿子以正确的态度面对成功

父母锻炼儿子的逆境商，不但要教会孩子如何正确面对挫折与失败，更要教会他如何正确面对成功，以免他变得自以为是和目空一切。

美国一位心理学家曾做过这样一个实验：他让400名小学一年级学生参加了一个考试，然后对全体参与者说他的成绩很好。但是在表扬这些孩子的成绩时，他采取了不同的说法。例如他对一些孩子说："你很聪明，你的考试成绩十分好。"而对另一些孩子则说："你很努力，你的考试成绩十分好。"几天之后，心理学家又让这400名孩子参加了一次考试，这次，他对孩子们说："你们的成绩不如上次好了。"

面对这样的结果，那些得到"你很努力"表扬的孩子表现出了很好的控制力并且愿意接受挑战，因为失败对他们来说只是"还不够努力"，而那些得到"你很聪明"表扬的孩子则明显缺乏对失败的忍受力，因为失败对他们来说是"我笨"。

所以，当你的儿子独立完成某件事时，要让他知道事情的成功并非取决于他脑袋是否聪明，而要让他意识到"努力"的重要性。父母要让儿子明白：成功对他意味着掌握了一项技能，而不是在炫耀一种天赋。

细节41 适度“放养”，给孩子历练的机会

“温室里的花朵经不起风雨”等道理父母都知道，但随着独生子女的增多和经济水平的提高，父母习惯把儿子“圈养”在家里，担心外界会对儿子造成伤害或者不良影响。其实，“圈养”行为只会让儿子的各种能力逐渐下降，例如生活自理能力、人际交往能力、行动能力等。而适度的“放养”则会增强儿子各方面的能力。

我们这里所讲的“放养”并不是放任自流，而是一种科学健康的“放开”，即给儿子提供一个独立的成长空间，以便培养儿子的信心、勇气、自立能力和社会适应力等。如果一个孩子没有走出家门经历过风雨，那么这恰恰是未来生活的最大风险。

一天，妈妈带着5岁的儿子去打针。医生刚把针扎进小家伙的屁股，他就哇的一声大哭起来。妈妈见儿子哭得小肩膀直打战，自己也忍不住哭起来。这时，儿子看到妈妈哭了，立刻停止了哭泣，揉着眼睛问妈妈：“妈妈，又没扎你，你哭什么？”

妈妈心疼地给儿子擦了擦眼泪，说：“妈妈胆子小，看见你一哭就害怕。”

没想到，听到妈妈的话，儿子转而显出一副无奈的样子说：“妈妈，你真胆小。算了吧，以后你别陪着了，我一个人进去！”

第二天，儿子壮着胆子独自走到医生面前，大声说：“你扎吧，我是警察！”妈妈和医生都被这个小男子汉逗笑了。

这位妈妈便是研究儿童心理和行为的专家卢勤，她主张，父母对孩子的肯定，最能激发孩子的潜力。很多时候，为了给大人一个惊喜，孩子可能创造奇迹，这种动力能使一个幼小的男孩成长为勇敢的男子汉。

但是大多数独生子女家庭对孩子生活照顾或管教得过分周到细致，

导致孩子的生活能力得不到锻炼，很难形成坚强、独立的性格。父母的“爱”虽然是孩子的“安全基地”，但也要记得适时“放飞”，而且儿子需要适度“放养”，需要经历磨炼，这样才能成为真正的男子汉。父母要怎样做才能更好、更合理地“放养”儿子呢？除了让他去经历那些他该经历的，还要用更科学的方法教育他。

“放养”儿子要有尺度

有一位母亲的教子经验是这样的：

刚一放暑假，儿子就被我送到了乡下舅舅家。陪着他在乡下待了两天后，我便回城里工作去了。刚开始，儿子有些不习惯。因为每天他都要在6点起床，吃过早饭还要帮舅舅到菜园给蔬菜浇水、拔草，而饭菜也很简单，顿顿都是萝卜青菜。不过，几天之后，儿子慢慢习惯了那里的生活，他喜欢上了舅舅家的小狗，喜欢上了舅舅家的菜园，喜欢上了跟村里的小伙伴去河边捉鱼、到果园里摘水果，也喜欢上了乡下新鲜的空气。同时，他也学会了许多知识，比如辣椒和西红柿的秧苗有什么不同，梨树和苹果树又该怎么区分，青菜长虫子该打哪一种农药……整个暑假，儿子没看过一眼动画片，没上过一次网，但他却过得充实而快乐。

可见，儿子在“放养”期间能学到不少课堂上没有的知识，获得学校生活里没有的经历。所以，父母最好能有意识地为儿子多安排一些亲近自然、走入社会的机会，让他在假期里换个头脑，激发他多方面的潜能和兴趣，这样有利于儿子开学后以更好的状态投入到学习当中。

当然，“放养”并不仅仅意味着把儿子放到陌生的环境中去锻炼，这只是“放养”内容的一小部分。父母要做的是不为儿子安排好一切，多让他自己去决定，去选择，这也是培养儿子独立性的关键所在。

不过，许多父母对“放养”存在误解，认为“放养”就是放任自流和放手不管，其实“放养”儿子就像放风筝一样，父母始终把风筝线抓在自己的手里，只要你在“放养”孩子的过程中给予他应有的关心、指导和保护，而不是放手不管，那么你手里的“风筝”一定会越飞越高。

“放养”儿子要有提示

父母在“放养”儿子的过程中，首先要在儿子的活动中，不断给他具体、有效、细节的提示，并且不要给他制定太多的硬性规定，比如规定儿子必须达到什么目标等，而是要尊重儿子自身的实际水平，让他在活动中达到目标。

其次，父母既要“放养”儿子，又要关心儿子。最重要的是不要怕儿子犯错误，也不要怕他走弯路。有些钉子他该碰就要碰，有些弯路他该走就要走。生活本来就是因为充满未知而变得多姿多彩的。因此，当儿子遇到困难时，父母要抓住机会进行教育，给儿子以指导，帮助他找到克服困难的方法。

事实上，“放养”儿子的过程，不但是给予孩子自由发展空间的过程，更是父母帮助儿子发现问题、解决问题的过程。而且通过父母的“放养”教育，儿子在遇到挫折时，更多的是凭借自己的力量去解决问题，而不是一遇到挫折就打退堂鼓。

“放养”儿子时别忘了激励

爸爸觉得儿子宗斌整天窝在家里并不是一件好事，所以就鼓励儿子出去玩儿。但是小家伙总是低着头说：“我什么都不会，他们一定不愿意和我玩儿的！”原来，宗斌很喜欢打篮球，但是他个头比较矮，再加上他本来自信心就不强，所以同学一邀请他出去玩儿，他就借口说回家有事，然后心情郁闷地在家看电视。爸爸知道这个原因后，对儿子说：“儿子，打篮球要求的不但是个头，还有速度和团队的配合。爸爸看过你跑步，觉得你的速度很快，相信你的传球速度也一定很棒，而且打篮球还能帮助你长个儿呢！”听了爸爸的话，宗斌有些动心，后来在爸爸的再三鼓励和帮助下，他开始和同学一起打篮球。虽然刚开始也会出现小错误，但是同学们并没有笑话他，而是帮助他纠正错误。后来他凭借出众的速度和运球能力成为伙伴们打篮球时不可或缺的一员。一段时间后，爸爸发现儿子不但变得开朗了很多，而且结交了很多朋友。

其实，很多时候，在最初的“放养”阶段，儿子难免会产生一些惧怕心理或是犯一些小错。这时候就需要父母及时给予一些正面的鼓励，让儿子消除惧怕心理，也让他的行为得到正确的引导。

细节42　培养儿子坚定的信念力

著名成功学家安东尼·罗宾曾说过：“信念就像指南针和地图，指引出我们要去的目标。一个没有信念的人，就好像缺少马达和航舵的小汽艇，无法前进一步。”没错，信念就像蕴藏在儿子心中的一团永不熄灭的火焰，能够给予他们即使身处逆境和遭遇不幸依然能够鼓起生活勇气和挑战一切困难的无坚不摧的力量。

罗杰·罗尔斯是美国纽约州历史上第一位黑人州长，他出生在纽约声名狼藉的大沙头贫民窟。这里的生活环境肮脏不堪、充满暴力，大多数孩子从小就逃学、打架、偷窃甚至吸毒，成年后很少有人从事体面的职业。然而，罗杰·罗尔斯不仅考上了大学，而且还成为美国州长。

在罗尔斯就职纽约州州长的记者招待会上，一位记者充满好奇地问：“请问是什么把您推向州长宝座的？”于是罗尔斯谈到了他小学时期的校长皮尔·保罗先生。

很多年前，皮尔·保罗被聘为罗尔斯所在的诺必塔小学的校长。最初，他发现这里的孩子经常旷课、斗殴，甚至砸烂教室的黑板。于是，皮尔决定不用那些常规的教育方法去教育这些难管教的孩子，而是想出了一个奇妙的点子，而罗尔斯就是其中的受益者之一。

有一天，皮尔正巧逮住了又想偷偷翻过学校墙头逃学的罗尔斯。不过，皮尔并没有教训这个不听话的学生，而是对罗尔斯说："让我来看看你的手。"有些诧异的罗尔斯把手伸了出来。皮尔庄重地说："我一看你修长的小拇指就知道，将来你是纽约州的州长。"这句话就像炸弹一样在罗尔斯心里产生了巨大冲击。因为长这么大，只有他祖母说过，他可以成为一名小船的船长。这一次，校长竟说他可以成为纽约州的州长，他有些不敢相信。不过，这句话就像一颗希望的种子从此埋在了罗尔斯的心里。

从那天起，"成为纽约州州长"就像美妙的咒语一样让罗尔斯彻底改变了。他开始变得衣服整洁，言行举止得体，而且再也没有逃过课。在那之后的四十多年间，他没有一天不按州长的身份要求自己。终于在他51岁那年，成为纽约州的州长。

发生在罗尔斯身上的这个真实的故事，并不是为了证明皮尔先生当初的预言有多么准确，而是在告诉所有人：信念力是可以创造奇迹的。正如罗尔斯说的那样："信念值多少钱？信念不值钱。但是只要你坚守你的信念，它就会迅速升值。"皮尔先生给予罗尔斯的那份坚定的信念，让他感觉到自己也可以成为有用的人，而且正是在这种信念的支撑下，他才取得了成功。那么，在日常生活中，父母应该采用哪些方法来帮助儿子坚守自己的信念呢？

要让儿子意识到信念力的重要性

罗斯福总统在还是参议员的时候，他在民众的眼中是潇洒英俊、才华横溢、受人爱戴的政界要员。有一次，他在加勒比海度假游泳时突然感到腿部麻痹，虽然经过及时抢救他捡回了性命，但是却被诊断患有"腿部麻痹症"，医生对他说："先生，你可能会丧失行走的能力。"这句话并没有把罗斯福吓倒，他反而还笑呵呵地对医生说："没关系，我还要走路的，而且我还要住进白宫。"

第一次竞选总统时，乐观坚强的罗福斯先生对助选员说："你们布置一个大讲台，我要让所有的选民看到我这个患麻痹症的人可以走上去演讲，而且不需要任何拐杖。”当天，他穿着笔挺的西装，充满自信地走向演讲台。

罗斯福的每个步伐都让美国人民深深感受到这个男人的坚强、自信。后来，罗斯福成为美国历史上唯一一个连任四届的总统。

坚定的信念是促使孩子积极向上的内部动力，也是他取得成功必备的优秀心理品质。其实，每个孩子都有一种表现自我、获取认同的心理需求。信念力能够帮助儿子充分地展示自我，并且从中获得一种被他人认可的成就感，而这种成就感又会再度激发他的信念力。

另外，强烈的信念力还能激发出儿子内在的潜能，激励他朝着自己的既定目标前进，因此，父母只有帮助儿子真正认识到信念力的重要性，他才会自觉地树立信心。

利用儿子的天赋激励他坚守信念

苏联心理学家克鲁捷茨基曾指出：“行为的重要动机是信念，信念与理想有密切的联系。信念是关于自然界和社会的某些原理、见解、意识、知识，人们不怀疑它们的真理性，认为它们有无可争辩的确凿性，力图在生活中以它们为指针。信念不只是容易明白的、可理解的，而且是能深刻感受的、体验的。”

对于儿子来说，信念具有一种能够创造奇迹的力量。信念不是天生的，是需要父母后天的教育和培养的，父母可以利用儿子的天赋激发出他们的信念力，在信念力的支持下，儿子更容易取得成功。

或许在大多数父母看来，自己的儿子并没有什么优秀之处，可就在这种平淡无奇的后面，或许你的儿子就潜藏着某种独特的天赋。而你所要做的就是激发出儿子的这种天赋，然后让他坚定自己的信念，那么，奇迹就可能会发生。

为儿子树立榜样，增强他面对困难的信心

有一位母亲的教育经验是这样的：

我的儿子胆子很小，他从不敢做自己没遇到过的事情，包括一些很简单的游戏。我觉得儿子胆小不利于他今后的发展，所以刻意加强了对儿子的勇气教育。

周末，我常带儿子去游乐园玩儿，想从一些冒险、刺激类的游戏中锻炼儿子的勇气。我带儿子去玩过山车，儿子不肯去。我就指着旁边一个比他小的男孩说："这个弟弟都敢去，你有什么好怕的呢，妈妈相信你没问题的。"儿子看了看小男孩，冲我点了点头。

这样，在榜样的影响下，儿子慢慢变得越来越自信，越来越坚强勇敢。

其实，男孩模仿同龄人的能力很强，因此父母要善于利用儿子的同龄人榜样的力量，培养儿子勇敢面对困难的信心。例如你的儿子怯于在人前唱歌，当他犹豫不决时，你可以这样说："你是个勇敢的孩子，你的朋友小华都敢在外人面前唱歌，我相信你也可以做到的。"不过，父母在这时一定要注意用温和、肯定的语气。

细节43　教儿子凡事要坚持一下

古人曾说过："不积跬步，无以至千里；不积小流，无以成江海"，如果父母在教育孩子的过程中，能够教会孩子凡事都再坚持一下，那么就更容易获得成功。

美国心理学家威蒙曾对一百多名较高智商的成功人士做过研究，发现这些人的成功与三种性格品质有关：一是自信，二是坚持力，三是善于为实现目标不断积累。由此可知，持之以恒的坚持力对一个孩子将来的成功是多么重要。

一般来说，具有坚持力的孩子在学习时，会比那些缺乏坚持力的孩子更认真对待每一节课和每一次作业，长期坚持自然能取得更好的学习成绩，而那些缺乏坚持力的孩子无法坚持做完一件事情，在学习和生活中往往会觉得困难重重。

一位父亲谈起自己的儿子时颇有些无奈：

我的儿子虽然已经上初中了，但是做事还是没有坚持力，总是一会儿做这个，一会儿又做那个。学习更是如此，虽然每天放学回家就开始做作业，但是，总是语文作业还没做完，就想着要去做数学，数学还没做完又觉得应该先背英语单词。他做作业时，虽然一直待在房间里，却往往无法坚持学习半小时，总是刚拿起这本书，又翻开那本书，而且一会儿听音乐，一会儿又躺在床上，真拿他没办法。

可见，缺乏坚持力的孩子在学习时总不能认真、专注。现在，坚持力已经被认为是一个孩子心理素质优劣、心理健康与否的衡量标准之一，这也是孩子未来成功的关键因素之一。因此，父母一定要对儿子的坚持力进行训练，当然培养儿子的坚持力前父母也要有坚持力。

在平时生活中，父母可以利用身边的小事来训练儿子做事的坚持力。比如洗碗、收拾房间等，刚开始，父母可督促儿子用心做事，直到他做完一件事，在这个过程中要让儿子明白：做任何事都要坚持把它做完。除此之外，还有其他方法可以帮助父母教自己的儿子学会坚持。

真正读懂儿子放弃的“弦外之音”，多鼓励和理解他

父母要注意仔细观察儿子的日常行为，并且真正读懂儿子内心的想法，很多时候他可能并不需要你提出具体的解决办法，而仅仅需要你的鼓励和理解。

例如，有时儿子会说：“我不想考 100 分”“我不想去比赛，但我又不想弃权”“我不想当班长”“我觉得我肯定不行”……这时，你可能会想，自己的孩子怎么这么不求上进，怎么这么胆小，怎么这么没自信。或许出色的你还会拿自己的“丰功伟绩”去刺激儿子，说儿子不像你小时候那么聪明、懂事。如果你这么想或者这么做了，就可能错失理解儿子的机会。

有一位母亲的教育经验是这样的：

每当儿子跟我说，他不想做什么或者不敢做什么的时候，我从来不认为这是他内心真正的想法。

比如他说不想考100分，其实我知道他非常渴望满分，但是害怕拿不到才会这么说，这时我就会对他说："不考100分没关系，只要你认真仔细做题就可以。"还有一次，他说不想参加篮球赛，害怕自己打不好拖大家的后退，我就对他说："你已经打得很好了，只要按平时训练的水平去比就可以，拿不到冠军也没关系。"

我发现每当我对儿子说完这些理解他、鼓励他的话，他就显得很放松，然后兴致勃勃地去做那些他嘴上说不愿意做的事情。

所以说，父母应该学会听孩子的"弦外之音"，这样才能真正理解他们。理解他们之后，他们的很多问题也就迎刃而解了。

让儿子养成凡事坚持到底的习惯

一位父亲是这样描述自己幼时的经历的：

有一天，我和小伙伴一起做游戏，由于不小心，手指被同伴弄出了血，剧烈的疼痛让我的眼泪就要掉下来了。但是，我在心里告诫自己，一定要坚持住！最后，我忍住了眼泪，装出一副若无其事的样子，继续和小伙伴玩儿，因为我知道，一旦我的眼泪掉下来，同伴们就会认为我是懦夫，以后再也不愿和我一起玩儿了。现在，我也告诉我的儿子，在遇到困难的时候，要坚持一下。再坚持一下，你就是强者！

没错，胜利往往来自再坚持一下的努力之中。如果孩子在遇到困难时，能够有足够的意志去再"坚持一下"，这种坚强的意志足以让他取得成功。

当然现实中很多事情往往开始比较顺利，但后来遇到困难了，可能就很难达到预期的目标。这时，我们一定要鼓励孩子千万不可轻易放弃、不可半途而废。因为坚持下去事情很可能会朝着好的方向发展，即使结果仍不理想，努力坚持做完一件事本身就是一种成功，更磨炼了孩子的意志。

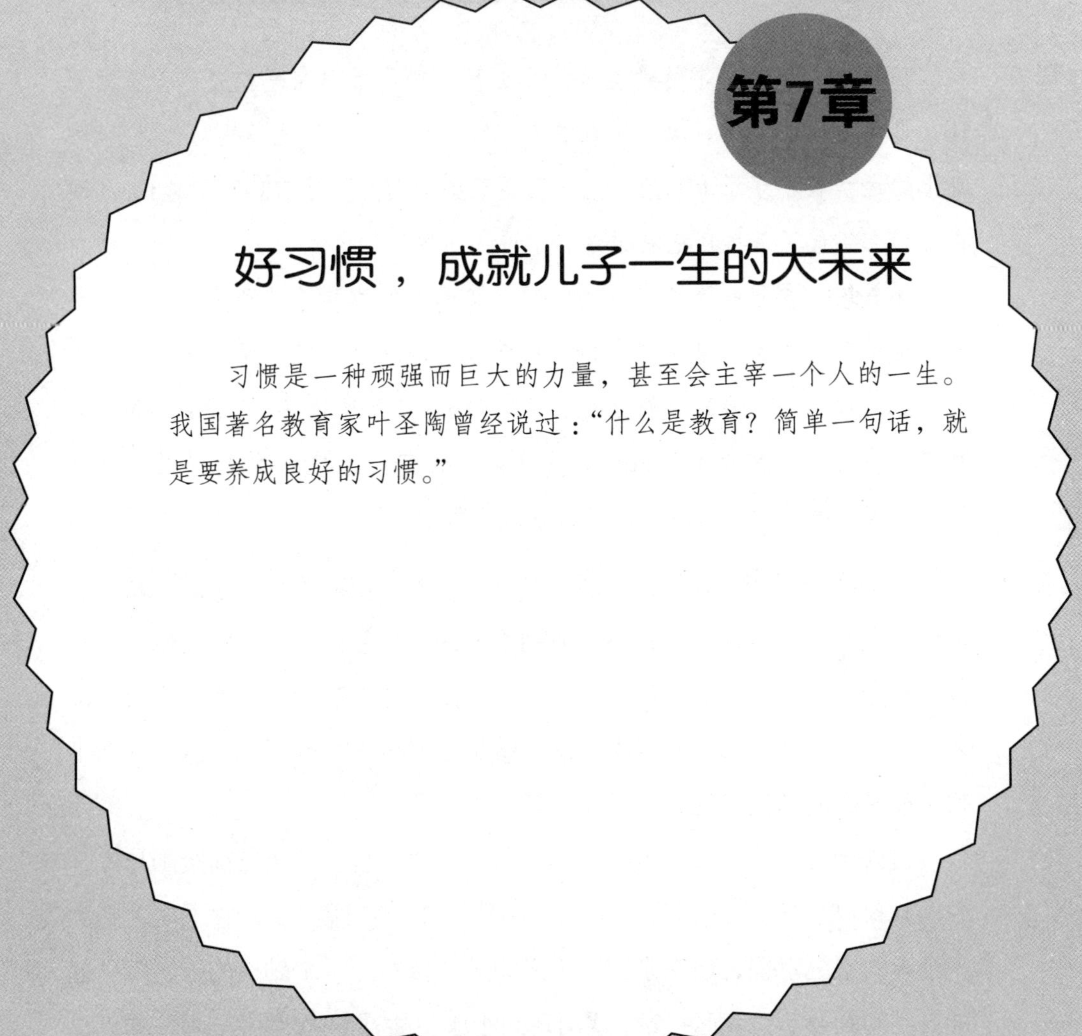

第7章

好习惯，成就儿子一生的大未来

习惯是一种顽强而巨大的力量，甚至会主宰一个人的一生。我国著名教育家叶圣陶曾经说过："什么是教育？简单一句话，就是要养成良好的习惯。"

细节44　教儿子养成勤俭节约的习惯

场景一：张泽是个特爱臭美的小男孩，每次看到漂亮衣服都吵着闹着让父母买给自己。有一次，他看中了一件蓝色上衣。但是妈妈对他说："你身上的运动衣才穿了十几天，怎么又要买新的啊？"他有些不屑地说："现在都什么年代了，谁还把衣服穿烂了再买新的！"

场景二：在张强上四年级的时候，父母把他的学籍转到了一所私立小学，班里的同学家境都比较富裕。也许就是从这个时候开始，张强对名牌产生了兴趣，穿的衣服、鞋子都要是"耐克""阿迪达斯""李宁"等品牌服饰。有时候，父母不给他买，他就会振振有词地对父母说："别的同学都穿名牌，我不穿怎么去见同学，太没面子了！"

上面两个事例，都是在生活中经常发生的。现在的孩子生活在富足的年代，没有经历过苦日子，不知道勤俭节约的重要性。而一些父母对儿子也是十分娇惯，不让他干任何家务，儿子要买什么东西，也是千方百计地去满足。在这些父母的心目中，这样做是在爱孩子，殊不知，这不样做不利于孩子养成勤俭节约的好习惯。

古人曾经说过："俭，德之共也；侈，恶之大也。""历览前贤国与家，成由勤俭破由奢。"……勤俭节约是中华民族的传统美德，它不仅关系到一个人的家庭幸福，还关系到一个人的品德修养。一个勤俭的人，可以通过自己的勤奋节俭克己持家，逐渐走向小康生活；而一个懒惰、奢侈的人，不仅很难过上幸福的生活，甚至还会对人的品德修养造成负面影响。

可是如今很多孩子不懂得勤俭节约，这是因为平时他们被父母娇惯坏了，只知道花钱，而不知道赚钱的不易。所以，要想培养他们勤俭的美德，父母应该舍得让儿子劳动，并且让他们知道赚钱要经过辛苦的努力，这样，就能让他们认识到勤俭节约的重要性了。

让勤俭的意识在儿子心中扎根

一位母亲曾经这样讲述自己的育儿经验：

我7岁的儿子没有经历过苦日子，也不知道勤俭节约的重要性。他在家里很少做家务，在花钱方面却是大手大脚。虽然我们的家境还算可以，但是我决心改变这种状况，因为我认为懒惰、奢侈是一种非常不好的习惯，可能会影响一个人的一生。在以后的日子里，我给儿子讲了很多古人勤俭节约的故事，让他知道勤俭节约是一种美德。

在生活中，我也经常有意识地称赞那些勤俭节约的行为，批评那些懒惰、奢侈的行为。慢慢地，儿子意识到了懒惰、奢侈的坏处，不仅人变得勤快多了，在花钱方面也不再大手大脚了。

用生活中的小事来培养儿子勤俭节约的好习惯

培养儿子勤俭节约的好习惯，可以让儿子从节省一张纸、节约一度电，帮父母扫扫地、擦擦桌子开始。这些事情虽小，但是时间长了，孩子就会慢慢养成勤俭节约的好习惯。值得我们注意的是，现在很多父母舍不得让儿子干活儿，更不忍心在花钱方面限制儿子，认为让儿子受些苦、受些累便是对不住他们。其实，这样想是不对的，我们现在让孩子受些苦、受些累，总比他们长大后受苦受累要好。所以，我们应该让儿子勤做家务，在花钱方面也不要过分娇惯他们。

细节45　让儿子把要事放第一位

一般来说，很多父母并不是很重视培养男孩从小要分清主次的思维习惯。有些父亲认为教育孩子主要是母亲的事，但实际上，父母都要承担教育孩子的责任，教孩子把要事放在第一位。

有这样一个故事：

从前有两兄弟，看到天上飞过来一只大雁，他们正准备射雁，哥哥边拉弓边说："射下来煮着吃。"弟弟争着说："鹅才适宜煮着吃，雁要烤着才好吃。"结果两人争吵起来，最后不得不到一个长者那里去评理。长者建议把雁剖成两半，一半用来煮着吃，另一半用来烤着吃。兄弟俩都同意了，但是当他们回到看见大雁的地方时，大雁早就飞得无影无踪了。

凡事都有个轻重缓急，在特定的时间里，必须首先解决最重要、最紧迫的事情。上面这个故事，对于兄弟俩来说，把大雁射下来才是当时最紧急、最重要的事情，但是他们把怎么吃大雁当成了最重要的事情，最终失去了捕获大雁的机会。可见，一个分不清主次的男孩，在生活和学习中往往很难取得成功。

那么，父母用什么方法可以教会儿子做事分清主次呢？

运用"二八原理"，教会儿子分清轻重缓急

"80/20 定律"的含义是在日常生活中，20%的事情就足以决定 80%的成就，所以我们应该先帮助儿子辨别什么是最可能见效的 20%的事情。一旦辨别清楚了，再引导他用 80%的时间做好这些最重要的事情，再用剩下的 20% 的时间做其他事情。

虽然每个孩子在每个人生阶段的情况不同，我们也不必机械地套用这些百分比，但是如果我们能让孩子理解这个定律的精神，并且运用到他的学习和生活当中，就可以帮助他识别及做好最重要的事。

一般来说，我们可以先教会孩子设定优先级，即用"轻重缓急"四字去划分学习、生活中的四类事务：紧急且重要；紧急，但不太重要；重要，但是看起来不紧急；不重要，也不紧急。

一位母亲的教子经验是这样的：

儿子最爱看的卡通节目是《顽皮豹》，对他来说，看《顽皮豹》就是生活中最重要的事，只要一听到这部卡通片的主题音乐，他就会立刻放下手边的功课，飞奔到电视机前面，目不转睛地盯着屏幕，沉浸在剧情中的他常随着剧情变化又是笑又是叫的，很兴奋。

儿子有一个很大的坏习惯，就是喜欢赖床。每天早上我一叫他起床，儿子的动作总是慢吞吞的，我看在眼里，心里急得恨不得连早餐都帮他吃了。可是一想到对孩子要逐渐放手，才不会剥夺他成长的契机，儿子也常念着："自己的事自己做，自己跌倒自己爬起来。"所以我天天都要当"忍者"，看他慢条斯理地梳洗、吃早餐，直到送他出门才能放下心来。

后来电视台做了节目调整，把《顽皮豹》的播出时段挪到早上6：30。儿子心爱的卡通片改时段了，那儿子怎么有时间看呢？我正为他烦恼的时候，儿子竟灵机一动说："那以后每天早上我都用《顽皮豹》的主题曲当我的起床号啰！"

我还是很担心地说："看完卡通片还要换衣服、梳洗，怎么来得及？"

儿子又突发奇想地回答道："前一天晚上，我会把书包先整理好，水壶也装好水，摆在门口，要换的制服就放在电视机前面，我一起床就可以在电视机前面，一边欣赏节目，一边换衣服。妈妈不用担心，这应该是个好方法！"从此，每天早上儿子再也听不到我的催促声了。

其实，分清事情的轻重缓急，就是要孩子分辨出哪些事是最重要的，并且必须优先完成的，哪些事是次要的，是可以根据自己的兴趣、爱好、能力等更改的。

引导儿子作判断，教他把复杂的事情分类

有这样一个故事：

在一次时间管理的课上，老师先在桌子上放了一个装水的罐子，然后拿出一些鹅卵石从罐口放进罐子里。老师把石块放完后问他的学生："你们说这罐子是不是满的？""是！""真的吗？"老师笑着问。这时，老师

又从桌底下拿出一袋碎石子，把碎石子从罐口倒下去，轻轻摇一摇，再加一些，他又问大家："这罐子现在是不是满的？"这次，学生们都迟疑着，不敢回答得太快。最后有位学生细声地回答："也许没满。""很好！"老师说完后，又拿出一袋沙子，慢慢地倒进罐子里。倒完后，老师再问班上的学生："这个罐子是满的呢？还是没满？""没有满。"老师给学生们投去了赞许的目光，然后又从桌底下拿出一大瓶水，把水倒进看起来已经被鹅卵石、小碎石、沙子填满了的罐子里。当做完这些事之后，老师问："我们从上面这些事情得到什么重要的结论？"学生们的回答各种各样，有的说："无论我们的工作多忙，行程排得多满，如果要挤一下的话，还是可以多做些事的。"有的说："讲的是时间管理。"最后，老师说："我想告诉你们，如果你不先将大的鹅卵石放进罐子里去，也许以后你永远没机会把它们再放进去了。"学生们这才恍然大悟，原来老师在教他们做事情要分清轻重缓急，学会安排做事情的顺序。

对于生活中繁杂的事情，父母要教会孩子按重要性和紧急性的不同组合来确定处理的先后顺序，例如先集中时间做重要的事情，剩余的时间再处理小事杂事，这样就能做好时间管理，提高做事效率。

刚开始时，男孩时常会出现拿不定主意的情况，这时，我们就必须引导他们作出判断，将复杂的事情分类，排列出优先顺序，这样下去，孩子就逐渐学会做事分清主次了。

细节46　教儿子养成做事细心的习惯

以下是一位母亲的网络日记：

我儿子很聪明，可就是平时做事太马虎了。明明平时学习不错，可一到考试的时候就特别粗心，错了很多不该错的题，比如把"6"写成"0"。

在平时，他也总是丢三落四的，不是上学时忘带书本，就是下课后忘记写作业。唉，孩子这么小，总是马虎怎么行呢？……

与细心的女孩相比，男孩要显得马虎得多。千万不要觉得这是个小问题，如果不帮助儿子改掉这个坏习惯，可能会造成严重的后果。

作为父母，首先要找到儿子做事马虎的原因。一般来说，主要有以下几点：

第一，态度原因。很多男孩的马虎现象是由于其学习态度不端正造成的。这些男孩在做作业、答题时常常敷衍了事，马马虎虎凑合着做完就溜之大吉了。

第二，性格原因。如果男孩是急脾气，做任何事都心急火燎，难免会出现错误。

第三，习惯原因。这类男孩从小做事就马虎，久而久之，马虎已成为他们的习惯。

马虎不仅会影响到男孩的学习成绩，而且还会阻碍他发展成才。未来社会是科技社会，科技是容不得半点儿马虎的，因此，父母必须帮助儿子改掉马虎的坏习惯，养成严肃认真的好习惯。

针对男孩马虎的不同情况，父母要分别采取不同措施。例如，对待学习态度不端正的儿子，应主要解决他的态度问题，使他认识到马虎的危害，从而端正自己的态度；对待个性急躁的儿子，则要通过训练改变其急躁的性格；对待习惯不好的儿子，应纠正其坏习惯，培养严肃认真的好习惯。

概括来说，约束儿子的马虎行为主要有以下三条策略：

告诉儿子马虎的危害

有些儿子认为马虎一点儿也没关系，虽然考试答错了，可不代表自己不会。父母要及时纠正他的这种思想，平时可以多给他讲一些与马虎相关的小故事，让儿子清楚地认识到马虎的危害。例如：

在宋朝，有一个画家总是马马虎虎。有一次，他准备画一只老虎，刚画完一个虎头时，就有人来找他作画，说："请给我画一匹马。"于是，画家就在虎头下画了一个马的身子。那个人看了，问画家："你画的到底是马还是老虎啊？"这位画家说："管它呢，马马虎虎吧！"从此，"马虎"这个词就这么出现了。那位请他画马的人看到后，非常生气地走了。可画家却毫不在意，反而把这张画挂在自己家的墙上。

他的大儿子看到了，问："爸爸你画的是什么？"画家回答说："老虎。"二儿子看见了，问："爸爸，你画的是什么？"他却随口说："是马。"他的两个儿子没有见过真的老虎和马，于是都信以为真，并将画上的动物的模样牢牢地记在了脑子里。

有一天，他的大儿子到城外打猎，遇见一匹好马，他却误以为是老虎，于是一箭就把马给射死了，画家只好给马的主人赔偿损失；他的二儿子在野外碰上了老虎，却以为是马，所以要上去骑它，结果被老虎活活咬死了。画家为此痛心极了，悔恨自己办事太马虎，便把那幅虎头马身子的画烧毁了。他还写了一首诗以作警示："马虎图，马虎图，似马又似虎。大儿仿图射死了马，二儿仿图喂了虎。草堂焚毁马虎图，奉劝诸君莫学吾。"

关于马虎的故事有很多，父母还可以找一些类似的故事教育孩子。孩子都很喜欢听故事，形象、生动的故事可以使他们在故事中潜移默化地受到教育。

教儿子编一本"错题集"，了解易出错的地方

男孩马虎，经常出错，如果他对错误不认真分析，则很难吸取教训。为了引起男孩对错题足够的重视，父母可以帮助他编一本"错题集"。

"错题集"的具体制作方法如下：让儿子把自己在作业、练习、考试中答错的题都原封不动地抄在一个本子上；然后，让他认真地检查自己究竟错在了什么地方，因为不会做，还是因为马虎，无论是哪种原因，都要在错题下面标清原因；最后写出正确答案。

男孩最烦的就是改错，他们宁愿再做几道新题，也不愿改一道错题。

父母可以利用男孩的这一心理，告诉他一旦犯了错误就会很麻烦，如果你怕麻烦以后就要认真、仔细，争取做到不马虎，不犯错。

下面是一位妈妈的教子经验：

我的儿子是“粗心大王”，平时答题时常常审错题、漏做题。为了减少这方面的失误，我让儿子编了一本“错题集”，把自己答错的题目全抄到这个本子上，了解自己易出错的地方，及时总结并在今后加以注意。

现在，我的儿子已经很少再有马虎的情况发生了，用他的话来说就是：“每当我在答题前，脑中总会晃过‘错题集’里我常出现的问题，它们基本上都是由于我马虎造成的，错得很可惜，所以，我不能再因为马虎而丢分了。”

妈妈每隔一个阶段，就可以让儿子做个统计，统计因马虎而错的题占所有错题的比例是多少。接着，再加以说服和诱导，可以使儿子充分认识到马虎的危害。

“错题集”实际上是一本很好的复习材料，让儿子在考试前翻一下，可以弥补他学习上的不足，为取得好成绩打下基础。

细节47　让儿子养成坚持不懈的习惯

美国著名心理学家威廉·詹姆士有这样一句经典名言：“播下一个行动，你将收获一种习惯；播下一种习惯，你将收获一种性格；播下一种性格，你将收获一种命运。”可见，如果一个男孩在年轻时就形成良好的学习和生活习惯，那么他就具有了一生的财富。

坚持不懈是男孩养成对其人生具有重大意义的良好习惯的一个关键环节，无论他要养成哪种习惯，都要有一种坚持不懈的精神，这样才能最后取得显著效果。因此，父母要教会儿子做事有始有终，让他凡事多坚持一下。

有一个男孩在日记中这样写道：

一天，爸爸给我提出了一个挑战，让我捏住冰块15分钟。一开始我想，不就是捏冰块吗，简直就是小菜一碟，于是非常爽快地答应了。但是当我真正尝试的时候才发现，事情远没有我想的那样简单，不过爸爸答应我完成这项任务，就会奖励我一套《犬夜叉》的漫画书，所以为了我最爱的漫画书，我一定要坚持下去。

第一分钟，冰凉的感觉还让我挺舒服的；第二分钟，我的手指感觉到深深的凉意；第三分钟，这种凉意让我忍不住打了个哆嗦；第四分钟，我的手竟然有些颤抖，感觉刺骨的凉……当我努力坚持到第十五分钟的时候，我觉得不只是我的手指，就连我的全身都有一种凉透的感觉，但是我非常高兴，因为我终于坚持到了最后，凭借我自己的能力得到了我想要的漫画书。

这时，我兴奋地对爸爸说："爸爸，我赢了，你输了，可不要太伤心啊！"爸爸赶紧握着我有些微肿的手指，赞赏地说："傻小子，爸爸怎么会伤心，高兴还来不及呢！你有这么强的意志力，真是不错！"

上述事例中的父亲显然是在锻炼儿子的意志力和耐力，虽然他知道自己的这种方式对儿子来说可能有些残酷，但同时他也深知这种方式可以帮助自己的孩子走向成功。此外，培养儿子坚持不懈的习惯还有其他方法：

引导儿子做事要坚持与认真

小铭要搬新家了，他存了一大罐子的硬币，爸爸妈妈和他商量，让他将这些硬币拿到银行兑换成纸币。小铭想到能换成一张面额较大的钞票，就欣然答应了。

不过，摆在他面前的有这样一个难题，就是要将硬币数出来。可是这么多的硬币一个人数实在是太难了，而且肯定要花费很多的时间。于是爸爸妈妈建议将硬币分成三份，爸爸妈妈和小铭每人各负责数一份。

小铭负责的那堆最少，但几分钟后他还是数累了。这不，开始东张西望的他竟然把刚刚数了多少给忘了。结果，他不得不重新数。小铭偷偷地看看爸爸妈妈，发现他们两个人数得可认真了，一枚硬币、一枚硬币地数，一边还在纸上记着数字。小铭不想记，他嫌这样太麻烦。

半小时后，当爸爸妈妈都数完时，小铭才数了一点点。此时，爸爸妈妈指出小铭慢的原因："儿子，你干活儿时总是开小差，不认真。"小铭认识到了自己的问题，最后，他终于将他的那一堆硬币数出来了，三个人的硬币加在一起，总共是225.8元。

通过这件事情，小铭明白了这样一个道理：做事要坚持与认真，两者缺一不可。

很多时候，当男孩独自面对难题时，他们总想去求助自己的父母或者家人，或者表现出精力不集中、拖延、消极等待的态度。一旦男孩出现这种情况，父母一定要让他明白这样一个道理：认真能够节省更多的时间，获得更多的劳动成果。让他学会对自己的事情负责，不要拖延，甚至可以采取一些适当的措施"赶"着孩子坚持去完成任务。

让儿子明确努力的目标，做到善始善终

父母在教育儿子的问题上，一定要让他明确自己努力的目标，然后从小处着手，本着对每一件小事认真、负责的态度，坚持实现他的目标，唯有这样才能有取胜的机会。

著名画家朱军山先生从小深受母亲的影响，对艺术抱有浓厚的兴趣，而且做任何事都会努力、坚持。当时，朱军山的母亲经常在家中刺绣，他就在一旁饶有兴致地观看，渐渐地对图案、绘画产生了兴趣。

虽然他对绘画产生了浓厚的兴趣，但是当时家里的经济条件负担不起朱军山的学费，于是他想了一个绝妙的主意，用树枝做笔，用大地做纸，

再把眼前的风光当临摹的风景。绘画的时候他注意力非常集中，而且极其认真。地上的画也许和纸上的画差异很大，但朱军山认为只有先在地上练好，以后学别的画才会容易些。就这样，他每天在大自然中上他的“绘画课”，认真地画好每一幅“画”。他坚信，只要自己认真画，总有练好的那一天。最终，坚持不懈的朱军山成为享誉海内外的著名画家。

细节48　别让懒散毁掉儿子一生

父母应特别注意自己的榜样作用。衣服随便乱丢、家里卫生状况一团糟也懒得打扫的父母是教育不出勤快的孩子的。

“我们孩子懒着呢！每天什么也不干。现在他都上高中了，每天晚上还是我给他收拾书包，早晨是我给他整理屋子。这个暑假，他休息在家，每天懒洋洋地赖在床上，让他扫个地都不干。我犯愁了，以后要是孩子上大学住校了，这么懒可怎么办呢？”

可能许多男孩父母都会像上面那位男孩的妈妈一样抱怨：我的孩子太懒了，懒得起床、懒得理发、懒得收拾东西、懒得叠被，甚至懒得吃饭……其实，这不该全怪孩子，要知道，“懒孩子”不是天生的，而是父母在日常生活中有意或无意“培养”出来的。

为什么这么说呢？父母不妨听一听男孩们的心声：

男孩甲：“有一个星期天，妈妈从菜市场买回一堆菜。我想帮她择菜。可我刚拿起一捆韭菜，妈妈就从我背后冲了出来，说：‘这里的事情不要你管，你回房做功课去，下周一就要考试了，赶紧复习！’于是，我只好无可奈何地走开了。”

男孩乙：“其实，我以前也爱干活儿，记得上小学时，我在学校打扫卫生，总是特别积极，经常受到老师的表扬。后来有一次，我回家帮我妈扫地，刚扫了两下，就被我妈说了一顿。妈妈说：‘你在扫什么呢？东一下，西一下，灰扫得满屋都是，你这么干活儿还能获得老师夸奖呢？好了，儿子，快放下吧！妈不用你干了。’既然我妈不用我，我就只好不干了，怎么能说我懒呢？”

父母不妨仔细地回想一下儿子小时候的行为：他小时候是不是非常渴望学习新的东西、认识周围的环境、探索新鲜的事物？是不是对很多事都跃跃欲试？而你是不是总在他参与劳动时勒令他停止？你的目的可能是怕他做不好或者怕他弄坏东西、弄脏衣服，或者影响到他的学习，于是加以制止。殊不知，这样就使男孩失去了尝试的机会，从此便心安理得地等待你的照顾。这也许才是男孩变懒的真正原因。

懒惰是成功的绊脚石，懒惰的男孩习惯于等、靠、要，从来不会想要主动争取，最终也只能是一事无成。男孩只有勤奋、刻苦、上进，才会达到梦想的目标。因此，父母应积极帮男孩克服懒惰的坏习惯。父母可以从以下几个方面让儿子变得勤劳：

早点儿放手，教会儿子“自己的事情自己做”

曾有一项调查问及某校的小学生：当你遇到困难你会怎么办？结果有90% 的小学生都回答：“找父母。”如今，孩子的自主能力非常弱。有关资料显示：在我国的家庭中，孩子对父母的依赖非常严重，几乎处处都离不开父母的照顾。孩子穿衣，父母过来伸手帮助；孩子吃饭，父母也要为他夹菜；孩子做作业，父母在一边陪读……就这样事事包办，你的孩子不懒才怪！

望子成龙的父母，如果能意识到自己因爱而导致的“错误”，就该狠下心来，放开你的手。从现在起，就告诉你的儿子：“自己的事情要自己做。”

你可以根据儿子的具体年龄，为他在家庭里安排一个长期固定的“工作”，从而逐渐地培养他爱劳动的习惯。例如洗碗、铺床、扫地等，并且要规定具体的标准。

放手让儿子做一些力所能及的事情，可以调动他对生活的热情和增强他处理事情的能力。随着自理能力的增强，他会感受到自己安排生活的快乐和满足，并在不知不觉中改掉懒惰的毛病。

让儿子体会劳动的乐趣

为了培养儿子勤劳的品质，父母一定要多给儿子提供一些机会，让他体会到劳动的乐趣。有以下两点值得借鉴：

第一，“推进”。父母可以根据儿子的特长为他提供一些劳动的机会。比如儿子喜欢看妈妈烧菜，妈妈就可以鼓励他也动手试一试；比如儿子对修灯具、修家用电器等事很好奇，爸爸就可以允许他成为自己的助手，一起动手。

第二，“弥补”。父母应了解儿子有哪些弱点，然后针对他的弱点为他选择一些可以弥补他弱点的劳动。比如你的儿子性格内向，你可以安排他去市场买菜、去商店买东西等。久而久之，这样既锻炼了儿子的勇气，又培养了他的劳动能力。

不要以为整天让孩子坐在书桌前他就会把学习搞好。相反，在劳动中，儿子会变得心灵手巧，富有创造性，同时，还能促进其学习能力的发展。

另外需要提醒的是，“小懒虫”不是一天两天形成的，所以对他的改变也不是一朝一夕就能完成的。父母对待这个问题一定要有足够的耐心，持之以恒，那么就能帮助孩子克服懒惰的毛病。

细节49　谦虚是儿子人生最好的“通行证”

谦虚不仅是一种美德，它带给人的好处也是非常多的：谦虚的人有自知之明，不因为别人的夸奖就骄傲自大；谦虚的人能够接受别人的批评，从来不自以为是、妄自尊大；谦虚的人虚心好学，能够分清自己的优点和缺点。

有一位学者，因为自己声名在外，所以自视其高，谁也看不起。有一次他去拜访一位高僧，喋喋不休地谈论自己的高论，一句话也不让别人说。高僧一面倾听，一面给这位学者斟茶水。本来茶杯已经斟满了，但是高僧还是往里面倒水，结果茶水溢了出来。

学者看到后，赶快说："茶杯已经满了，茶水都溢出来了。"

高僧笑了笑，非常平静地说："当茶杯装满水时，就再也装不进去了。"

这位学者听出了高僧的弦外之音，羞愧地低下了头，并且从此改变了自己骄傲自满的态度。

上面的故事是一篇哲理寓言，它告诉我们这样一个道理：当一个人过于骄傲的时候就停止了前进的步伐，因为他就像文中那个茶杯一样，已经装满了茶水。而一个谦虚的人胸怀就像山谷一样宽广，所以随时随地都会容纳、接受和学习他人的优点和长处。

另外，在人际交往方面，那些谦虚的人也更受欢迎。在人际交往中，我们都愿意和那些和蔼、谦逊、尊重他人的人进行合作;而那些骄傲自满、妄自尊大的人会让其他人觉得自己没受到尊重,所以也不愿意和他们交往。

在教育孩子的过程中，父母要为孩子树立榜样，在潜移默化中影响到他。

让儿子全面认识自己

很多孩子产生骄傲自满的情绪往往是因为他们感觉自己在某方面强过别人。所以，父母应该让儿子全面地认识自己，让他既看到自己的优点，也看到自己的缺点。此外，父母还要让儿子明白"天外有天，人外有人"，而不是让他局限在一个小范围里扬扬自得。当孩子能够正确衡量和看待自己的时候，他就不会产生骄傲自满的情绪了。

让儿子认识到骄傲的危害

徐元的学习成绩非常好，每次考试都排在班里前三名。最近一次考试，他更是考了全班第一名。这让徐元非常得意，看到亲戚朋友就炫耀自己的成绩，也不努力学习了。等到了期中考试，他的名次一下子倒退了十几名。妈妈对他说："儿子，你知道这次为什么没考好吗？是因为你骄傲了。以前你总是踏踏实实地学习，而最近你总是炫耀自己的成绩，以博得夸奖。所以，你这次考试会下滑这么多名。"妈妈顿了顿接着说："以后你一定要保持谦虚，这样你才能不断地获得进步。"徐元点了点头说："妈妈我知道，我以后再也不向大家炫耀自己的成绩了。"

骄傲自满是一种很难控制的情绪，对成人来说尚且如此，对于孩子来说更是一件难事。所以，我们要让儿子充分认识到骄傲的危害，这样才能防止骄傲自满情绪的滋生。

细节50　教儿子养成做事干脆利落的习惯

随着生活节奏的加快，父母的时间也越来越不够用。他们不仅要忙于繁重的工作，还要花费很多时间和精力照顾孩子。尤其是每天早上，时间紧得好像在打仗，父母急得恨不得把自己一分为二，可偏偏身边的儿子做事磨磨蹭蹭，赖床、洗脸慢、吃饭慢……他们似乎怎么也急不起来，于是，"冲突"不可避免地爆发了。

李黎是个慢性子的男孩，别人1分钟就可以做完的事情到他手中10分钟都不一定能完成。就拿穿袜子这件事来说吧，这么简单的事情，李黎大概要几分钟才能做完。

一天，李黎起床后依旧像平时一样慢慢悠悠地穿着袜子，妈妈在一旁看着心急，便催促说："儿子快点儿，上学要迟到了。""啊，知道了，马上好了。"李黎回答说，但仍然在床上整理着袜子，动作丝毫没有加快的意思。李黎的妈妈看到后非常恼火，便再次厉声催促："快点儿穿！不快点儿我揍你啦！"谁知道，李黎的脾气还挺好，依旧不卑不亢、慢慢地说："啊，知道了，我马上穿完了。"李黎的妈妈真的有点儿绝望了——什么时候儿子能改掉磨蹭这个坏毛病呢？

现实生活中，李黎妈妈的这种烦恼并不少见，很多父母常常有类似的疑问：为什么我儿子做什么事都磨磨蹭蹭？他到底怎么了？

男孩做事磨蹭，大致有以下几个原因：第一，在父母或老师的强迫下做事，自然没有做事的积极性，难免出现心不在焉、拖沓、散漫等状况；第二，家庭环境过于嘈杂，导致男孩无法集中注意力，阻碍了他做事的效率，从而容易形成拖拉的习惯；第三，男孩的年龄还小，没有时间观念，也缺乏处理事情的能力。

无论哪种原因，父母都应该负首要责任。特别是在男孩 8 岁以前，尚未形成固定的生活习惯时，父母的一举一动都会对他们产生潜移默化的影响：一些父母对儿子要求比较严格，经常在其做事时指指点点，挫伤了孩子的积极性，从而影响到孩子下次做事时的速度；还有一些父母做事情很慢，儿子看在眼里，便会受到影响。

行为方式在一定程度上决定一个人的行为能力，如果男孩在幼年时便形成了磨磨蹭蹭的习惯，那将来补救起来就会非常困难。若改不掉这种不良习惯，还会在学习、生活、交际等方面产生一系列不良后果。作为父母，应立即从点滴小事开始，教孩子提高办事效率。

排除无关因素，让儿子专心做事

下面是一位母亲的成功育子经历：

儿子上小学前，做事特别磨蹭，原因是他做事总无法集中注意力，容易被无关的事物所吸引。比如，他正在桌前画画，突然听到电视的声音，便会丢下画笔，跑去看电视；他正在吃饭，窗前有只小鸟飞过，他就会放下饭碗去看个究竟……总之，儿子做事总是将“战线”拉得很长，且大多都半途而废。针对他这种情况，我在他做事时，开始刻意保持家庭环境的安静，比如他画画时我不再开电视，他吃饭时我拉上窗帘……久而久之，他做事专心多了。上了小学，他很少有磨蹭的情况出现。

针对注意力不集中的男孩，父母不妨学学这位母亲的做法：当你的儿子正在做事时，尽量保持安静的环境，竭力排除与当时事件无关的因素，使他能一门心思扑在他正在做的事情上。这样，既加快了速度又保证了质量，长期坚持下去，就会改掉磨蹭的坏习惯。

制订“生活日程表”，培养孩子把握时间的能力

晓辉刚上小学，他的妈妈发现他做事特别慢。每天心不在焉不知在想什么，尤其是在写作业时，一会儿抠抠鼻子，一会儿转转笔，别的孩子到晚上8点就能完成作业，可晓辉每天却要磨蹭到10点多。这可急坏了旁边陪读的妈妈，打也不是，骂也不是，有时恨不得自己抢下晓辉的作业本，替孩子写完算了……

上例中的小男孩非常没有时间观念，他不懂得时间的意义、价值，才会做事磨蹭。对待这类孩子，父母应为其制订一个生活日程表贴在他的房间里，每天记录孩子起床、穿衣、洗漱、吃饭等所用的时间，过一段时间后，再看看有没有进步。为了提高孩子的积极性，你可以给他一些奖励，让他为自己的进步而快乐，这样他就会主动加快自己做事的速度，从而加强时间观念。

男孩年龄还小，不曾接触过社会，所以他们自然感受不到生活中紧张的节奏。可如果不改掉磨蹭的不良习惯，儿子将来步入社会后，是很难适应激烈的竞争的。为此，父母可以适当增加一些紧张气氛，从小训练儿子加入竞争中，并使其在竞争中逐步认识到自己的能力，从而改变磨磨蹭蹭

的不良习惯。

细节51 让儿子养成坚持运动的好习惯

运动既能使男孩的身体得到良好的锻炼，还能使他变得乐观豁达、坚韧不拔。因此，父母应该让男孩养成运动的习惯，并让他体会到运动的快乐。

陶行知先生曾说过："解放孩子的手，让他们尽情地去玩；解放孩子的脚，让他们到处去跑……"这些话在今天仍然没有过时，良好的身体素质是创造幸福生活与成功事业的基石，而运动则是健身的最好办法。适度的运动不仅可以让你的儿子健壮有力，还可以舒缓他的学习压力。

但在现实生活中，很多男孩都不喜欢体育锻炼。每当父母邀请他一同出去锻炼身体，孩子就会"犯懒"，开始找出无数个理由，比如身体不舒服，天气不好等来搪塞父母。除非是那些他们感兴趣、愿意做的事情，否则他们就会装得像个病猫似的躺在床上睡觉，拒绝到户外去锻炼身体。

一位妈妈这样讲述自己的苦恼：

我的儿子5岁，上幼儿园中班。和别的男孩不一样，他喜欢一个人安静地玩儿，比如剪纸、搭积木、画画等，从不参与诸如骑车、溜冰等体育活动。所以，我儿子的体质不是很好，常常感冒。为了让他爱上运动，拥有结实的好身体，我还特意为他买了一双溜冰鞋，可他溜了两次就不肯溜了。对此，我真不知该怎么办才好。

为什么有的男孩对运动没有兴趣呢？主要有以下几个原因：

第一，有的孩子并非天生不喜欢运动，只是因为自己肥胖、手脚笨拙、反应迟钝或身材过于矮小等原因，害怕自己在公共场合出丑，为父母丢脸，所以才不愿意参加运动。

第二,一些男孩可能缺乏在某项运动中取胜的能力，因为担心自己受到伤害，所以面对运动时常常表现出小心谨慎的态度。

第三，还有一些孩子对运动根本没有兴趣，他们天生好静，喜欢一些非运动性的活动。

不难发现，无论哪种原因，父母都可以用“鼓励＋引导”的方式来改善。适度的鼓励，可以增强男孩在运动方面的信心；正确的引导，才能激发男孩对运动的热情。

对于成长发育中的男孩来说，运动不仅是锻炼身体、强健体魄的好方式，还是锻炼意志、寻找快乐、增强自信的好机会。因此，父母应多动脑筋，想方设法引导孩子多运动，让他养成锻炼身体的好习惯。

具体该怎么做呢？可以参考以下几种方法：

鼓励他去参与自己感兴趣的运动项目

很多时候，男孩不愿意外出参加锻炼，无非就是觉得体育锻炼非常枯燥、乏味。但事实上，体育运动的种类是非常多的，你可以根据他感兴趣的项目为他报一个课外活动班，这样就能让你的孩子在自己喜欢的项目中得到充分的锻炼。

假期的一个晚上，立轩被爸爸拉着外出散步。在小区广场上，立轩看到很多和他同龄的孩子都穿着轮滑鞋在广场上自由地滑行，还有一些男孩不时地做一些花样动作，引来一阵阵掌声和欢呼声。

立轩爸爸见儿子看得很入迷，于是便问立轩想不想像他们一样学轮滑，立轩当即兴奋地点点头。

第二天，爸爸便带着立轩报了那个轮滑训练班。起初，立轩还信心满满地去学，但是当他发现自己穿上鞋后连站都站不稳时，就有些不想练了。这时，爸爸就鼓励立轩说:“你现在经历的他们都经历过，只要你熬过去了，你就能像他们一样自由自在地在广场上滑行了。爸爸相信你，别人能做到的，我的儿子一样能做到！”在摔倒很多次后，立轩终于能够穿着轮滑鞋自由地滑行了。一个假期过后，立轩终于学会了轮滑。于是，在接下来的每个晚上，广场中都能看见立轩快乐的身影。

由于立轩掌握了这种“新本领”，他在每次学校会演时，都会上台表演轮滑。原本内向的他从此变得开朗，他的自信心被不断激发，在学习上也比原来用功多了。

其实，要想让你的孩子积极地参加运动，你就必须要积极地开动脑筋，不要把眼光锁定在跑步、散步等常规的运动上，生活中还有很多运动项目都可以让你的儿子乐在其中。

组织儿子与伙伴们一起互动

以下是一位妈妈的教子经验：

我的儿子是个小胖墩儿，本想教他借助运动减重，可是他一点儿都不喜欢运动，每次运动都需要我的催促，往往进行一会儿就嚷着回家。看着他越来越胖的身体，我有些茫然了。

一次偶然的机会，我认识了一个业余羽毛球教练，原来他和我一样，也在为自己的儿子不爱运动而苦恼。突然，我产生了一个想法，不如让两个孩子一块儿运动，说不定他们凑在一起反而会有积极性。于是我以“带你去玩儿”为由，带儿子去参加了一下羽毛球训练，同时还叫上了教练的儿子。事情果然如我期望的那样，两个孩子很投缘，凑在一起玩得很开心。此后，为了让他们更有积极性，我还让他们叫上自己的伙伴一起参与进来。就这样，几年下来，孩子们的身体都变得强壮了，运动技能也提高了。令我开心的是，儿子每次运动都很主动，再也不用我督促了。

要想让儿子喜欢上运动，并始终保持运动的激情，父母应该想办法组织几个孩子在一起运动。孩子们通过互相竞争，互相促进，互相监督，就能够克服掉自身的娇气和懒惰。

细节52 培养有礼貌的小绅士

现在很多男孩动不动就将“白痴”“笨蛋”“要你管”“神经病”“傻瓜”等话挂在嘴边，而这些一旦养成习惯，就会极大地影响他的人际关系，会给他人留下一个不好的印象。因此，父母应多花些时间把自己的儿子培养成一个懂礼貌的小绅士。

成成是一个聪明伶俐的小男孩，学习成绩一直名列前茅，因此，爸爸妈妈都很惯着他，家里什么事情都由着他，甚至在他和父母顶嘴时，他们也不舍得严厉地批评他两句，这也渐渐养成了成成不懂礼貌的坏习惯。

有时候，成成在小区里横冲直撞地玩耍，不懂说“谢谢”“对不起”“你好”，见到长辈也不知道打招呼，顽皮的他时常给别人起不礼貌的绰号，例如他管看门的大爷叫“臭老头”，甚至恶作剧一样地在别人背后说难听的绰号。成成妈妈虽然觉得孩子没礼貌，但觉得孩子还小，而且这又不是什么大事，也就没有太放在心上。

直到有一天，妈妈带着成成参加一个正式晚宴，她被儿子弄得极为难堪时才知道问题的严重性。那天，大家都还没有入席，成成就一屁股坐到主位上，大吃特吃了起来，而且等所有人都入席之后，霸道的成成把自己最爱吃的菜都挪到面前，还大声说：“坏人，不准吃我的菜，大坏蛋！”虽然大家都说“孩子小，没关系，没关系”，但成成的妈妈却能感觉到那些投过来的一道道鄙夷的目光。

当男孩在他人面前表现出不礼貌的行为时，的确会让他的父母感到难堪和无地自容，但造成这一“糟糕”结果的根源往往在于孩子的父母。

生活中有些父母只是一味地娇惯和纵容自己的儿子，即使孩子出现一些不礼貌的行为也不及时制止；还有些父母在孩子面前谈话或争吵的时候，总是有意无意地带一些不良语言，如“这个笨蛋”“他是神经病”“滚——”……这都会影响到男孩日后的行为。

男孩具有天生的模仿力，假如父母“出言不逊”，儿子自然“满口脏话”。因此，父母应该为儿子创造一个健康的语言环境，让他远离那些不良的语言，并学会怎样说“谢谢”“对不起”“请原谅”等这些礼貌用语。

除此之外，父母还可以采取以下方法让儿子成长为一个有礼貌的男孩：

为儿子良好的行为举止树立榜样

一天，8岁的亮亮在接待家里的客人时没有使用礼貌用语，理智的妈妈没有当场在客人面前指责儿子，因为她知道此时任何的指责和批评都可能造成孩子的逆反心理。但妈妈并没有忘记这件事情，等到客人离开之后，妈妈把亮亮叫到自己身边，然后语气温和地对他说：“亮亮，妈妈发现你对赵叔叔讲话时，没有使用礼貌用语，这是不对的。当叔叔送给你礼物的时候，你应该说‘谢谢叔叔’，你说妈妈说得对不对？”亮亮有所醒悟地说：“哦，对不起，妈妈，我忘记了！下次我一定会注意的！”

妈妈的这种事后提醒教育儿子的方式不但在客人面前为孩子留住了面子，而且也让孩子明白自己犯了错误。另一位妈妈在处理相同的事情时，虽然做法不同，但也收到了良好的效果：

一天，妈妈发现5岁的儿子在接受他人的礼物时没有说礼貌用语，于是马上微笑着对孩子说：“你是不是忘记说什么了？”5岁的儿子迷茫地看着妈妈，显然他还没有意识到自己应该说什么，这时，妈妈对客人说：“谢谢您的礼物，我代儿子谢谢您！”儿子听了妈妈的话，这才意识到自己没有表示感谢，于是奶声奶气地说：“谢谢阿姨！”

两位妈妈都是提醒儿子讲礼貌，虽然提醒的时间和场合不同，但她们都没有当场批评指责自己的儿子，而是亲自运用礼貌的方法来提醒儿子，让儿子体会到了行为礼貌的好处。由此可见，父母良好的行为举止是对男孩最生动、最有效的教育。所以父母平时要注意提高自身修养，在生活中多用文明语言，不要在孩子面前讲脏话、粗话，为孩子树立一个讲文明的好榜样。

教儿子注重个人礼仪

法国伟大的启蒙思想家孟德斯鸠曾说过："礼貌使有礼貌的人喜悦，也使那些受人以礼貌相待的人喜悦。"因此，父母要把自己的儿子培养成一个有礼貌的孩子，首先就要注重对孩子个人礼仪方面的引导和培养。

父母培养儿子的个人礼仪可以从以下几个方面去做：

第一，仪容仪表教育，使孩子保持仪容仪表的整洁，养成讲卫生的好习惯。

第二，培养儿子的行为举止，目标就是"站如松，行如风，坐如钟，卧如弓"，养成他正确的站姿、走姿、坐姿、卧姿。

第三，教育儿子与人交往时要面带微笑，千万不要出现随便剔牙、挖鼻、掏耳、搔痒、抠脚等不良习惯动作。

第四，要求儿子使用文明礼貌用语与人交谈，如"谢谢""您好""对不起""请""没关系""请原谅"等。

教育儿子尊重自己，也尊重他人

现实生活中有很多男孩养成了以自我为中心的坏习惯，当然这并不是说这些孩子都是"自私鬼"，而是幼小的他们还不知道怎样去关注除了自己以外的其他人。

所以，父母在日常生活中要教育儿子学会尊重他人，比如：在学校，对老师和同学要多用礼貌用语；在路上遇到熟人，要主动友好地打招呼，等等。同时，父母也要教育儿子谦虚谨慎，正确看待自己和他人的优缺点，不要贬低或侮辱他人，学会在尊重他人的同时也尊重自己。

第8章

磨炼儿子独立生存的九大能力

鹰妈妈和鹰爸爸哺育了两只小鹰，并且把鹰窝搭在了悬崖上。当小鹰长到一定年龄，鹰爸爸把小鹰赶到了悬崖边上，强迫它们跳下去。望着万丈悬崖，两只小鹰都非常害怕，不断向鹰妈妈求救。鹰妈妈有些可怜孩子，对鹰爸爸说："孩子的年龄还小，你就不要逼迫它们了。"鹰爸爸说："我这不是在逼迫它们，而是在教它们生存的能力，如果它们不学会飞翔，就不能生存下去。"

最后，鹰爸爸把两只小鹰赶下了悬崖，两只小鹰被迫扇动起翅膀，慢慢地学会了飞翔。

细节53　培养儿子与他人和谐相处的能力

卡耐基曾说过：“一个成功的管理者，专业知识所起的作用是15%，而交际能力却占85%。”放眼世界，我们确实可以感受到，成功的管理者或企业家大多具有很强的交际能力。美国哈佛大学教授霍华德·加德纳认为人有八种智能，其中之一是交往—交流智能，他把交际能力提升到了与逻辑—数理智能、言语—语言智能等同等重要的地位。由此可见，交际能力在一个人的一生中扮演着十分重要的角色。

然而，在现实生活中，有不少男孩不善交际，不会交际，甚至害怕交际，有的到了成年，甚至还对交际充满恐惧。

一位母亲这样描述自己的苦衷：

我儿子平常在家时行为举止正常，只是一见陌生人就胆怯，不敢说话，躲在一边。在班里，他从来不主动与同学说话，也不与同学玩儿。上课时，他也不敢举手发言；老师叫他回答问题时，他说话的声音像蚊子一样；下课时，他从不出教室，一个人缩在角落里不敢动。有一次，儿子因其他原因受到了老师的批评，这本来是很平常的事，但他却因此不想再上学了，学习成绩也在不断下降。我真不知该如何才好。作为一个男孩子，如果这样发展下去，我真为他的将来担心……

其实，交际能力并非是天生的技能，它和后天的锻炼是分不开的。当男孩在很小的时候，父母就要重视对这种能力的培养，让孩子从小就拥有良好的人缘，学会与人和谐相处。那么，父母应该怎样培养孩子的交际能力呢？

为儿子提供更多的交往机会

父母可以带儿子进入自己的社交圈，让他适当地参加一些成人聚会，这对培养儿子的交际能力也是非常有好处的。正如下面这位妈妈所做的一样：

王女士从来不让自己的儿子王东回避自己举行的家庭聚会。无论是自己家的聚会还是外面的聚会，她都尽量让儿子参与进来。例如，每次在家里聚会，她都让儿子到门口去迎接客人，并告诉儿子来客的身份和称呼。时间长了，王东学会了不少礼仪，客人进门之后，他还会主动给客人让座、倒水等，俨然一副小主人的模样，一点儿都不怕生。

此外，王女士还经常带着王东出席一些外面的聚会。在赴会之前，她会告诉儿子这是什么类型的聚会，告诉他在聚会上该怎么说话。

在王女士的指导下，王东变得非常有礼貌，人见人爱，人见人夸。王女士对此非常有成就感。

如果所有的父母都能像王女士这样对待儿子，就可以让儿子得到更多的交往机会，体验到交往的乐趣，从而渐渐提升其与人交往的能力。

放手让儿子自己去交朋友

在对待儿子的交友问题上，很多父母总乐意让孩子找爱好、志趣乃至性别相同的孩子交朋友，甚至代替孩子来选择他们的朋友。实际上，这样做会在无形中限制孩子的活动空间，影响孩子交往能力的发展。

5岁的晓春是个性格温和的孩子，可在幼儿园里却总是交不到朋友，妈妈为此伤透了脑筋。她不知道，其实晓春性格孤僻，正是因为她忽视了对孩子进行早期社交能力的培养。原来，晓春从小到大，妈妈很少带他出去玩儿，一怕孩子被传染疾病，二怕孩子被陌生人拐跑。

这样做的结果就是晓春见到陌生人常吓得哇哇大哭。晓春3岁时，父母请了个小保姆带他。保姆人很老实，不太爱说话。父母平时工作很忙，很少和孩子一起，家里更是很少有外人来做客。慢慢地，晓春就学会了自己待在家里玩儿，很少出去了。上了幼儿园后，晓春对周围的环境极不适应，总是一个人坐在角落里发呆，不爱参加集体游戏，而小朋友们也觉得他是个“怪人”，不愿与他接近。

孩子们长大以后要走上社会，需要与各种各样的人打交道，如果在孩子小时候就限制他们的交友范围，那么他们就不知道如何与各种不同的人相处。因此，望子成龙的父母们，请放开你们的手，让儿子自己去交朋友吧，交际能力的培养是孩子成才的关键之一。

细节54 教儿子不做逃避的胆小鬼

美国著名教育家本杰明·布卢姆说过这样一句话：“借口是不想担负责任的托词，是不信守承诺的反映，是畏惧困难不求上进的表现，它直接阻碍着一个人将来的成功。”现在很多男孩找起借口来简直就是“专家”，张嘴闭嘴似乎都是别人的错。

下面这个男孩就是这样：

吃完饭，妈妈让7岁的儿子把碗筷送到厨房，儿子不情愿地捧过来两个空碗就走，由于儿子心不在焉，碗从手里滑了下去，摔碎了。妈妈闻声赶来，儿子却噘起小嘴，委屈地看着妈妈说：“都怪这碗又滑又重，它自己从我手里掉下去摔破了。”

妈妈本以为儿子会为自己打碎碗的行为懊悔，还准备要安慰他一番呢，没想到儿子却为自己不小心打碎碗找了这样一个借口。妈妈生气地批评儿子：“做错了事情就要知道认错，要承担责任而不是去找借口！”没想到儿子一听此话哇的一声大哭了起来，一边哭一边说：“就是碗太滑了才摔碎的，不是我的错！”

很显然，这个男孩的借口是在为自己推卸责任，他把自己的“心不在焉”借口成“碗又滑又重”，想让妈妈误认为是“碗的错”，和他没一点儿关系。

父母可以仔细回想一下自己儿子平时的言行举止，就会发现儿子或多或少都有爱找借口的毛病。例如：“ 都是 ×× 的错，害我……”“要不是 ××，我就不会……”“都怪……，所以我才……”类似的话语是不是经常从儿子的嘴里冒出来呢？很多父母都头疼儿子做事找借口，但是否想过他们为什么这么喜欢找借口呢？难道是儿子天生如此吗？当然不是，一般来说，儿子喜欢找借口有这样几种原因：害怕父母的责骂；对所做的事情没有兴趣；无法预见事情失败后的结果；害怕承担责任；缺乏做事成功的自信和勇气；懒惰、拖沓等不良生活习惯的影响等。

因此，父母在为儿子爱找借口的毛病而烦恼时，也要反思一下自己的教育方式是否正确，然后再根据儿子爱找借口的主要原因对症下药。

下面就给父母提供一些培养儿子不找借口的教育方法。

引导儿子多从自己身上找原因

有一位妈妈是这样教育儿子的：

我儿子 7 岁，上小学一年级。有一天放学后我去接儿子时，儿子看见我就撒开腿跑过来，一不小心被脚下的一块砖头绊住了，摔在了地上，哇哇大哭起来。

我走上前对儿子柔声说：“儿子坚强些，快站起来。”没想到，儿子听到我的话，哭得更凶了，没有起身的意思。我没有伸手去扶他，而是再一次重复刚才说的话。此时，儿子才停止了哭泣，慢慢地站了起来。然后，我表扬了儿子，他慢慢露出了笑脸。

我对儿子说：“摔倒是因为你自己不小心，以后走路时应该看着脚下，否则下次可能还会摔倒。”儿子认真地点了点头。此后，不管做什么事情儿子都很小心，而且从来不为自己找借口。

很多父母在儿子摔倒后通常会用埋怨砖块的话来止住儿子的哭声，而这种找借口的行为会使儿子在潜移默化中学会为自己的失误找借口。但上例中的妈妈没有这样做，她引导儿子从他自己身上找原因，进而让儿子吸取教训，而不是随意找各种借口。

在生活中，当儿子做错了事情就找借口把责任往别人身上推，或者遇到困难就向后退，还找借口为自己开脱时，父母就要及时揭穿他的借口，并给儿子讲明找借口的危害。同时，父母要让儿子学会承担责任，要知错就改，懂得负责。

及时表扬儿子减少找借口的行为

张良以前做什么都爱找借口。上课迟到，说是妈妈喊他起床晚了；作业做不完，说是老师布置得太多；成绩考得差，说题目太难。因此，学习成绩一直上不去，其他方面也表现平平。后来在妈妈的教育引导下，张良认识到以前那些找借口的行为是不对的，于是，他不再埋怨妈妈不喊他起床，而是自己定闹钟，按时起床；也不怪老师布置的作业多，而是尽量完成老师布置的作业。

妈妈看到张良找借口的行为减少后，及时地表扬了他。这样张良的积极性更高了，逐渐地把喜欢找借口的毛病改掉了。

儿子身上难免会有各种各样的不良行为，让他一下子就改掉很困难。所以，在儿子减少不好的行为时，父母应该像张良的妈妈那样及时关注并提出表扬，这样才能提高儿子继续改正的积极性，最终达到让儿子改掉不良习惯的目的。

细节55　让儿子“能说会道”

随着社会的发展，人与人之间的交往日趋频繁，口才的重要作用也渐渐凸显出来。有位著名的演讲教练曾经说过："每个人都有一张嘴巴，嘴巴有两个功能，一是吃饭，二是说话。但是要想吃好饭，先要说好话！"这句话是非常有道理的，现在是一个充满竞争的社会，一个人即使有过硬的专业技能，但是如果没有口才的话，也很难把自己推销出去。而那些口才好的人不仅更容易找到伯乐，也更容易拥有良好的人际关系，从而取得更大的成功。

对于男孩来说，培养他们的口才是非常必要的。一位妈妈曾经带着懊悔的心情说出了下面的话：

我儿子是一个内向的人，不喜欢说话，更没有什么口才。他读的是重点大学，学习非常好，但是因为没有口才，那些不如他的同学都找到了工作，但我儿子却找不到。后来他总算找到了一家小公司，但是因为口才不好，他总是得不到重用，一直停留在最基层的位置上，而和他一起来公司的5个人已经有3个晋升到管理层了。现在我真后悔，早知道这样，在儿子小时候我就应该好好培养一下他的口才。

从上面这个事例可以看出，口才也是一种竞争力，对一个人的求职、晋升有很大的帮助。所以，父母要想让自己的儿子在将来能够立足于社会，就要在孩子小时候培养他们的口才，让他们成为一个能说会道的"演讲天才"。

很多父母认为口才就是说话，其实口才和说话并不是两个等同的概念。简单地说，口才包括说话，但是其中还包括很多方法和技巧，所以需要重点培养。

培养儿子的表达能力

要想培养儿子的好口才，首先就要培养他的表达能力，因为表达能力是口才中最基础的部分。所以，父母在孩子小时候就要培养他的表达能力，为他具有好口才打下坚实的基础。

在培养儿子的表达能力方面，父母可以教他朗诵儿歌、背诵绕口令，这些能够让他吐字清晰、语言流畅。另外，父母还可以让他复述故事或者电影、电视剧的情节，这有利于培养他的语言逻辑性，让他说话有条理。

锻炼儿子当众说话的胆量

12岁的晓光是一个能说会道的小男孩。在前些天，他还在学校的演讲比赛上获了一等奖。能够做到这些，和晓光妈妈的教育是分不开的。

在晓光小时候，每当有亲朋好友来家里做客时，妈妈都会对晓光说："叔叔阿姨最喜欢你了，你昨天不是学会了一首唐诗吗，快给叔叔阿姨背诵一下。"等晓光长大一些，妈妈还带他参加一些电视节目。晓光见识了这些"大场面"，遇到其他场合自然就不会怕生了。

一个口才好的人在任何场合都不怕生，都能把话说得圆圆满满。有很多男孩吐字清晰，表达能力也很强，但是一到公共场合就紧张得说不出话来。所以，父母要想让自己的儿子拥有出色的口才，锻炼他当众说话的胆量也是一个很重要的方面。

细节56　让儿子学会当机立断

有这样一个故事：

有一个少年帮着父母去定制新鞋，当时鞋子的样式有两种：一种是圆头的，另一种是方头的。少年一时间没了主意，一会儿说做圆头的，一会和又说要做方头的。在少年犹豫不决之时，鞋匠已经把鞋子做好了——鞋子一只做成了方头，一只做成了圆头，根本无法穿……

这个故事告诉我们，优柔寡断的人往往无法行事，他们往往会错失很多机会，很可能忙碌一生也毫无建树。因此，父母应从小培养儿子的决断能力，为儿子把握人生机遇打下坚实的基础。

什么是“决断”呢？就是指在面对任何事情的时候要当机立断，不思前想后，不前怕狼后怕虎。果断的性格是一个人具有出众自我决断能力的体现。我们都知道，现代社会是一个高速发展的社会，要想在这个社会上取得成功，必须具备这种遇事果断处理的能力。对于男孩来讲，做事果断实际上是一种智慧和才能的体现，也是男孩未来能取得成功的关键。

但性格的养成是一个长期的过程，据心理学家研究发现，一个人做事不果断性格的形成可以追溯到他的童年，很可能是父母影响的结果。作为父母，应该高度重视这个问题。

决断能力的培养并不是靠说教来完成的，需要父母在儿子的实践中通过事例进行引导，提高儿子的知识储备，为他们良好的决断能力打好基础。那么，如何才能培养出一个爽快利落、做事雷厉风行的男孩呢？父母可以参考以三个方法：

父母要以身作则，在儿子面前必须做事果断

张先生的儿子张岩是一个性格非常爽快的孩子，做事从不拖拖拉拉，一贯都是雷厉风行，不管是在家里还是在学校，都非常受欢迎。这主要得益于张先生的教育。张先生从张岩很小的时候就注意培养其果断的决策力。日常生活中，张先生会刻意让张岩自己去决定许多力所能及的小事，比如电视看哪个频道，出门穿什么衣服，晚上吃什么饭，压岁钱怎么分配等。

即使遇到什么困难的事情，张先生也尽量让张岩自己想办法。张岩上二年级的时候，有一次张先生开车送他上学，但是由于路上堵车而迟到了。张岩怕挨老师批评，就坐在车里哭，一定要爸爸陪着才肯进教室，否则就不下车。但是，张先生并没有因为孩子的哭闹而心软，而是果断地拒绝了儿子的请求，同时给了儿子两个选择：一个是自己进教室，另一个就是立刻回家。结果，张岩不得不自己走进了教室。

那天回到家以后，张先生明确地告诉儿子：“许多事情是你自己必须解决的，不能依靠别人的帮助。要知道，很多事情你今天不想面对，明天

还是一样需要你去直接面对。”

就是在这样的教育下，张岩才养成了做事雷厉风行的习惯，现在的他已经是学校的大队长了。

父母在儿子面前必须态度明确、行为果断，以此来潜移默化地影响儿子。如果儿子有了优柔寡断的倾向或习惯，就要立刻帮他改正，否则会影响儿子将来的发展。

帮儿子摆脱依赖心理，让儿子自己的事情自己作决定

遇事能够借鉴他人意见，借助他人智慧作出正确决策，无疑是值得提倡的方法。但是缺乏主见的男孩不是这样，他遇事总是去问别人该怎么办，完全等着别人拿主意，这是他的依赖心理在作怪。

李爽是一个非常没有主见的男孩，做什么事情都是优柔寡断。有时候，作一个决定，他要征求很多人的意见，即使这样，也可能决定不了。

有一次，妈妈让李爽报一个特长班，让他在钢琴班和书画班任选一个。李爽犹豫了好久，也不知道选哪一个好。他觉得两个都挺好的，但是又没有特别多的空余时间，只能报一个。于是，他问妈妈：“您觉得我该选择哪一个呢？”妈妈说：“你自己决定吧！”但是李爽犹豫了好久，还是没有作出选择。

一直到两个特长班都开课一周了，李爽还在犹豫呢！李爽的妈妈气得直摇头：“我的儿子做事这么犹豫不决，将来怎么能迎接社会竞争呢？”

依赖心强的人往往会错失良机。此时，父母一定要想办法帮助儿子克服依赖心理，儿子的自主意识才能增强。当儿子遇事犹豫不决，向父母征求意见时，父母不要马上给出答案，而是要引导和鼓励他拿出自己的意见。哪怕儿子说出的意见没有多少价值，也要先给予鼓励，然后再帮其完善。这样一来，儿子做事就会变得越来越果断。

细节57 告诉儿子做事之前必须有计划

“妈，我袜子呢？赶快帮我找找，我上学要迟到了！”“老妈，嘿嘿，这个月零花钱提前‘消灭”了，能不能再资助点儿。”“死定了，昨天老师布置的作业还没写完呢！”……每当儿子这样“无助”的时候，你是不是都有一种无力感：这孩子怎么这么不会安排自己的生活呢？

其实，要解决这些问题并不难，最好的办法就是教会儿子做事有安排，培养和提高他的计划能力，让他学会对自己所做的事情有时间规划，然后有准备、有措施、有安排、有步骤地去解决问题。

巍巍因为学习成绩不好，时常被同学看不起，而他为了引起大家的注意，经常做一些恶作剧，最后就连老师都不喜欢他了。巍巍觉得在学校的生活简直是度日如年，所以为了减轻自己的痛苦，他想到了辍学。当他把这一想法告诉自己的父母时，父母有些吃惊，马上帮儿子分析了目前的形势，并且帮助儿子制订了学习计划，还对他说：“巍巍，爸爸妈妈不要求你每次都考100分，不过希望你按照制订的学习计划来执行，每天进步一点点就够了。”

一段时间后，巍巍在爸爸妈妈和学习计划的引导下，不但学习上有了很大的提高，而且与朋友相处得也更融洽了。

由此可见，学会做计划对一个孩子是多么重要，不但能让他养成良好的做事习惯，而且能极大地提高其做事效率。

所以，父母应该运用正确的方法引导儿子学会安排和制订做事计划，以便帮助孩子更快速、更有条理地解决问题、规划生活。

培养儿子的时间观念

计划执行力是建立在良好的时间观念上的，一个没有时间观念的孩子做起事情来很容易磨蹭、拖延，无法很顺利、很完整地把一件事情做好，所以父母要做的第一件事情就是让你的儿子建立较强的时间观念，让他知道做事时怎样去根据实际情况制订计划、实施计划。

伟伟是一个时间观念很差的小男孩，每天放学后就出去玩儿，而且一玩就是大半天，吃完晚饭就坐在沙发上看电视，妈妈让他去写作业，他就搪塞着说："我看完这一集就去。"结果一看就是一个多小时，等他去写作业的时候，已经晚上9点多了。但是，等到写完作业，他还不马上洗漱，而是再翻翻漫画书，听听歌。等到他躺下睡觉的时候，已经晚上11点半了。第二天早晨，妈妈又要像往常那样喊他很多遍，而伟伟睡眼惺忪地起来后，连早饭都来不及吃，就往学校赶去。

一段时间下来，伟伟不但因为上课注意力不集中，导致学习成绩下降，而且因为总是迟到而被老师批评，他的情绪也变得很低落。幸好，爸爸妈妈及时发现了这个情况，为他制订了严格的作息时间。从那之后，伟伟按照作息表生活，时间观念强了很多，上课注意力也集中了。

告诉儿子做事之前必须有计划

洋洋从上幼儿园开始就是一个有"健忘症"的小男孩，做起事来毛毛躁躁、丢三落四。一次偶然的机会，他的妈妈看到这样一个故事：

一天，一个德国孩子对他的妈妈说："妈妈，我周末想去游乐场。"妈妈看着儿子没说答应还是拒绝，而是问孩子："儿子，这一切你都计划好了吗？你打算和谁一起去？去什么地方？怎样去？"儿子说："妈妈，我还没有计划好。"妈妈说："儿子，还没有计划好的事情就不要说。如果你真的要去，那请你计划好。"

洋洋的妈妈从这个教育故事中得到了很大的启发，从此之后她开始着重培养儿子制订计划和执行计划的能力，如她答应儿子周末去动物园，但是儿子要做好计划——什么时间出发、哪些家庭成员参加、需要带些什么、什么时间回家……经过妈妈一段时间的训练，小洋洋做事变得越来越有计划性，而且还在妈妈的提议下买了一本笔记本专门列他的计划，以便更清晰地知道自己下一步该做什么、怎么做。

一般来说，小男孩做起事情来不像小女孩那样细心，他们一般是想到什么就做什么，很少会为此去做计划。因此，对待爱忘事、粗心、马虎的儿子，最好的方法就是让他学会做事之前必须做好计划，而且如果儿子对你这种“做事前要有计划”的提议表示反对或者不屑，你一定要坚持自己的意见，并且要不断提醒他，让他通过亲身体验自己行为的后果，来真正体会做计划的重要性。

细节58 教儿子不断挑战自我

一位商界名人说过这样一句话：“唯一能持久的竞争优势是胜过竞争对手的学习能力。”这句话在教育男孩方面同样适用，即一个男孩要想获得持久的竞争力，就要不断超越自我。父母也要清楚一点：教会孩子战胜自己比战胜他的对手更为重要。

相信很多父母都听过“鲶鱼效应”的故事：

喜欢吃沙丁鱼的挪威人一直在千方百计地想办法想要把活的沙丁鱼从茫茫大海中带回到市场上，但是渔民们发现每次捕获的大量活的沙丁鱼都会在中途因窒息而死亡。但是却有一条渔船总能让大部分沙丁鱼活着回到渔港，人们不知道其中的原因，因为这艘渔船的船长一直严守着秘密。直到有一天这位船长去世，谜底才被揭开。原来聪明的船长在装满沙丁鱼的鱼槽里放进了一条以沙丁鱼为主要食物的鲶鱼。鲶鱼进入陌生的环境后，便开始四处游动，而害怕生命受到危害的沙丁鱼就变得很紧张，左冲右突，加速游动。这样一来沙丁鱼又吸收了氧气，自然不会死了，也能活蹦乱跳地回到渔港。

为什么沙丁鱼在有天敌的情况下，反而能存活得更久呢？很显然，当它的生命受到威胁时，它的神经和动作都会变得异常敏感，于是为了活命，它不能安于现状，必须想办法突围，就这样在一次又一次的奋力挣扎中，它获得了活命的机会。

同样，父母在教育孩子的过程中，也可以恰当地运用“鲶鱼效应”的原理，打个比方来说，你就是渔夫，而你的儿子是沙丁鱼，为了让他变得更加出色和有能力，你必须放进去一条“鲶鱼”，让他在“鲶鱼”的激励下，变得充满激情和活力，进而变成一个有上进心、好胜心、自信心的男子汉。

当然，这里的“鲶鱼”并不是真的要你为孩子树立一个对手或者敌人，而是教会他怎样一步一步地去挑战自己，怎样使这一次做得比上一次更好，怎样在优胜劣汰、错综复杂的社会中具有很强的竞争力。

帮助儿子找到竞争的优势

扬扬觉得自己是一个“一无是处”的男孩，例如：学习上，他觉得自己无论怎样努力都赶不上别的同学，课堂上也不敢回答老师的问题，总是会担心自己回答不上来或者回答错误被同学嘲笑，下课也不大和同学们一起玩儿，如果有同学邀请他加入他们的游戏，他就会说：“这个游戏我不会玩儿，你们玩儿吧！”然后就一个人回到座位上坐着去了。

妈妈觉得儿子的这种“糟糕”状况如果再不改善，那么他很有可能会变成一个胆小怕事、裹足不前、一事无成的人，于是妈妈开始在一点一滴的生活中去鼓励和肯定儿子，让儿子首先学会相信自己，然后再相信自己的能力。慢慢地在妈妈正确的引导和鼓励下，扬扬变得越来越有自信，而且在妈妈“一次考试进步3分”的要求下，他的学习成绩也越来越好了。

父母教给儿子人生的第一课应该是让他相信自己，相信世界上许多事情他都能凭借自己的努力去完成，而要想做到这一点，父母就要在现实生活中仔细观察儿子身上的优势和“闪光点”，然后对此表示出肯定和支持。

世界上没有“一无是处”的孩子，哪怕是孩子身上最微小的那个“优点”，经过父母的细心调教和正确引导，都有可能成为改变孩子人生的奇迹。

正确引导儿子向竞争对手学习

有人说，对手就是一面镜子，能照出自己的不足，更能完善自己。因此，父母应该正确引导儿子向自己的竞争对手学习。

刚读初一的张刚下决心要将自己的学习成绩提升到班里前三名。妈妈问他：“刚刚，现在班里前三名都是你的竞争对手，但要想赶上或者超过对手，就必须‘知己知彼’，所以首先你必须了解你的竞争对手，然后虚心向他们学习。你知道你们班前三名都是谁吗？”张刚说：“我知道。”接着，他说出了前三名同学的姓名。妈妈又问：“第三名同学与你相比有哪些优点？”他说：“他学习很刻苦，而且喜爱学习，主动性很强。课堂上总是勇于举手发言，而且虚心好问。”妈妈又问：“第二名同学和你相比有哪些优点？”张刚说：“她上课注意听讲，而且能够对所学的知识融会贯通，举一反三。”妈妈又问：“第一名同学与你相比有哪些优点？”张刚说：“他基础知识很牢固，而且很有时间观念，很有毅力，遇到难题喜欢钻研，直到把题解出来，而且他知识广博，喜欢看课外读物。”于是妈妈说：“刚刚，现在你知道应该怎么做了吧？记住，了解对手，心里才能有底；学人之长，才能胜利有望。”张刚顿时恍然大悟，信心十足地说：“妈妈，我明白了。下次考试你看吧，我一定会追上他们的！”妈妈也信心十足地看着儿子说：“好儿子，我相信你能成功。”

于是，在妈妈的启发和帮助下，张刚看到了竞争对手的优势，并且找出了自己存在的差距，学习的时候能够准确地知道自己的不足和怎样弥补，比他们学得更努力、更刻苦。最终，他在期末考试时获得了第一名。

由此可知，父母应该引导儿子将自己的竞争对手视为学习的动力、目标以及榜样，然后不断完善自己、挑战自己，多学习对方身上的优点，这样才能在竞争的舞台上获得属于自己的胜利。

细节59　教儿子学会与他人合作

一位教育专家曾经说过：“21世纪的成功者是全面发展的人、富有开拓精神的人、善于与他人合作的人。”这位教育专家把合作能力当作成功者必不可少的一种素质，这是非常正确的。随着社会的发展，社会分工越来越细，人与人之间的合作也越来越多。现在无论是企业还是其他机构，都讲究团体作战，很少有单枪匹马作战的了。所以，我们若想让孩子更好地适应这个社会，在他们小时候就应该培养他们的合作能力。但是现在的孩子们普遍缺乏合作能力，他们大多数是独生子女，平时被父母娇惯着，自我意识非常强烈，所以在和同学朋友相处时，事事都以自我为中心，很少考虑到团体以及他人。

场景一：杨杰5岁，是一个“不合群”的孩子。在幼儿园，每次老师让大家团体活动的时候，他都要第一个玩那些他喜欢的玩具。如果没有抢到手，他就会哭闹，甚至还会和别的孩子打起架来。有一次，他和另一个小男孩都想玩毛毛熊，但是谁也不让谁，最后毛毛熊都让他们撕坏了。因为“不合群”，杨杰在幼儿园基本上没有朋友，大家谁也不愿意和他一起玩儿。

场景二：手工课上，幼儿园老师把孩子们分成了三组，看哪一组最先把手工做好，但是每一组只有一把小剪刀。为了争抢小剪刀，某一小组的两个男生打了起来，谁也不肯让谁，最后他们这一组在规定的时间内没有把手工做好。

上面这些事例，都是生活中经常出现的，这对孩子的消极影响非常大。一位社会学家曾经说过："一个人如果缺乏团结合作的精神，那么他不仅在事业上很难有建树，甚至连适应社会都很困难。"这句话是非常有道理的，善于合作的人人际关系会比较好，在困难中也会比别人多几条路；而那些不善于合作的人，在顺境中也常常无法取得成功。所以，我们应该在小时候就培养孩子的合作能力，让他们学会在团体中发展壮大自己。现在的孩子们缺乏合作精神，最大的原因就是家长平时对孩子比较娇惯，养成了他们强烈的自我意识。所以，我们若想培养他们的合作能力，就要让他们学会分享、体谅以及宽容。这样，他们才能学会接受别人，而不是总把自己放在第一位。

让儿子学会分享

要培养孩子的合作能力，首先就要让孩子学会分享。这样，他们在团体中才不会计较自己的得失，也能够和他人友好地相处。但是现在大多数的男孩都是独生子，大人把好吃的、好玩的都留给他一个人，这就在无形之中强化了他的独享意识，慢慢地，他会成为一个不懂得分享的人。所以，我们要对孩子进行正确的引导，让他从小学会分享。

一位妈妈曾经这样讲述自己的教子经验：

我儿子是一个"合群"的孩子，大家都非常喜欢他。每当有了好吃的，他会带给其他的小朋友尝一尝；有了好玩的玩具，他也愿意和大家一起玩儿。正因为懂得和大家分享，我儿子的朋友特别多，人缘儿也特别好。在儿子小时候，我就教育他要懂得分享。吃饭的时候，我让他学着给爷爷奶奶夹菜；有了好吃的，我鼓励他拿出来和朋友一起分享；坐公交车的时候，我教育他把座位让给老爷爷老奶奶。正是生活中这些小事，让儿子成为一个懂得分享、关心他人的好孩子。

教给儿子一些合作的方法

在合作过程中，难免会产生摩擦，所以让孩子学会体谅他人也非常重要。当他学会了体谅别人，他才能处理好各种矛盾，从而更好地融入集体之中。

一位妈妈曾经这样讲述自己的教子经验：

我儿子8岁，是一个自我意识非常强烈的孩子。在和别人交往时，他总是以自我为中心，一点儿也不懂得体谅别人。有一次，他气呼呼地对我说："我好不容易盼来一节体育课，但是体育老师生病了，让我们改上自习课。体育老师真是太可恨了。"我对儿子说："妈妈知道你非常喜欢上体育课，但是每个人都有生病的时候。你想一想，上个月你感冒咳嗽的时候是不是很难受，如果你是体育老师，你还能给学生上课吗？"儿子想了想说："生病是挺难受的，我再也不埋怨体育老师不能给我们上课了。"后来，我经常告诉他要换位思考，不能光想着自己，慢慢地，儿子也学会了体谅他人。

细节60　把儿子培养成"领头羊"

男孩天生就具有领导欲，假如父母能够好好开发和培养儿子的领导能力，那么，无论他是否处在领导者的位置，他都能凭借自身良好的能力巧妙地应对。

一群在山里野餐的小男孩迷路了，在潮湿与饥饿中度过恐怖的一夜之后，他们无望地失声痛哭。"人们永远也找不到我们，"一个小男孩绝望地哭泣着说，"我们会死在这儿。"然而，10岁的汤姆站了出来："我不想死！"他坚定地说："我父母说过，只要顺着小溪走，小溪会把你带到一条稍大点儿的小河，最终你一定会遇到一个小市镇。我就打算沿着小溪走，如果愿意，你们可以跟着我走。"

结果，孩子们在汤姆的带领下，胜利地走出了森林，最后他们的欢呼声迎来了救援人员。

人们或许会认为，像汤姆这样的男孩是天生的“领导者”，而其他人注定是随从。但事实上，领导者不是天生的而是后天造就的，即一个男孩能否成为领导者，这在很大程度上取决于他的父母如何正确引导和培养他。

那么有哪些方法可以帮助父母培养儿子的领导能力呢？

给儿子积极的肯定，并引导他积极地思考

男孩内心深处都有当“头儿”的欲望，所以培养他的领导能力的第一步就是给他积极的肯定，不断增加他的自信心，并引导他积极地思考，进而培养他处理事情的能力。

一天，林林和小朋友踢足球输了，原以为一直在旁观战的爸爸会说：“唉，你太笨了。”没想到的是，爸爸边替他擦汗边夸奖他：“儿子，你带球过人的技术真棒，奔跑很积极，如果再加强射门练习，会踢得更好。”接下来，爸爸让林林把这次比赛中自己表现的优缺点写下来，找出自己的不足。林林通过仔细地回顾比赛，发现自己在射门的时候表现得比较弱，于是爸爸就针对他这一弱点，对他进行了射门训练。现在，林林不仅是足球队的前锋，还是小区里的“孩子王”，一呼百应。

父母积极的肯定，就像一剂“强心针”，能够瞬间带给儿子很多的力量和信心，例如儿子考砸了，你没有批评他，而是鼓励他说：“这次考的成绩虽然不好，但是你的英语成绩非常棒。以后只要在语文上多下些工夫，我相信你一定能进前三名。”说不定正是你的这句话，儿子开始发奋努力，真的考进了前三名。

父母在鼓励和肯定儿子的同时，更要教会他如何思考问题，运用哪些办法解决问题，这样才能逐渐增强儿子的领导能力。

要经常鼓励儿子多多表现自己

如果有一天你的儿子跑到你的面前说：“我要参加班里的班长竞选！”

这时，你会怎么做呢？当然，首先就是要肯定儿子的这种进取意识，然后让他多在班上发言，积极回答老师的问题，并且鼓励他和同学处好关系，在班里树立威信等。

一位妈妈这样介绍她的教育心得：

儿子班上刚上任的班主任正在班里选班长，在班里当“班干部”一直是儿子的梦想，于是我就鼓励他：“儿子，上课老师提问你要多思考，主动举手回答问题，给老师留下一个好印象，这对你的竞选很有帮助。”

一个星期后，儿子竟然兴奋地告诉我，老师选他当班长了。我虽然笑着恭喜儿子，但是心里一直在犯嘀咕，这新来的老师怎么这么快就选出班长了呢？后来这位老师家访的时候我才知道是怎么回事。

原来，老师告诉大家，每天在上课前早自习时间背唐诗，上课老师抽查，谁背诵得好，老师就让他领诵。当班干部心切的儿子信以为真，回家后认真地背诵。第二天，老师真的检查，结果只有儿子一个人背下来了。这位新老师对我说：“本来想考察一段时间再定班长人选，一看这孩子这么出色，就让他当班长了。”

当上了班长，这对儿子是一个极大的激励。从此他办事、学习变得更加积极、主动，每天带领同学背诵课文，课外时间还带大家搞一些文艺活动和公益活动，事事都走到了同学的前面，结果在学期末就被评为了“市三好学生”。

细节61 培养儿子的创新力

创新能力是人类最重要和最有价值的一种能力。我们可以毫不怀疑地说：对一个男孩来讲，他将来有多大成就，关键在于他的创新能力如何。

创新能力的培养应该是从家庭教育开始的。这是因为家长是孩子的第一任老师，而且家长与孩子相处的时间最长，接触的生活面最广。如果家长能抓住一切机会培养孩子的创新能力，相信一定会有巨大的收获。所以作为父母，绝对不能忽视对孩子创新能力的培养。当然，对于好奇心和动手能力本身就很强的父母来讲，更是如此。

有一天，一个小男孩在课堂上听老师讲到“蚯蚓有很强的再生能力，即使被断成两截也可以活下去，并可能分别再生长出完整的蚯蚓”。

听了老师的讲述后，小男孩非常好奇，同时也有一点儿疑惑：“蚯蚓真的有这么强的自生能力吗？我一定要亲眼看个明白。”

于是，小男孩回到家后，立刻挖来一条蚯蚓，并把它截为两段，放在窗台上养起来。

然而，小男孩的母亲发现后非常生气，她狠狠地打了小男孩一个巴掌，并把蚯蚓扔出窗外，嘴里还生气地责备说：“不好好学习，就知道玩儿！你看你玩得多恶心！”

此后，这个因好奇心而“惹祸”的小男孩无论大事小事都变得唯唯诺诺、谨小慎微了。

男孩的父母一定要从这个母亲身上吸取教训，不要轻易打击孩子的好奇心，否则会对孩子的发展造成负面影响。

那么，父母应怎样培养儿子的创新能力呢？

保护好儿子的好奇心，鼓励儿子大胆探索

好奇心是孩子的天性，也是迸发创新能力的前提。正是因为好奇，孩子才有了求知探索的欲望，这种欲望就是孩子最宝贵的创造性心理之一。

7岁的宪宁是一个好奇心非常强的孩子。父母带他出去玩儿的时候，遇到什么都问个不停：“天上怎么会有红云彩？”“为什么有的花是红的？有的是黄的？”“太阳为什么掉不下来？”……

很多父母如果摊上这么个孩子，肯定早就不耐烦了。然而宪宁的父母从来没有觉得宪宁烦。不管宪宁有什么问题，他们都会不厌其烦地回答。他们觉得这样做是有好处的。事实上也正是如此。

宪宁虽然只有7岁，但是他已经懂得了很多东西。在幼儿园里，很多别的孩子回答不了的问题，宪宁都能回答。宪宁被其他小朋友称为“小老师”，还经常受到老师的表扬。宪宁为此也非常自豪，别看他还小，但学习的积极性越来越高，还立志要做一名科学家呢！

宪宁父母的教育方式是非常对的。作为男孩的父母，一定要注意保护儿子的好奇心，以点燃儿子创新思维的火花，使它成为儿子进取的动力。

经常带儿子接触新鲜事物，激发儿子的好奇心

知识是一切能力的基础，没有知识，对外面的世界一点儿也不了解、不熟悉，即使智商很高，也是不会有创新能力的。所以，父母要根据儿子的年龄大小和生活环境，经常利用节假日带儿子去接触新鲜事物。

张贤平时非常听话，学习成绩非常优秀，一直都是班里的前几名。很多人都羡慕张贤的父母能培养出这么优秀的孩子,都纷纷到张贤家里去“取经”：“你们家张贤怎么这么优秀啊？你们是怎么培养的？是不是有什么秘诀？”

每当这时，张贤的妈妈总会很骄傲地说：“养孩子哪有什么秘诀？如果说真的有什么方法的话，那是因为我保护好了张贤的好奇心。张贤从小好奇心就很强，对什么事情都刨根问底。我觉得好奇心重的孩子，学习兴趣肯定也高。他越是好奇，我就越是要让他接触新鲜事物。其实在这个过程中，张贤能学到很多知识。知识面广了，他学习肯定不能太坏！”

其实，正如张贤的妈妈所讲的那样，认识事物越多，思维就越宽广，就越有可能触发新的灵感，产生新的想法，这对孩子的学习和发展是非常有好处的。那种只想把儿子关在家里，只想让儿子写字、画画、背诗的方法，只会把儿子培养成书呆子，绝不可能培养成有创新能力的人。

第9章

乐观，让儿子一生幸福

“乐观”和“悲观”是一对孪生兄弟，父亲比较喜欢“悲观”，给他买了很多玩具，但却把“乐观”锁进了一个堆满马粪的马棚里。

第二天清晨，父亲听到“悲观”在号啕大哭，于是安慰他说：“别哭了，快玩我昨天给你买的玩具吧。”

“悲观”哭着说：“不行，那些玩具很快就会玩坏的。”

父亲又去马棚看第二个孩子。他发现“乐观”正在兴致勃勃地掏马粪，便问他在干什么。“乐观”有些自豪地说：“马粪里面说不定有一匹小马，我要把它掏出来。”

两个人性格不同，人生和命运也会不同。查·霍尔就曾经说过：“有什么样的思想，就有什么样的行为；有什么样的行为，就有什么样的习惯；有什么样的习惯，就有什么样的性格；有什么样的性格，就有什么样的命运。”

细节62　让儿子拥有乐观的性格

乐观是一种性格，也是一种积极的生活态度，是人内在的动力源泉。华盛顿曾说过："一切和谐与平衡、健康与健美、成功与幸福，都是由乐观与希望的向上心理产生与造成的。"因此，每个父母都想让自己的儿子拥有乐观的性格，获得美满的人生。但是生活中还是有一些小男孩习惯用悲观的眼光看世界。研究表明，悲观情绪的产生与孩子从小接触的环境和所受的家庭教育有很大的关系。

在日常生活中，父母的情绪很容易传染给孩子。例如父母早上醒来时，发现今天是个阴雨绵绵的天气，就随口说一句："这该死的天气，又下雨了。"这种话在儿子心中就可能产生消极、悲观的想法。但是如果父母说："下雨真好，小花小草们都有水喝了。"这时就会给儿子一个积极、乐观的暗示。

儿子的性格与生活态度很大程度上是在父母的影响下形成的。如果父母总是以悲观的态度面对生活，那么儿子心中也会充满阴霾。相反，如果父母在困境中总是能保持乐观的态度，那么儿子也不会怨天尤人，而会积极地面对困难。

乐观的性格如同其他习惯一样，是可以通过培养和训练获得的。培养儿子乐观的性格，不仅需要父母的智慧和耐心，还要讲究一些方法技巧。

给儿子传递乐观的信息

有一位妈妈要忙于工作，没有时间陪儿子玩儿，她对儿子说："烦死了，下班后还有这么多工作要做，哪还有时间陪你胡闹。"

同样的情况下，另一位妈妈却对儿子说："孩子，妈妈的工作没做完，还要忙一会儿，等晚些时候再陪你玩儿。"

两种回答虽然传递了同样的信息，但是会给儿子的情绪和认知方面造成截然不同的影响。前一种答案会让儿子觉得工作是一件令人厌烦的事情，而后一种答案则会让儿子觉得妈妈很能干，进而产生自豪感。

在教育儿子时，父母自己首先要学会乐观做人，对任何事都要表现出乐观的心态，营造快乐的家庭氛围。另外，在生活中，要多向儿子灌输一些乐观主义的思想，告诉他任何困难都是暂时的，没有打不败的敌人，没有过不了的坎儿。

及时排除儿子的不良情绪

东明是一个爱说爱笑的孩子。但是这一天放学后他嘟着嘴，和爸爸妈妈没有说一句话就回到了自己的房间，并且把房门关得严严实实的。

爸爸觉得儿子有些不对劲儿，就敲开了他的房门，问道："明明，今天情绪怎么这么不好啊，能告诉爸爸发生了什么事吗？"

东明嘟着嘴说："今天学校举行了篮球比赛，我们班输了球，我是班里的篮球队队长，我能高兴吗？"

爸爸说："我理解你输球的心情，不过胜败乃兵家常事，以后你可以带领同学多练球，下一次争取赢他们。爸爸相信你们有这个能力。"

听了爸爸的话，东明的情绪好了很多，脸上也有了笑容。

孩子的年龄小，很容易受到不良情绪的影响。如果他们长时间处在这些不良情绪中，很容易形成悲观的性格，甚至还会造成心理障碍。所以，当他们烦恼、忧愁、闷闷不乐的时候，我们应该和他们聊聊天、谈谈心，让他们迅速地摆脱那些不良情绪。这样，他们的心理才会健康发展，并且容易形成乐观开朗的性格。

让儿子多交朋友并且兴趣广泛

细心的父母都会发现这样一个问题：越是那些孤僻、没有朋友、对任何事都缺乏兴趣的孩子越容易成为悲观的人。试想一下，如果一个孩子只喜欢看电视，而那一天又恰恰没有他喜欢看的电视节目，他就可能会烦躁、闷闷不乐，从而出现一些消极的情绪；而如果一个孩子兴趣广泛，并且有很多朋友，他在没有自己喜欢看的电视节目时就可以看看书、听听歌，还可以和朋友打打球、玩玩游戏等。这样，他获得的快乐自然就多，人也不会变得非常悲观。所以，我们应该培养儿子的广泛兴趣，并且鼓励他们多交朋友。

细节63 帮儿子拔掉忌妒这根“刺”

“忌妒是一种十分自然的反应，每个孩子都会忌妒，孩子的忌妒心从很小的时候就会有反映，引起孩子忌妒的原因极多，在许多情况下，这种忌妒会达到折磨人的程度。”这是希腊著名心理学家说过的一句话。忌妒对于男孩来说，的确是一根折磨人的“刺”，所以父母一定要帮助儿子拔掉忌妒这根“刺”。

由于家里还有个哥哥，10 岁的顶顶总觉得妈妈不喜欢自己。无论是外出游玩、生日派对还是跟妈妈在一起的时候，他总是抱怨妈妈偏心。当妈妈解释自己花了很多时间和他一起玩儿或者他做了哪些错事而哥哥却没有做的时候，顶顶就噘着嘴说哥哥有的玩具自己却没有，或者强调哥哥曾经犯的错而自己却很乖。妈妈想不通，为什么儿子顶顶这么爱忌妒呢？

事实上，很多男孩都有顶顶这样的心理，当他们看到别人有自己所没有的东西或者得到的东西比自己的要多、要好，包括衣服、能力、受欢迎程度甚至有些父母意想不到的东西都可能诱发这些男孩的忌妒心理。

有些父母可能认为这种忌妒行为会随着男孩年龄的增长而自然消失，但教育专家指出，过分的忌妒会影响男孩正常的心理发育，他们会在与别人比较的过程中感到自卑、沮丧，严重妨碍男孩自信心和自尊心的建立。

因此，父母一定要帮助儿子控制这种忌妒心理，帮助儿子拔掉忌妒这根“刺”，否则严重的忌妒心理会影响儿子的全面发展。

下面这些方法有助于父母来修正儿子的忌妒心理：

注意儿子的暗示，并表示同情

面对出现忌妒心理的儿子，有位妈妈是这样做的：

这天，儿子一放学回家就冲我喊道：“妈妈，现在当班干部的有什么了不起？不就是会讨好老师吗？”我有些不解地问：“怎么了，这么大的火气？”儿子说：“我们班这次竞选出来的都是那样的孩子。而我比他们能力强，学习也比他们好，竟然没有被选上，真是太郁闷了。”我说：“原来是这样，那你忌妒他们吗？”儿子有点儿委屈地说：“妈妈，你知道这个机会我想要很久了，可是付出了那么多，我什么都没得到。”我安慰儿子说：“妈妈很理解你的感受，付出而没有收获的确是件令人很沮丧的事。但是，我们在这里说气话是没用的。儿子，好好想一想那些被选上的人身上有什么你没有的长处，我们再努力一下，下次一定行的。”儿子说：“除了会拍老师马屁，他们还会和同学打成一片。”我说：“等一下，儿子你是不是光为了学习，为了竞选，忽视了和同学的关系？要知道任何同学都愿意选那些乐意帮助别人、值得大家信任的人做班干部。”儿子说：“妈妈，你说对了。刚才回家的路上我已经意识到这个问题了。妈妈，谢谢你，下次我会更努力，不会让你失望的。”

可见，当父母对儿子表示同情和理解的时候，他表现出来的忌妒心理就会慢慢消除，并且在父母的引导下认识到：要想拥有想得到的，就必须更努力，而且要学会查漏补缺。

其实，男孩有时很难控制自己的情绪，所以，父母要仔细观察儿子的行为方式、掌握儿子的情绪趋向，如搞破坏、哭泣或者说忌妒对象的坏话等，也有些男孩会把忌妒心理反映在自己的心理和身体方面，像难过、焦躁、胃疼、情绪低落或者没有干劲儿。这时，父母就需要注意儿子的暗示，对儿子表示同情和理解，并帮儿子把他的想法说出来，就像上述事例中的那位妈妈一样，耐心地倾听，并肯定儿子内心的感受。

发现儿子的长处，不要拿他和别人比

有一天，向阳妈妈跟一个邻居说，邻家男孩的卷发很帅气，看起来像一位外国的小王子，可惜自己儿子的头发却是直的。没想到，第二天，向阳就要求妈妈带自己去美发厅要把头发烫成卷发。向阳妈妈一下子就意识到是自己的评价引发了儿子的忌妒心理，从此之后，她再也没有评价过儿子的头发，同时非常注意不拿儿子和别的孩子做无意义的比较。

可能很多父母都没注意到，当自己在谈论其他男孩一句无心的“乐乐学习越来越好了”，或者只是一个微笑、一个耸肩的动作、一个失望的眼神，甚至抬一抬眉毛都可能被儿子解读为“比较”。尤其是当你的儿子在某一方面做得不好的时候，他更容易对那些做得好的孩子感到忌妒。

所以，父母千万不要拿自己的儿子和别人比，而是应该帮助儿子发现自己的长处和优势，然后通过鼓励和肯定来增强儿子的自信心。这种自信不但可以帮助儿子克服自己的忌妒心理，更有利于他塑造自我，这才是真正值得别人羡慕的本领。

细节64　帮助儿子走出孤独的阴影

孤独在孩子的世界里是指他的社会交往动机和合群行为得不到满足时所产生的一种内心体验。有很多父母对于儿子保护过度，从小就将儿子封闭在自己的“保护伞”里，使他与外界隔离。父母这样做也许对儿子起到了一定的保护作用，避免了外界不良因素对儿子的影响，但同时也让儿子失去了成长过程中所需要的“养分”，例如关爱、友谊、分享、帮助别人、称赞等，一旦缺失这些“养分”，他就很容易体会到孤独，因为没有人和他一起分享成长的喜悦和烦恼。

长期陷于孤独的男孩感受不到融入朋友和集体的自信和快乐，变得越来越冷漠、孤僻。因此父母应该及早帮助儿子走出孤独的阴影。

10 岁的凯凯上小学五年级。爸爸妈妈由于工作忙，就把他交给爷爷奶奶，直到他上学时才接回自己身边。凯凯的妈妈脾气暴躁，而且总爱和周围的人抬杠，并且总是冲凯凯老实巴交、不爱说话的爸爸发火。凯凯根本无法适应自己在父母身边的生活，所以他选择把自己关在房间里。

时间长了，凯凯觉得他的家根本没有温暖、快乐的亲情，而在学校里，每当看到其他同学喜笑颜开的样子，他就会更加郁闷，因为别人美好幸福的家庭让他既羡慕又自卑。于是，凯凯变得越发沉闷、孤独、冷漠和木然，同学们也感到他不易接近，都纷纷远离他，这让凯凯觉得世界上没有人能理解和接受他。他的学习成绩在不断下降，心情也十分压抑，性格也越来越孤僻、怪异。

男孩孤独、封闭有很多弊端，正如事例中的凯凯一样，他在长期情绪压抑和得不到朋友、家人的关爱下，变得抑郁、孤独、沉默、自卑，周围的一切似乎都引不起他的兴趣。

那么，有哪些方法可以让父母帮助儿子摆脱孤独呢？

鼓励儿子多与同龄人交往

心理学研究表明：人们在交往的过程中，会不断地萌发各种社会动机，形成合群、归属的心理需要。当这种需要获得满足时，合群行为和归属感得到强化，就会产生友爱、愉悦的心理体验。相反，当一个人的合群行为和归属感得不到满足时，就会感到孤独、寂寞和忧愁。长期被孤独感困扰的人，内心的感受会固定下来，形成孤僻的性格。

有一位妈妈的教子经验是这样的：

我儿子是个胆小孤僻的男孩，没有一个伙伴，在学校里独来独往，回到家中也不出门，周末的时候，常常一个人在家里看电视。我见儿子这样，很是担心，就鼓励儿子试着跟同学多交往。开始的时候，儿子总是害怕，还因为不善于交流跟同学闹了很多矛盾。但是我总是鼓励和帮助儿子。渐渐地，儿子有信心了，也交到了几个好朋友。

由此可见，应该尽量让儿子和同学在一起，让他们共同探讨学习，切磋人生，进而通过广泛的交往寻觅志同道合的朋友。有些男孩虽然身边常常朋友成群，但是真正能与其分享快乐和忧愁的却没有几个，所以也会感到孤独。因此，培根说："没有真挚朋友的人，是真正孤独的人。"有了知心朋友，孩子彼此之间就能相互信任、相互理解，高兴时有人分享快乐，悲伤时有人分享苦闷，感情有所寄托，就不会感到孤独了。

多培养儿子广泛的兴趣和爱好

凌浩上小学四年级，以前是个很孤僻的孩子，但是现在他的朋友很多。在三年级的时候，妈妈看到别的孩子三五成群地在一起玩儿或者热烈地谈论某个话题，而儿子凌浩什么都不懂，只是站在旁边傻傻地听别人说，妈妈就决心多培养凌浩的兴趣爱好。经过一番努力，妈妈终于看到了成果，凌浩交到了几个志趣相投的好朋友。

孤独寂寞的男孩通常兴趣狭窄，假如男孩有着广泛的兴趣，他便能在自己喜欢的有意义的活动中寻找乐趣，当一种活动不能满足男孩自己的需要时，还可以进行另一种活动。另外，有共同兴趣和爱好的人，也容易广泛地交友，这是摆脱孤独的有效途径。

细节65 引导儿子远离抑郁

一般来说，抑郁症主要是指以情绪抑郁为主要特征的情感障碍，不仅包含抑郁寡欢、忧愁苦闷的负性情感，而且还有怠惰、空虚的情绪表现，但是，以往人们常误以为抑郁症只会发生在有自我意识能力和情感丰富的成人身上，而忽视了儿童也可能得抑郁症。

其实，抑郁对男孩的身心发展十分有害，会使男孩心理过度敏感，对外部世界采取回避、退缩的态度，还可能造成男孩身高发育不良。

通常，未成年男孩的抑郁大体表现为情绪低落、悲观、郁郁寡欢、闷闷不乐、思维迟缓、反应迟钝等。抑郁的男孩在认识上表现出负性的自我评价；在动机上表现出对各种事物缺乏兴趣，依赖性很强；在躯体上会表现出明显的不适感，如食欲下降或食欲猛增，失眠或过度嗜睡等。如果孩子过分抑郁，则会导致抑郁症。对于已经有了抑郁表现的孩子，教育专家认为下列方法有助于父母缓解孩子抑郁症状。

对儿子进行适时的积极暗示

有一位妈妈的教育经验是这样的：

儿子小贺刚上小学一年级。一天，我从学校接儿子回家时，就发现儿子有点儿闷闷不乐。我问道："小贺，今天学校有什么高兴的事呀？"

"今天一点儿都不好玩儿。"儿子不高兴地回答。

"为什么呀？出了什么事吗？"我问道。

"今天学校来了一个新同学，他很会说话，总给同学讲搞笑的事情，同学们都不理我了！"原来，儿子今天在学校受到冷落了。

"那不是很有意思吗？以后，你每天都可以跟这样一个会说笑话的人玩儿了，你不高兴吗？"我开始引导儿子。

"可是，同学们都不理我了呀！"儿子有些着急了。

"只要你和同学们一样与那位新同学一起玩儿，你们不是都可以玩得很开心吗？其他同学还是跟你一起玩儿的呀！是不是？"我问道。

"嗯，好像是。"显然，儿子同意了我的看法。一路上，儿子又恢复了往常的快乐。

事实上，积极的暗示是通过语言的刺激来改变或纠正孩子的某种行为状态或情绪状态的。所以，父母可以通过自己的积极暗示来减少或消除儿子的低落情绪。比如说，当儿子情绪低落、抑郁的时候，父母可以告诉儿子：“忧愁于事无补，还是面对现实吧。”在早上起床的时候告诉儿子：“新的一天开始了，昨天的忧伤已经过去，你要开开心心地度过今天。”这些都是很好的积极暗示，它们会悄然地改变儿子的心境。

教儿子学会适当地宣泄和情绪转移

有一位妈妈在网络论坛上求助道：

我儿子小小年纪似乎就被抑郁缠身，原本情绪很好的他，突然就会变得低落或沉默不语。我该怎样让儿子心情变好一些呢？

罗兰曾在《罗兰小语》中写道：“情绪的波动对有些人可以发挥积极的作用。那是由于他们会在适当的时候发泄，也会在适当的时候控制，不使它们泛滥而淹没了别人，也不任它们淤塞而使自已崩溃。”由此可以看出适当宣泄情绪具有积极作用。所以，这位妈妈不妨让儿子学会宣泄心中的情绪。

一般来说，情绪的宣泄有很多种方法，比如：倾诉、哭泣、高喊、运动等。适度的宣泄可以把不愉快的情绪释放出来，使心情平静。

除此之外，转移调节也是一种极好的情绪转移方法，例如在儿子情绪低落的时候，可以寻找一些令儿子开心或振奋的事情，如和同学讲讲笑话，打打球，或出去踏青等，让愉快的活动占据儿子的时间，让时间的推移来逐步淡化他心里的积郁，用积极的情绪来抵消消极的情绪。

细节66 教儿子对愤怒情绪说“不”

“儿子峰峰从学校回到家中就径直进入他的房间，狠狠地把门摔上，然后开始打枕头。我想和他谈心，可他总是让我走开——说我碍着他的事了。”

“儿子乐颜动不动就发火，当他发火的时候，我们全家人都会受到影响。每个人都变得非常非常安静，静悄悄地躲进自己的房间。就好像他才是这个家里唯一重要的人。”

为什么男孩子容易愤怒呢？一般来说，人有四种基本情绪：快乐、恐惧、愤怒和悲哀。愤怒是需求和愿望不能实现或者目的不能达到时引起的一种激动、紧张和不愉快的情绪体验。在这四种基本情绪中，愤怒出现得较早、较频繁，当男孩的生理需要没有被满足、身体活动受到限制时，当他的愿望不被理解以致无法实现时，都会产生愤怒。

不同的男孩愤怒时的情绪激动程度是不同的。因此，要安抚他的愤怒情绪，所采取的方式和所需要的时间也不同。有的男孩很容易被激怒，一触即发；有的男孩把愤怒压在心底，却在别处发泄；有的男孩容易接受大人的安抚，很快安静下来；有的男孩过了很长时间却还在生气，也不肯接受大人的帮助。

总之，调节愤怒情绪的水平能集中地反映男孩的心理素质，影响他和谐的人际关系。不仅如此，愤怒情绪还影响男孩的身体健康。因此，父母要想办法帮助男孩摆脱愤怒情绪。

为追求完美的儿子减轻负担

丽莎是一位美国妈妈，她一直认为男孩必须懂得犯错误并没有什么大不了的，而且妈妈应该向儿子示范处理错误的各种方法，从而为紧张不安的儿子减轻心理负担。例如妈妈不小心打翻了咖啡，可以来自嘲一下：“我想我今天赢得了‘脏乱妈妈’的称号。”当妈妈把购物清单忘在家里的时候，不要大吼大叫地责怪别人。让儿子知道大人也会把事情弄得一团糟，犯点儿错误没什么了不起，做不到完美也很正常。

丽莎注意到，当儿子不能把一项任务完成得很完美的时候，他会对自己十分苛责。为了减轻儿子的心理负担，丽莎进行了许多学习。后来在丽莎家当一个人犯错误的时候，一定有人会在一旁发表这样的意见：“好了，现在我们从这件事当中能吸取什么教训呢？”所以妈妈们要注意，如果有人打翻了咖啡或者撕破了裤子，可千万别发火。只要说："我们可以从这件事当中学到什么呢？"然后，甚至可以把这件事当作笑料来开心一下。

丽莎真是一位善解人意的妈妈。事实上，内心的愤怒常常会使完美主义的男孩变得孤僻起来。为了使摇摇欲坠的自我形象免遭侵袭，追求完美的男孩会拼命地抗争，裹上一层坚硬的外壳。他在表面上看起来相当平静，但严密的掩盖之下是一腔紧张地压抑着的情感。如果把情感的盖子紧紧地捂住的话，男孩就会变得孤僻，逃避那些可能会引起他怒火爆发的人际交往。

一旦男孩感到自己是一个"坏孩子"，他可能会彻底垮掉。除非这种认识被扭转过来，否则，男孩在长大后就真的会扮演起坏孩子的角色。为了使孩子摆脱认为自己"坏"的感觉，父母应该想办法为追求完美的儿子减负，增强他的信心，对他说："你一点儿都不坏，你只是还年轻，年轻人往往是会干蠢事的。可是我正在帮助你不再做那些蠢事，所以，长大了你会感到自己正像我心目中所认为的那样，是一个出色的人。"这就向儿子传递了一个信息，父母十分细心地发现了儿子在不良行为背后的真实形象。

用转移注意法，帮助儿子释放愤怒

有一位妈妈的教子经验是这样的：

这天一放学儿子就气呼呼地大力摔上房门，我站在客厅都能感觉到他身上散发的愤怒。但我没有着急询问儿子发生了什么事情，而是对刚下班回来的老公说："儿子心情不好，你陪他打会儿篮球去吧，让他发泄一下。做好晚饭，我会叫你们的。"老公马上领会了我的意思，然后敲响儿子的房门说："小子，跟老爸去球场比一场！"儿子本不想去，但面对自己爸爸殷切的眼神，他勉勉强强下去了。没想到，等我去叫他们回家吃饭的时候，儿子已经变得大汗淋漓、满面春风，原先的怒气早已经消失得无影无踪了。老公后来告诉我，儿子打完球之后，愤怒的情绪已经平复了，而且心结也打开了。

这位妈妈的教子经验很值得所有父母学习。要知道，愤怒让人感到压抑、困惑和疲惫，它既然是无法避免的，就不妨通过积极的约束和消解方法，教会儿子有效地处理自己的愤怒情绪。而且男孩的情绪往往瞬息万变，将注意力适时地转移到其他事情上，就可以有效地进行自我调节。

细节67　培养儿子的幽默感

一般来说，具有幽默感的男孩大多开朗活泼，因而往往更讨人喜欢，人际关系也要比不具幽默感的孩子好得多。幽默的男孩往往比较快乐、聪明，能够轻松地完成学业，甚至拥有一个乐观、愉悦的人生。

早教专家于春林表示，幽默感是情商的重要组成部分，它也在社交中起着举足轻重的作用：人们讨厌冷漠、讨厌忧伤，但绝不会讨厌一个人所带来的欢笑。而具有幽默感的孩子通常很乐观，在生活中不断地制造欢笑，让周围的人感到轻松愉快，自己也会富有成就感和自信。因此具有幽默感的孩子，较容易获得友谊，孩子的身心也随之得到更和谐的发展。

不过并不是所有的孩子都具有幽默感。有位专家说："幽默感30%来自天生的性格，更多的则是后天培养出来的。我觉得，家长在生活中要帮助孩子发现幽默，创造幽默，利用幽默。"

在现实生活中，幽默可以淡化人的消极情绪，消除沮丧与痛苦，舒缓紧张气氛，更能带给自己和别人喜悦和希望。

那么，父母如何培养儿子的幽默感呢？

做儿子幽默乐观的好榜样

幽默感虽有先天的成分，不过后天的培养更加重要。孩子是父母最真实的镜子，潜移默化中，父母的许多特点在孩子身上会得到再现。所以，要培养儿子的幽默感，父母首先要看看自己是否也需要培养幽默感，最起码，要能真正欣赏幽默。

张梅在教育儿子时，采取了幽默的方法，她感觉效果还不错。如儿子生气了，张梅会说是“晴转多云”。餐桌上，张梅还经常来几个即性小幽默，让一家人开心一下。张梅的这种做法，不但活跃了家庭的气氛，还拉近了和儿子的心理距离。张梅后来对朋友说：“培养儿子的幽默感不容易，它不是一蹴而就的，需要循序渐进。但我相信，儿子在我的影响下，一定会变得宽容、睿智，充满幽默感的。”

可见，在生活中营造轻松的气氛能够培养儿子的幽默感。另外，当儿子哭闹时，父母除了常用的一些安慰手段外，也可以这样安抚他：“宝贝，你瞧你哭得像小花猫，鼻涕流得像瀑布，多难看啊！”这种诙谐的语言，比起单调的哄逗，不仅可以很快转移儿子的注意力，使他破涕为笑，而且还可以使他学会幽默的语言技巧，培养良好的心态。而当孩子尝试着说出一些有趣的笑话或表演一些滑稽的动作时，父母请不要吝啬自己的掌声，父母的鼓励将使孩子的幽默感不断得到强化。

尽力为儿子创造幽默环境

洪磊的妈妈认为一些幽默的作品对性格的影响非常大，特别是在孩子还小的时候。她自认为身上的幽默细胞并不多，但她读过很多幽默的书籍。这天早晨，妈妈和洪磊坐在餐桌前吃饭，说起洪磊因长时间黏在电脑前玩游戏，视力下降得很厉害。妈妈用愤愤的口气说：“其实，那时候真该把电脑给砸了！”洪磊饶有兴趣地问：“你用什么砸啊？”妈妈说：“用‘哈哈可乐派（某电台的一档讲笑话栏目）’砸！”洪磊一听，哈哈大笑起来。

其实，幽默有一定的遗传因素，而家庭环境也会潜移默化地影响孩子。所以，父母平时和儿子相处时，应该尽量给儿子创造一个幽默的环境，久而久之，儿子自然也会变得幽默起来。

细节68 心浮气躁是男孩的大敌

通常，男孩心浮气躁的心理表现形式为“想不到”“听不进”“坐不住”“管不牢”“忙不停”“写不完”“长不了”等。

想不到：在自己可以支配的时间内，不知道该做什么，不知道什么先做什么后做，甚至手足无措，一会儿看看这本书，一会儿又看看另一本。

听不进：对课堂上老师讲的知识无兴趣，或自搞一套，或哈欠连天，根本不管老师讲什么。

坐不住：在课堂上找各种借口挪位子，或是东张西望，交头接耳。

管不牢：废话连篇，沉迷于侃大山，管不住自己的嘴。

忙不停：兴头上来时，马上动手去做，乱忙一气，希望“快刀斩乱麻”，一下子把事做完，却常常忙中出乱，甚至殃及他人。

写不完：跟老同学或朋友交往过密，整天沉迷在信件往来中，乐此不疲。

长不了：在老师批评之后或考试后，短时间内能意识到自己的错误和不足，也能付出一定的努力，但几天之后，依然故我，虎头蛇尾，不了了之。

那么造成男孩心浮气躁的原因有哪些呢？一般来说，内部原因分为个体的神经类型、人格特征、个人认知对男孩的影响；外部原因主要是社会环境、家庭教育和学校教育对男孩的影响，而其中最为重要的就是家庭教育中的引导。

所以，父母一定要帮助儿子克服心浮气躁的毛病。要知道，一个心浮气躁的男孩是无法安心去学习、思考的，而且做事效率、学习效率都很低，成功率自然也很低。

那么，父母如何帮助儿子克服心浮气躁的毛病呢？下面这些方法或许能给父母一些启示：

有意识地培养儿子专注的好习惯

有一位爸爸是这样“对付”心浮气躁的儿子的：

儿子在家复习功课的时候，总是喜欢东瞅瞅西摸摸，一会儿上厕所，一会儿喝水，当他意识到我盯着他时，他才乖乖地低下头，眼睛盯着手中的复习资料，我注视了儿子几分钟，总感觉儿子还没有全身心地投入到复习当中。于是，我走到儿子身旁，轻轻地告诉他，待会儿我想要看看他复习的效果如何，相信儿子不会让我失望的。接下来，儿子一鼓作气，开始专注复习了。

男孩子天性活泼好动，因此注意力经常不集中，这时，父母就可以从训练儿子注意力的持久性入手，有意识地培养儿子做事专注的习惯。同时，父母尽量创造一个良好的环境，避免儿子的注意力分散。例如应尽可能避免一切外来干扰，当儿子在学习时，要把电视、电脑、手机等关闭，排除可能分散儿子注意力的因素，为他提供一个安静的学习环境。另外，当他要求独自玩游戏时，在没有危险的情况下，父母不要进行干预，过多的干预会影响孩子专注力的发展。

培养儿子做事认真的好习惯

认真对于男孩来说是一种能力，一种聚精会神的能力，也是时时刻刻全力以赴学习的能力。所以父母在教育儿子时，不能只相信儿子说“学会了”“听懂了”，而是让儿子真正做出来、表现出来，才是真正地会了、懂了。

妈妈发现儿子是一个很浮躁的小男孩，做事很不认真，最近儿子参加了学校的绘画兴趣小组，可是每一幅画他都不能认真地把它画完，不是少了这个就是多了那个。妈妈经常提醒他，可他就是改不了这种丢三落四的毛病。

现实生活中像上述故事中的男孩有很多，做事经常丢三落四，这可能与父母的教育有关系，没养成做事认认真真的好习惯。因此，为了儿子将来能够做事谨慎、获得成功，父母一定要培养儿子做事认真的好习惯。

第10章

责任比能力更重要

有位年轻的母亲，抱着两岁半的儿子向生物学家达尔文请教："您说，我这孩子应该什么时候开始接受教育？"

达尔文看了看孩子，问道："您孩子多大了？"

母亲得意地回答："才两岁半。"

达尔文遗憾地说："已经晚了两年半。"

心理学家研究发现，塑造孩子的习惯、性格以及品行，一定要在孩子小时候就着重培养。等孩子超过了12岁，他的习惯、性格以及品行已经基本定型，很难再改变了。

细节69　责任感来源于信任和尊重

在一次亲子座谈会上，一位母亲说："我可能伤害我的儿子了！"接着她讲述了这样一件事情：

上个周末，我正在家里打扫卫生，儿子领一群同学到家里玩儿，因为怕把刚拖的地踩脏了，我就让他们在门外等了一会儿。结果儿子晚上回家后闷闷不乐，问了好久才知道，原来同学们觉得他"说话不算话"，以后再也不来我们家玩儿了，这让儿子觉得很没面子，心里对我也有了意见。

很多父母都会觉得，让儿子衣食不愁，受到最好的教育就是爱他的表现，但是却往往忽视了男孩"被信任"和"被尊重"的需求，例如当一个男孩对家庭事务发表意见时，或者想单独做件事时，很多父母会说："你小屁孩儿知道什么啊！"孩子根本没有发言权和选择权，久而久之，他会以为很多事情和他一点儿关系都没有，他不必为此负责和努力，自然责任感也就渐渐消失了。

另外，男孩的责任心不是靠强迫就能养成的，而是一种自觉行为。如果你依靠各种强制手段逼迫儿子去完成某件事情，那样只会引发他的逆反心理，造成孩子与父母之间的误解和矛盾，甚至导致亲子关系破裂。

所以，父母一定要给予儿子应有的尊重和信任，让他充分自由地表达自己的意见，让他自己去作决定，并且鼓励和尊重孩子的这种选择。相信在父母的这种关爱下，他一定会成为一个有责任感的男子汉。

当然，给予孩子信任和尊重的过程中是需要讲究方法的：

用"拉钩"培养儿子的责任感

坤坤最近早晨不爱吃早餐，有时还表现得很厌烦，虽然妈妈每天变着法儿地为儿子做早餐，但是小家伙似乎并不领情，想吃就吃，不想吃就跑到一边玩玩具。妈妈每次都硬要求他吃完早餐再去玩儿或者再去看动画片，但是效果并不大，他依然是我行我素。一天早晨，妈妈把儿子叫到面前，并当着坤坤爸爸的面让儿子和她拉钩，拉了钩后就一定要做到！没想到，坤坤对此很感兴趣，嘴里还说道："拉钩上吊，一百年不许变。"第二天早上，妈妈提醒儿子说："还记得昨天我们拉过钩吗？"这次坤坤果然很乖地吃起早餐来了，晚上爸爸回来时，妈妈还当着爸爸的面表扬了坤坤。

拉钩对小孩子来说可能是个游戏，但却具有良好的约束力。如果父母能深入发掘下去，会发现这样的"拉钩事件"其实也是男孩责任感的一种最初体现：和儿子约定好一件事情，然后儿子为了实现自己的承诺而愿意为之做出努力，这就是良好责任感的开端。

信任男孩，给他犯错误的机会

有一位妈妈在自己的网络日志中记述了这样一件事：

儿子有一次因为好奇，想要"鉴定"一下瓷碗究竟会不会破碎，竟然当着我的面拿起一只碗就往地上摔去。面对满地的碎片，我是又生气又无奈，虽然儿子马上意识到自己的错误，以为我会责骂和惩罚他，但是我很快让自己冷静下来，只是让儿子自己清理好碎片，并且告诉他瓷器易碎的知识。后来，儿子从易碎的瓷器联想到同样易碎的镜子、玻璃杯、眼镜等，自觉地学会保护和使用它们，再也没有弄碎过任何东西。

英国教育家斯宾塞曾说过："当孩子感到被爱、被信任，奇迹不久就会出现在你眼前。"没错，父母对孩子的爱与信任、理解与尊重会让孩子创造出你无法想到的"奇迹"。不过，首先你要允许孩子犯错，让他在错误中成长，而不是对于孩子的错误给予打骂和惩罚。

尊重儿子的意见

男孩虽然年纪小，但他们也应有自己的权利，例如知情权、话语权、选择权等。在家庭关系中，父母应该把儿子放在一个同等的位置，学会凡事多和孩子商量，多尊重和听取他的意见。当你把孩子看成一个“平等的成员”，并且对孩子的分析和判断能力给予肯定和赏识，那么他一定会愿意为自己的决定负责，因为这是他自己思考、努力、争取的结果。

那么父母如何真正做到把儿子当成一个“平等的成员”呢？首先，要尊重和信任孩子的意见，即使有时他的意见和建议比较幼稚，你也不要打击和嘲笑他，而是在给予信任的基础上加以引导。其次，让儿子多参与家庭事务的决策，让他真切感受对于家庭他有责任，并且应该负责，这样无形中他也会感受到父母对他的重视，做起事情来也不会这么浮躁和莽撞，反而会勤奋和懂事起来。

细节70 教儿子诚实守信

儿子一直想买一辆玩具车，但是我和老公没有答应他。有一天，儿子对我说：“妈妈，我们班的男生都买了那种玩具车，如果你们再不给我买，他们就看不起我了。”我听得出来，儿子是在说谎，因为不可能班里的每个男生都对那种玩具车感兴趣。我对儿子说：“是这样吗？那我去问问小强（我们邻居的孩子，和我儿子同班），是不是每个男生都买了那种玩具车。”他一听我这么说，马上改口，否定了自己刚说的话。我拍了拍儿子的肩膀说：“妈妈知道你非常想买那种玩具车，但是你应该说真话，而不是骗妈妈。”儿子听了，惭愧地点了点头。

这是一位妈妈在网络上写下的“教子日记”，对于生活中的一件小事，她不仅没有放过，而且用它很好地给儿子上了一堂关于“诚信”的课。

诚实守信是中华民族的传统美德。孔子曾经说过：“人而无信，不知其可也。”这是在告诉我们如果一个人没有诚信，就不会取得大家的信任，也就没有人愿意和他交往、合作了。随着社会的发展，社会对诚信的重视程度越来越高，诚信不仅成了一个人的名片、一个人的信誉，甚至已经成了一个人的“第二张脸”，如果一个人缺乏诚信，就很难在这个社会中立足，更不用说发展了。

对于男孩来说，我们更要注重培养他们诚实守信的品质，因为自古以来“诚实守信”就是评价男性的重要标准。在古代，人们用“君子一言，驷马难追”来形容大丈夫的诚实守信。到了现代，因为人际交往的日趋频繁，诚实守信更成了男性获得他人信任以及良好的人际关系的必备条件。所以，我们要重视儿子诚信的培养，把他培养成为一个诚实守信的人。

培养孩子诚实守信的品质，首先要做的就是告诉他不要说谎。如果一个孩子在小时候就谎话连篇，他长大后就很难成为一个诚实的人。所以当我们发现孩子说谎的时候，一定要重视起来，给予他们正确的指导和帮助。

父母要为儿子树立良好的榜样

“身教胜于言教”，在培养孩子的诚信方面，父母不要总是讲一些大道理，而是要以身作则，给孩子树立一个良好的榜样。通过这样的方法，更能在潜移默化中影响孩子，让他们在不知不觉中养成诚实守信的好品质。

但是在生活中，很多父母显然没有做到这一点：

妈妈答应下班回来给儿子买一个玩具，但是因为时间匆忙，妈妈忘记了。后来，妈妈不肯承认自己的错误，而是对儿子说：“儿子，你要买的那种手枪已经卖光了，等明天妈妈再给你买吧。”

上面的生活场景是经常发生的。我们以为孩子小，自己的言行不会影响到他们。其实，孩子的模仿能力非常强，如果他们看到成年人说谎，他们也会学着说谎，并且不再看重自己的承诺。所以，我们如果想把孩子培养成一个诚实的人，首先要做的就是自己也诚实守信，为孩子树立一个良好的榜样。

对儿子进行诚实品质的教育

要想让孩子成为一个诚实守信的人，我们要让他认识到诚实的重要性，并且告诉他说谎的危害。在对孩子进行诚实品质的教育时，父母可以采用举事例、讲故事的方式，这样比较生动活泼，孩子也容易接受。另外，我们还要对社会上那种“诚实会吃亏”的错误论调进行批判，让孩子不要受到这些错误思想的影响。

当孩子出现说谎的情况时，父母一定要严肃对待，不能让孩子养成说谎的习惯。在对待孩子说谎的问题上，父母不要打骂孩子，而要采取批评教育的方式。这样，才能从根源上让孩子改掉说谎的坏毛病。

细节71 劳动有利于建立儿子的责任感

运用“自然教育法”成功培养女儿的美国著名语言学教授斯特娜夫人认为：“要想把孩子的精力引向好的方面，必须尽早开始让孩子对工作、劳动感兴趣。”可见，劳动应该是男孩的“必修课”，它可以使男孩获得能力，让男孩变得有责任感，更能让他用积极的心态面对生活，变得成功、幸福。

哈佛大学曾经对波士顿的400多名男孩进行了跟踪调查，了解他们的生活经历和成长过程。结果显示，不管这些男孩的智力、家境、种族或受教育的程度如何，也不管他们在生活、学习上遇到多少困难和挫折，那些从小参加劳动和工作的人，即使只在家里做一些简单的家务，都要比那些没有劳动经验的人更充实和幸福，也更具有责任感。

因此，父母对儿子力所能及的事不要大包大揽，而是给儿子施展自己能力的机会，让他学着自己的事情自己做，不会的事情学着做，会做的事情经常做，只有这样，儿子才能养成爱劳动的好习惯。

让儿子参与家务，并且鼓励他劳动的积极性

吃完饭，澈澈的妈妈开始收拾碗筷，澈澈想去帮忙："妈妈，我帮你刷碗。"说完就要准备干活儿了。"你去和爸爸玩儿吧，妈妈做就行了，你上次刷碗，就摔坏了一只，地上弄得到处是水，快出去吧！"妈妈说着就把澈澈推出了厨房，澈澈很不高兴地走了。

澈澈的妈妈因为怕麻烦而拒绝了儿子参与家务，实在大大打击了儿子的劳动积极性，三番五次之后，儿子也就不愿再尝试去劳动了。所以妈妈要想培养儿子的劳动能力，就要让他习惯成为家里的小帮手，做一些他力所能及的事，比如拖地、擦桌子、摆座位、倒垃圾，也可以让儿了尝试炒菜、做饭等劳动，逐渐养成爱劳动的好习惯。另外，不要因为怕儿子犯错就阻止他，应该鼓励他的劳动积极性。

妈妈千万不要小看这些琐碎的劳动，它们可以培养儿子的耐心、细心、独立性、责任感以及动手能力。所以，多给儿子一些鼓励，让他参与到家务劳动中来吧！

让儿子明白只有劳动才可以创造生活

高尔基说过一句话："我们世界上最美好的东西，都是由劳动、由人的聪明的手创造出来的。"可以说，正是劳动创造了这个美好的世界。有些有心的妈妈就是通过锻炼儿子的劳动能力，让儿子明白了劳动的意义。

有一位妈妈就是这样做的：

我经常让儿子在放学回来时买一些日用品，而且，回家后我让儿子把所买东西及账目都记到本上。这看似微乎其微的小事，却会让儿子体会到生活的快乐和不容易，同时，儿子的劳动能力、责任感也增强了。

这真是一位明智的妈妈，她有意地让儿子参与、计划家庭事务，时间久了，儿子就会养成一种关心家庭、认真负责的好习惯。而且这个男孩也能学会按计划花钱，养成良好的生活习惯。所以，有意识地让儿了明白只

有劳动才能创造生活，才能大幅度提升他们对家庭、对自己的责任感。

细节72　帮儿子克服找借口、说谎的坏毛病

很多男孩的父母都遇到过这样的情况：儿子在自己面前经常说谎。比如，他不小心碰碎了茶杯，却说是小狗弄的；明明放学后和同学出去踢球了，他却骗你说在校打扫卫生；他想要买一件东西没有钱，却对你说最近班里要收学费……面对这样的男孩，父母非常疑惑，我们的孩子怎么变成动画片里的“匹诺曹”了呢？

男孩说谎的确困扰着许多父母，如果你的儿子刚好在说谎时被你抓到，你千万不要发火，应该表现出惊讶、失望的神情。此外，你还要冷静下来，仔细地分析一下儿子说谎的原因。一般来说，下面的几种理由最为常见。

第一，逃避责任：很多男孩都是因为这个原因说谎的。他们以为如果没有人看见他们做坏事，就可以逃避责任。比如，他们做错了事，却怕毁掉自己在父母心中的好形象，于是才说谎的。

第二，虚荣心强：为了吸引别人的注意力，便喜欢在一些真实的故事中“添油加醋”，可以理解为平时我们所说的“吹牛”。比如，有的男孩常常对别人说自己的爸爸是某某公司的董事长，自己的妈妈是某某集团的一把手等。其实，都是虚荣心在作怪，他希望别人能因为他说的话而尊重自己。

第三，报复性谎言：当男孩对父母心怀不满时，可能会通过说谎的方式向对方示威或挑衅。比如，有的男孩不喜欢父母的管教。当父母问他，作业有没有完成时，他明明已经写完了却故意说没写完，以此来激怒父母。

以上种种说谎理由，男孩的父母要细心地分辨，查明自己的儿子到底

属于哪一种情况。对于说谎的儿子，千万不要对其打骂相加，要记住，父母的职责是教育，而不是惩罚。

发现儿子说谎时，父母首先应原谅他，并且和儿子一起来讨论处理说谎问题的方式、方法，让他明白：不是别人要惩罚他，而是他自己必须对自己的谎言负责。

同时，父母要对儿子表达出自己随时会给他帮助，希望他在遇到困难时学会和家人一起商量。父母只有对儿子敞开心扉，他最终才会将“坦诚”回报给你。

父母要诚实守信，儿子才能改掉说谎的毛病

一位经常说谎的男孩在挨父亲训斥时曾这样顶撞，他说：

“为什么要批评我爱说谎，明明你才是个谎话大王！你难道不记得了吗？这学期期末前，你和我约定过，只要我考试能拿双百，你就带我去游乐园玩儿。可是，我真的考了双百，你却说你工作忙，没时间，最后就没带我去；有一次，张叔叔向你借钱，明明你刚开了工资，你却对他说最近家里经济很紧张；还有一次，有人来电话找你，你却要我跟电话里的人说‘我爸爸出去了，不在家’……为什么你不说你自己，还要反过来说我呢！”

正所谓“近朱者赤，近墨者黑”，父母是孩子的第一任老师，要知道，你的一切言、行无不对孩子起着潜移默化的影响。

有时，父母为了让儿子达到某一个目标，会轻易答应他的要求。因为有父母的承诺，所以孩子会向着父母既定的目标努力前进，最终，孩子达到了父母的要求，而父母却没实现自己当初对孩子的承诺，如此一来，孩子的内心会受到巨大的打击，对父母也会失去最起码的信任，今后，他还会以“说谎”来报复父母或周围的人。

另外，有些父母不太注意自己的言行，在孩子面前经常有说谎的行为。殊不知，男孩的模仿能力非常强，父母的一言一行，他都会看在眼里，记在心里。日子久了，便会对孩子产生潜移默化的影响，渐渐地，男孩就

会模仿父母，学会说谎。

因此，各位男孩的父母应该以身作则，用自己的日常行为为孩子树立诚实的榜样。你想让儿子养成什么样的好习惯，形成什么样的好品格，自己就应该具备这样的习惯与品格。凡事做到一诺千金，才能使孩子改掉说谎的毛病，养成守约、诚信的好品质。

教儿子学会承担责任

日本学者高桥敷在《丑陋的日本人》一书中，曾记述了这样一个故事：

高桥敷曾与一对美国夫妇比邻而居。有一次，这对美国夫妇的小儿子在踢足球时，不小心踢碎了高桥先生家的门玻璃。高桥先生暗想，邻居在当天肯定会出面道歉，然而，那个闯了祸的小朋友以及他的父母在当天根本没有出现。

直到第二天早上，小男孩才出现在高桥家，他在出租车师傅的帮助下，送来了一块全新的门玻璃。他彬彬有礼地对高桥说："叔叔，对不起，昨天我不是故意打碎您家的玻璃的。当时，商店已经关门了，所以我没能及时赔偿。今天，商店一开门，我就去买了，请您收下它，并且原谅我！"高桥先生原谅了这个男孩，还由此喜欢上了他。

俗话说"好汉做事好汉当"，当男孩做错了事时，一定要让他主动去道歉，不要以找借口、说谎等形式推卸自己的责任，而应学会对自己的言行负责。

要想让男孩改掉说谎的毛病，可以通过事实打破他说谎的理由。比如：孩子说自己生病了，不想去上学的时候，父母可以马上带他去医院检查身体；孩子弄坏东西，说是爷爷奶奶弄坏的时候，你拉上孩子及时找到爷爷奶奶问清事实的真相……如此一来，孩子在面临谎言被拆穿的"危险"下，便不会再为任何错误找理由、找借口，甚至随意改变事实真相。

当然，父母有时也要承担责任，这样既能让孩子安心，又是对孩子的示范。

细节73 让儿子对自己的承诺负责

人生活在这个世界上，就必须要和其他人打交道，而打交道的过程中自然会产生承诺，有了承诺就要学着为自己的承诺负责，否则只能成为“空口说白话”或“言而无信”的人。所以我们教会儿子对自己的承诺负责，就是要让他成为一个“言必信，行必果”的光明磊落的人，成为一个恪守信用的男子汉，这样他才能交到真正的知心好友，才能成就一番大事业。

期中考试前一天，张萌觉得复习已经来不及了，于是就想偷懒不复习了。就在他要偷偷溜出门玩儿的时候，被姐姐撞见了。

姐姐说：“你是皮卡丘的弟弟‘皮在痒’啊？这都什么时候了，你竟然还出去玩儿？”

张萌说：“反正再怎么临时抱佛脚，我也会考不及格！”

姐姐说：“你既然已经答应爸妈要好好准备这次的期中考试，就应该尽力去做，不然怎么对得起这么相信你的爸妈呢？”

“好吧！我回去念书！”说完，张萌就惭愧地回房间念书了。

遵守承诺无论是对孩子还是成人来说，都不是一件容易的事情，但是只要一次失信，就很难再获得别人的信任。因此我们都应该养成遵守承诺的习惯。其实，父母应该为儿子遵守承诺作出好榜样，让儿子在潜移默化中感受到遵守承诺的重要性。

另外，父母一定要让儿子明白，即使他的诺言没有什么价值，也不能自食其言，因为“如果你现在不能遵守自己的诺言，那么也就没有资格期待别人兑现诺言”，只有诚实守信，对自己的承诺负责的人才能因此受益无穷。

强化儿子信守承诺的行为

有一位父亲向友人这样讲起了儿子的事情：

暑假的一天，我想带儿子去公园玩儿，可是，儿子却拒绝了。我奇怪地问他："你不是早就想让我带你去公园玩儿的吗？"然后有些生气地接着说："我今天好不容易安排出时间，你这孩子怎么又不去了？"尽管我的语气不好，儿子还是坚定地摇了摇头。

原来，儿子昨天答应了同学，让他来家里一起玩游戏。虽然，他很想和我去公园玩儿，也许，同学可能不会来，但他不能对同学失信。"我约了朋友，"儿子说，"我不能说话不算数。"听了儿子的解释，我向他竖起了大拇指。

强化儿子的诚信行为是培养儿子诚信品质的一种重要的手段。因此在儿子有诚信行为的时候，父母一定要及时给予肯定，这样能够有效强化儿子的诚信度，使诚信变成他的内在品德。

对儿子许诺要慎重

诺言虽然是口头上的"契约"，但是同样需要慎重，尤其是父母对自己儿子许诺前更要慎重考虑，例如该不该对儿子许诺，能不能兑现，这种许诺对儿子来说到底好不好等。如果你对儿子许诺了什么，那就要严格履行自己的诺言，因为孩子是单纯的，但同时也是脆弱的，如果他最信任、最亲密的父母"欺骗"了他，那他内心受到的伤害会很严重，甚至会对父母失望。

因此，作为父母，我们只有恪守承诺，才能在儿子心中建立威信，同时也教育他对谁都不能随便承诺，一旦承诺了就要负责。因为一个人的能力是有限的，而且有些诺言容易实现，而有些很难实现，所以我们要教育儿子在答应别人之前，要慎重考虑自己有没有能力和把握做到，如果不能做到，就不要轻易许诺；即使有把握做到，也要给自己留下余地，不要大包大揽。

让儿子说到做到

一个外国妈妈应邀到中国家庭来做客，她带着一个7岁的儿子。中国家庭的女主人很会做饭，她笑着说："今天我做西餐给你们吃，你们尝尝中国人做的西餐好不好吃。"那个7岁的外国男孩认为中国人做西餐肯定不好吃，所以就说："我不吃了！"后来女主人做好了西餐，把冰激凌端上来的时候，这个外国小男孩欣喜地看着眼前诱人的冰激凌，然后马上对自己的母亲说："妈妈，我要吃冰激凌。"中国妈妈本来就是按份做的，而且刚好没有小男孩的那一份，所以她有些歉意地对小男孩说："你吃我这份吧！"没想到外国小男孩的妈妈说："不，我的儿子已经说过今天不吃冰激凌，所以，他不能吃。"可是小男孩着急了，他委屈地说："不，妈妈，我今天特别想吃冰激凌，并且我一定要吃。"外国妈妈还是不同意，结果小男孩哭闹了起来，但他的妈妈依然不同意。虽然女主人说不介意，并且帮小男孩说话，但是小男孩的妈妈态度很坚决，一点儿缓和的余地都没有。

上述事例中的情况如果换成中国父母来面对，恐怕有很多父母会同意儿子吃，因为这在中国父母看来"并不是什么大事"，但这种做法会导致男孩变得不诚信。因为孩子是在体验中成长的，他经历了这一次，以后就不会乱说了，因为他知道"说话要算话""说出口的话要自己负责"，渐渐地就能加强他的诚信观念，养成诚实的品德。

除此之外，我们还要教育男孩对别人要讲信用、负责任，答应别人的事要兑现；如果自己答应别人的事没有做到，要诚恳地说明理由，并表示歉意。

细节74　培养儿子对家庭的责任感

据相关资料显示，在家庭生活中62%的父母包揽了本应由孩子做的事情，59%的孩子不愿主动帮助父母做那些力所能及的家务活儿，更有73%的孩子甚至根本不知道什么是对家庭的责任感。有位名人曾说过："一个人要是没有热情，他将一事无成，而热情的基点正是责任感。"因此，培养男孩对家庭的责任感意义重大。

大鹏是一个中学生，家里经济条件也不错，养尊处优的大鹏对什么事情都漠不关心，这让他的妈妈很伤心。后来，大鹏的爸爸被派往外地长期出差，临去之前，爸爸把大鹏叫到面前，郑重地对他说："你的妈妈身体不好，我走后就全靠你照顾了！记得提醒你妈妈吃药，每天晚上睡觉前请你关好门,关好窗,关好煤气……拜托你了！"没想到,正是爸爸的"拜托"让大鹏突然有了一种责任感，他郑重地点了点头。

几个月后，爸爸从外地回到家里，妈妈激动地告诉他说："你走后，儿子好像突然长大了，懂事了，对我十分关心和照顾，尽职尽责，每天都按时关好门窗，关好煤气……"

大鹏为什么变了呢？因为他从父亲那里得到了信任。这种信任使他意识到自己的"重要性"，唤醒了他内心深处的家庭责任感。

其实，现在很多家庭里父母都习惯宠着男孩，从来不对他们"委以重任"，久而久之，男孩也就很难用自己的肩膀来承担起家庭责任了。

所以，在日常生活中，父母应有意识地分派给男孩一些力所能及的劳动任务，如打扫卫生、为花草浇水等，而且父母要尽可能地"重用"自己的儿子，要有意识地交给他一些任务，锻炼他独立做事的能力，要敢于把"重担"放在他肩上。当然，如果儿子遇到困难，父母可以在语言上给予他指导，但一定不能代替行动，要让他有机会把事情独立做完。

我们时常会听到有些父母说："我家的儿子太冷漠，不会关心人！"究其原因就是父母对儿子管太多、包办太多，除了学习家里什么事情都不让儿子干，这种做法一方面助长了男孩的懒惰，另一方面淡化了男孩在家庭中的责任感。

那么我们怎样把儿子培养成富有家庭责任感的强者呢？下面这些教育方法不妨尝试一下：

让儿子多参与家庭生活

有一对夫妻是这样培养儿子的家庭责任感的：

妈妈做好了晚饭，但是没有儿子爱吃的红烧鱼，所以儿子很不高兴，任你怎么劝说，他就是不动筷子，急得妈妈浑身冒汗却束手无策。爸爸倒不慌不忙，慢条斯理地问道："儿子，你知道市场上鱼卖多少钱一斤吗？"儿子摇摇头。爸爸又问："儿子，你知道爸爸妈妈一个月的工资是多少吗？"儿子又摇了摇头。

这时，爸爸就拿过来一张纸，开始认真地跟儿子算起了经济账。小男孩是小学三年级的学生，数学还算学得不错。爸爸先是告诉了儿子全家的总收入，然后又告诉了儿子每月的支出：水电费、煤气费、食宿费、交通费、生活用品费等；另外，还有每月给老人的零花钱，给家人买衣服的钱，给儿子上大学存的钱等。扣除这些开支，每个月只剩下500元，如果再加上看病的钱，可以说每个月是收支平衡。算完之后，爸爸对儿子说："你看，如果每天都吃鱼吃肉，不计划着家里的花销，我们家负担得起吗？"听完这些，儿子的脸晴朗了许多，开始慢慢地吃了起来。

这件事情并没有就此结束，吃完饭后，爸爸和妈妈商量，决定让儿子"当家做主"一下，并且给了儿子20元的生活费，让他负责去买菜，不过前提是妈妈要陪着他去买菜。于是，儿子跟着妈妈去了菜市场，但是还没有买几样菜，钱就不够用了，他们只好打道回府。回到家之后，儿子低着头想了很久，从那之后他变得懂事了许多。

其实，培养男孩的责任心应该遵循这样一个规律：从自己到他人，从家庭到学校，从小事到大事，从具体到抽象。当一个男孩学会了对自己负责，对家庭负责，对他人负责，那么他也会慢慢学会对社会负责。一个具有家庭责任感和社会责任感的男人，即使他没有多么令人称羡的丰功伟业，也一定会成为家庭的顶梁柱、社会的有用之人。

因此，作为一名家庭成员的男孩，他在家里既应该享受其权利，自然也应该承担相应的家庭责任，所以我们应该多让儿子参与家庭生活，培养他对家庭的责任感。

巧用“示弱”培育儿子的责任心

有一位妈妈这样谈起自己的教子经验：

儿子小雷出门从来不用我费心。过马路时我也从来不像别的妈妈一样冲着儿子大喊：“慢点儿，看车！”有时，反倒是儿子像小大人一样拉着我的手说：“妈妈，我领着你。”每次我带小雷去逛超市时，小雷都会为我拿购物篮，出来时还会帮我拎东西。

看着儿子小小年纪就这样有责任感，邻居们就问我：“你是怎样教育孩子的呢？”这时，我就会很自豪地说：“我总在儿子面前‘示弱’。每次出门的时候，我会告诉他：‘妈妈是个路痴，你回来时要给妈妈带路呀。’去商场购物时，我会对他说：‘妈妈力气很小，拿不动了。’儿子就会主动过来帮忙。每次回到家后，我都会向他的爸爸大大夸奖他一番：‘咱们家小雷表现真不错，现在都是大男子汉了。’现在我们母子俩在一起，他就像一个小绅士一样照顾我。”

要培养儿子的责任心，父母不妨像小雷妈妈一样偶尔在孩子面前“示弱”。“示弱”，从日常生活的点滴小事开始，给儿子更多自己动手的机会，让他通过自己的劳动，直接看到负责的行为所得到的回报，长久坚持下去，

第11章

宽容豁达，让儿子的人生舞台更宽广

两个男孩遇到了上帝。上帝说："我这儿有两件礼物要送给你们，一件是很多的金子，一件是宽容豁达的好性格，你们挑选吧。"

一个男孩迫不及待地挑选了金子，另外一个男孩则挑选了宽容豁达的性格。上帝非常赞赏地看着那个挑选了宽容的男孩。问道："天下大部分人都喜欢金子，你为什么要挑选宽容呢？"

这个男孩说："金钱虽然可以解决眼前的危机，但它总有用完的那天。可是宽容可以让人受益终生，宽容才会让我有幸福的人生。"

上帝笑了笑说："你是个聪明的孩子，你在选中宽容的同时，已经得到了别人的目光和关注。而且，宽容能够跟你一辈子，而金钱却不行。"

细节75 将宽容植入儿子的心灵

在人生中，宽容是一种伟大的力量，它能够把敌人变成朋友，让朋友更加亲密。莎士比亚曾说过："宽容就像天上的细雨滋润着大地。它赐福于宽容的人，也赐福于被宽容的人。"一个懂得宽容别人的人不但能得到他人的尊重与理解，更能建立良好的人际关系。所以对于一个男孩来说，宽容是必不可少的品德。

清朝著名宰相张英的老家在安徽桐城。他的邻居是一户吴姓人家，一次两家因改造房屋争地皮的事发生了激烈的矛盾。张英家人写信给张英，让他以官威干预。张英看过信后,回给家人一首诗。诗的内容是这样的:"千里家书只为墙，再让三尺又何妨？万里长城今犹在，不见当年秦始皇。"张英家人见诗明理，便将墙让出三尺。吴家见此情景，出于羞愧也将墙让出三尺，两家又重修旧好。

张吴两家各退三尺，就有了今天桐城有名的"六尺巷"。宰相张英宽广的胸襟一直受到人们的赞扬。

每位父母都希望自己的儿子能够成为一个胸怀宽广的人，那么怎样才能让他们拥有宽广的胸怀呢？答案其实很简单，那就是让儿子学会宽容和理解，等他们学会了宽容和理解别人，就不会再为一些鸡毛蒜皮的小事而斤斤计较，更不会因为别人的一时冒犯而睚眦必报了。

正如莎士比亚所说的那样，一个懂得宽容的人在宽容别人的同时，也会得到他人的理解和尊敬，甚至和敌人也能成为朋友。这样的人，无论是在学习还是在工作上，大家都愿意和他合作，从而让他更容易取得成绩和进步。相反，那些小肚鸡肠的人，他在计较别人的同时，也会树立更多的敌人，人际关系也会受到很大的影响。

一个人的宽容之心不是天生的，和后天培养有着更为直接的关系，所以，父母从小就要让儿子学会宽容。

父母要摆正教育观念

有些父母怕儿子吃亏，就经常告诉他："别人要是打你你就打他，他打你一下你就打他两下。"因为有了家长的错误引导，孩子自然不懂得宽容别人，甚至还会变得记仇、睚眦必报。在教育孩子方面，我们一定要摆正教育观念，我们的目标是把孩子培养成一个宽容、谦逊、有礼貌、有修养的人，而不是在培养"小霸王"。所以，我们应该让孩子学会宽容，而不是让他变得小气、斤斤计较。

另外，值得父母注意的是，自己应该为儿子树立一个良好的榜样，在为人处世上宽容理解别人，这样，儿子才会在潜移默化中学会宽容和理解，成为一个大度的人。

给儿子上一堂"宽容课"

孩子年龄小，在情绪方面有时不能很好地控制自己，所以很难去宽容别人。作为父母，我们应该在恰当的时候给他上一堂"宽容课"，让他明白宽容的重要性，并且学着去宽容别人。

一位爸爸曾经讲述了这样的教子经验：

在儿子的班上，有一个叫李扬的男生，仗着自己力气大，常常欺负其他的同学，我儿子也被他欺负过。有一天下起了大雨，儿子没有带雨伞，我便开车去接他。那天李扬也没有带雨伞，看着窗外哗哗的大雨，非常发愁。我对李扬说："外面雨下得太大了，让叔叔开车送你回家吧。"当时儿子特别不愿意，不住地给我使眼色。我装作没看见，让李扬上了车，把他送回了家。当时李扬非常感动，一个劲儿地邀请我和儿子到他家坐坐。回到家后，我对儿子说："李扬欺负同学是不对，不过不要因为他有缺点就讨厌他，而是应该多和他友好地交往，并且帮助他改正缺点和不足。"事后，李扬再也没有欺负过儿子，还主动和儿子交上了朋友，而儿子在这件事中也认识到了宽容的重要意义。

让儿子学会换位思考

要想让儿子学会宽容别人，就要让他懂得换位思考。这样，他才会设身处地地为别人着想，从而去宽容和理解别人。

以下是一位妈妈的教子经验：

我9岁的儿子是个喜欢看书的小男孩。有一次我给他买了一本《伊索寓言》，他把书带到了学校，一下课马上翻看起来。不巧，他同桌不小心把水杯弄翻了，那本书上溅到了不少水。当时我儿子心疼坏了，不仅让同桌赔他一本新书，还把这件事告诉了老师，使得他同桌被老师批评了一顿。当儿子跟我诉说这件事的时候，我对他说："妈妈知道你非常心疼那本书，但是谁都有不小心犯错的时候，如果你喝水时不小心把同桌的书弄脏了，你的同桌不仅让你赔书，还把这件事告诉老师让老师批评你，你会舒服吗？"儿子想了想说："我可能会很难受的。"我接着说："所以，我们应该站在别人的角度替他想一想，并且要学着宽容和理解别人。"这件事给儿子留下了很深刻的印象，慢慢地，儿子学会了换位思考，也懂得宽容和理解他人了。

细节76　让儿子懂得宽恕别人是种美德

宽恕别人对孩子来说是一种非常珍贵的感情，它让孩子在原谅别人过错的过程中，收获很多的东西，让自己的心胸变得宽广。宽恕别人对于男孩个性的健康发展，尤其是情感的健康发展，以及对于男孩良好人际关系的建立有着非常重要的意义。

小斌从小就是一个篮球迷，爸爸妈妈也特别支持他打篮球，还经常给他买一些篮球方面的书籍，允许他学习结束之后看体育节目，爸爸更在他生日的时候送给他一个篮球作为生日礼物。但是有一天，小斌气呼呼地从学校回到家里，手里是一个被扎扁的篮球，它正是爸爸送给他的生日礼物。他恼怒地对爸爸说："张强实在太讨厌了，竟然把我的篮球弄坏了，看我明天不把他的自行车扎破。"等到儿子心情平静一点儿之后，爸爸说："无论张强是不是故意弄坏你的篮球，你都不应该为此报复别人，这样不但让你失去一个朋友，而且会让大家认为你很小气，更何况篮球也无法复原。所以为什么不宽恕朋友的过错呢，他可能不是有意的。"小斌想了想说："爸爸，我刚才只是一时太生气了，其实篮球坏了我也有责任的！""我就知道，我的儿子是一个善良、有度量的男子汉！""那是当然了！"很快小斌的脸上又出现了笑容。

其实，富有宽容之心的男孩往往心地善良，惹人喜爱，而且很容易为自己聚拢人气，而那些缺乏宽容之心的男孩往往易走极端，不能很好地处理人际关系。因此，我们应该让儿子明白，宽恕别人不但是一种美德，更是巩固自己人气的最佳方式。

父母要做儿子学会宽容的好榜样

宽恕的种子往往需要父母用心去播种，只有宽容的父母才能培育出宽容的孩子。男孩最初是从父母那里学习待人接物的方式的。父母大度宽容，遇事不斤斤计较，与邻里、同事关系融洽，孩子也会学着父母的样子处理同学之间的关系，也会变得友善宽容、乐于助人。

一天，一位年轻的妈妈带着儿子到度假村去玩儿，那天去游玩的孩子较多，工作人员一时疏忽，将她的儿子留在了广场上。等工作人员找到孩子时，小男孩因为一个人在空旷的广场待着受到惊吓，哭得非常伤心。不久，小男孩的妈妈来了，看见了自己哭得惨兮兮的儿子，以及一位满脸歉意的工作人员在安慰他。这位妈妈蹲下来安慰自己的儿子，并且很理性地告诉他："已经没事了，那个叔叔因为找不到你而非常紧张，并且十分难过，他不是故意的。现在，你应该亲亲那个叔叔的脸，安慰他一下。”她的孩子踮起脚尖，轻轻地亲吻了一下蹲在他身旁的工作人员的脸，并告诉他：“叔叔，不要担心，我已经没事了。”

父母是孩子学会宽容的好榜样。因此要培养善良、宽容的儿子，父母必须以身作则，为儿子做好的表率，同时抓住教育机会善加引导，使儿子具有良好的心态和应对各种环境的能力，使他拥有快乐的人生。

当然，男孩在交往过程中经常会遇到各种各样的矛盾和冲突。对男孩来讲，这能促使他慢慢地了解“自我”与“他人”的关系，并且了解到蛮横无理和任性霸道在社会上是行不通的，渐渐地他便能从中学会与人相处，以及妥善处理问题的方法。

鼓励儿子多和同伴交往

集体交往活动是培养男孩宽容之心的最佳方式。男孩只有学会怎样与人交往，才会发现每个人都有各自的优缺点，都会犯或大或小的错误，而只有学会宽恕和容忍别人的缺点与错误，才能与他人友好相处，正常交往。同时，鼓励男孩多和同伴交往，可以让他通过与他人的交往，体会宽容带来的快乐，例如称赞他人的优点、祝贺同伴的成功、帮助有困难的同学、采纳别人的合理建议等。这些都能使男孩得到友谊，分享他人的成功，并使自己获得进步。

在儿子与同伴交往的过程中，父母要特别注意引导儿子不忌妒比自己强的同伴，不故意为难自己的竞争对手和不嘲弄比自己“差”的同伴。与此同时，也要让儿子向优秀的同伴学习，学会与竞争对手合作，并帮助比自己“差”的同伴。

宽恕别人是一种美德，更是一种为人处世的智慧，如果父母教会儿子宽容，那么他就掌握了跟别人交往的智慧，就会拥有较好的人际关系，更懂得如何快乐地生活。

细节77　教儿子学会换位思考

换位思考是人对人的一种心理体验过程。将心比心，设身处地，是达成理解不可缺少的心理机制。它客观上要求我们将自己的内心世界，如情感体验、思维方式等与对方联系起来，站在对方的立场上体验和思考问题，从而与对方在情感上得到沟通，为增进理解奠定基础。它既是一种理解，也是一种关爱。

老师很喜欢张峰，因为他聪明、勤奋、懂事。作为组长，每次上课前他总是早早来到实验室，主动摆放实验用品，课后，他还会主动留下来整理实验室。上课时，他也像个“小大人”一样，组织同学认真听课，做实验。但是，有一天，张峰却面红耳赤地指责一个平时很调皮的同学偷了砝码。那个同学看到老师委屈地哭着说：“老师，我没偷砝码，他冤枉我！”但张峰却坚持是他偷了。老师建议张峰再仔细找找，虽然心里郁闷，但张峰还是找了，并且在盒子里找到了丢失的砝码。老师试探着问他：“你回去后打算怎么做？”他脸一仰：“告诉他找到了，这次算我看错了！”这时，老师对他说：“这样的态度好吗？你能不能试着站在对方的角度考虑一下问题，假如刚才发生的事情把你们的角色对调一下，你会怎样？”张峰锁住眉头，想了好一会儿说：“我知道了，老师，我刚才不对，我太武断了，如果换了我是他，我会难过好久，而且，会觉得在同学面前很没面子。被人冤枉的滋味不好受，我一定找个合适的机会向他道歉并给他澄清。以后，我处理事情不会这么武断了。”老师高兴地拍了拍他的肩，说：“孩子，你能这样想我很高兴，希望你能记住今天的事，尽量在事情发生后多站在对方角度考虑问题，学会换位思考，这对你今后很重要。今天，你的出发点是好的，你怕给学校带来损失，但是，你做事要考虑周到、仔细，找一个更好的方式去处理问题就更好了。”

当双方产生矛盾时，如果双方都能够站在对方的角度思考问题，思考对方为何会如此行事、如此说话，就能够理解对方，从而减少很多不必要的矛盾。许多孩子只习惯于从自己的角度思考问题，而不习惯站在别人的角度思考问题，而要消除这种现象的办法就是“心理换位”。

站在父母的角度上思考，就会理解父母的良苦用心；站在爷爷奶奶的角度上思考，就会理解老人的那份关爱和唠叨；站在老师的角度上思考，就会理解老师的艰辛；站在同学的角度上思考，就会觉得大多数同学是可爱、可亲、可交的。所以，教男孩学会心理换位是非常必要的。

给儿子营造换位思考的环境

家庭中，有些父母不会换位思考，就会深深影响到孩子。所以，我们要学会换位思考，给儿子营造换位思考的家庭环境，从而让儿子从中得到启发和感染。

一天，安安的妈妈下班回来后非常生气地说：“这个小刘真是岂有此理！今天公司查账，发现了一个问题，原来她把前面的一个数据弄错了。害得我后面也跟着错了，结果我们两个一起受到了单位的通报处罚，罚了我一个月的奖金呢！”

安安虽然听不明白，但是从妈妈的表情上，他知道妈妈受了委屈，不禁也暗暗怨起了妈妈口中的小刘，还小声嘟哝：“我再也不到刘阿姨家玩了，她害我妈妈生气。”

爸爸看到这种情况，坐在妈妈的身边说：“你先消消气，小刘罚了多少？”

“两个月的奖金。”

“看来小刘比你惨多了。小刘比你工作时间短吧？”

“是啊，她来单位才半年，我干了都三年多了。”

“那你是她的老师，是领导喽！”

“对，我一直带着她干。”妈妈此时脸上才露出了一点儿得意之色。

“那么小刘犯一点儿错误也是应该理解的，谁不会犯错呢？况且她损失了两个月的奖金，心里更不好受。你作为她的领导应该替她想想，虽然主要责任在她，但你这个领导也是监督不力啊。”爸爸小心地说。

妈妈沉默了一会儿说：“也对呀。下班的时候，我看小刘都哭了，我得给她打个电话。”

在电话里，妈妈安慰了小刘很长时间。放下电话，妈妈高兴了很多。

这些安安都看在了眼里，还关心地问妈妈：“妈妈，刘阿姨还伤心吗？”

由此可见，父母的一言一行都会被孩子看在眼里，并跟着模仿，父母的换位思考也会被孩子模仿。所以，父母一定要给儿子营造一个换位思考的环境，让换位思考潜移默化地根植在儿子的心中。

教儿子体验别人的感受

平山从小跟着爷爷奶奶长大，渐渐养成了骄横、任性、自私的个性。爸爸把平山接来和自己一起住时发现了他的这些缺点。

一天，平山打扮得非常帅气，打算和爸爸妈妈到游乐场去玩儿。正要走的时候，邻居家的小妹妹闯了进来，要和平山玩儿，还没经过平山的同意就拿起沙发上的玩具摆弄起来。平山非常反感，迫不及待地夺过玩具，把小妹妹推出家门说：“你快走吧，我和爸爸妈妈就要去游乐场了！”惹得小妹妹的眼泪一下子掉了下来，委屈地回家了。

在去游乐场的路上，爸爸问平山：“儿子啊，如果你去小妹妹家找她玩儿，她不仅不让你玩她的玩具，还要把你赶走，你会高兴吗？”“当然不高兴！”

“如果小妹妹说，早点儿去游乐场，早点儿回来，等回来后再跟你一起玩儿，你会怎么说？”“我会说‘你一定要早些回来哦’。”

“那你再想想，刚才你把小妹妹推了出去，做得对吗？”

“不对。如果我告诉她我会早点儿回来，下午再和她玩儿，她就不会哭了。”平山懊恼地说。“那我们就早点儿回来，你再去找小妹妹，和她一起玩儿，好不好？”

“好啊，我还会跟她道歉呢。”平山认真地说。

在以后的生活中，爸爸总是这样教育平山，让他体验一下别人的感受。平山也渐渐变成了一个大方、受人欢迎的孩子。

孩子是最单纯善良的，当他知道自己的一句话、一个举动伤害了别人，给别人带来烦恼的时候，他的心里也会不好受。所以我们要做的就是，让儿子充分体验到别人的不快乐，让他知道自己的言行给别人带来了怎样的伤害。这样儿子才能学会换位思考，从而懂得体谅别人、尊重别人，当然，同时也就得到了别人的尊重。

细节78　让儿子拥有一颗感恩的心

现在在很多家庭中，父母的溺爱导致家中的“小皇帝”觉得别人的关怀是理所应当的，不懂得感恩，只知道一味地索取。

感恩之心不是与生俱来的，它需要靠后天的培养和教育才能获得，其中家庭教育就发挥着极为重要的作用。现在很多男孩过着衣来伸手、饭来张口的日子，父母对他的要求更是百依百顺，生怕让儿子受到一点儿委屈。在这样的环境中长大的儿子从不会考虑到父母让他这么舒服地生活要付出多大的辛苦和努力，反而在自己愿望不能被满足时，做出一些过分的事。

长期以来，许多父母在教育儿子上显得过于“伟大”“无私”，这种教育方式难免让儿子变成霸道的“小皇帝”，自私自利而不懂得感恩。一个不懂得感恩的儿子就不懂得去回报父母、回报社会、回报对他有恩的人，这样的男孩很难取得大的成就。因此，千万不能忽视对儿子的感恩教育。

让儿子先学会付出

英国小说家萨克雷曾说过："生活是一面镜子，你对它笑，它也会对你笑；你对它哭，它自然也对你哭。"父母要教导儿子先学会付出，只有付出才能获得回报。而当一个男孩充分体会到父母那种"施恩不图报"的心情时，他便能深刻理解"感恩"二字的意义，并会以一颗真诚的心感激父母的养育之恩。

让儿子多了解一些感恩故事

一位母亲谈到了这样的教子经验：

我对儿子一直爱护有加，但前几天的一件事，让我感到十分心酸。我生病发烧躺在床上休息，儿子放学回家后，不但没有关心我，反而抱怨我没为他做饭吃。当然，出现这种状况，不能全怪儿子，很大的原因在我和孩子爸爸身上。为了让儿子学会"爱"人，我周末硬拉着儿子看了电影《妈妈再爱我一次》。刚开始，儿子对影片并不感兴趣，但慢慢地他被里面的情节感动了，眼睛里还闪烁着泪光。

从那以后，我经常带儿子去看一些关于"爱"的影视剧，儿子对我和他爸爸的态度也转变了很多，不但学会了关心我们，还学会了友好地对待别人。

面对一些缺乏感恩之心的儿子，父母可以在生活中讲一些与感恩相关的故事，或观看一些相关的影片、电视节目等，让儿子从中反思自己的行为。

细节79 为儿子播下“爱心”的种子

“爱”一直是人类永恒的话题，一个有爱的男孩会更加珍惜生命、珍惜一切美好的事物。但如今很多男孩，只懂得自己享受生活，不懂得同情怜悯别人。

这些男孩为什么会变得没有“爱心”呢？是他们天性就如此吗？当然不是，一位儿童心理学家曾通过研究表明：同情和善良是孩子的天性。比如：两三岁的孩子，如果看到别的小朋友哭泣，他就会拿自己喜欢的东西去安慰别人；当孩子到了五六岁，他开始有了认知反应能力，此时他知道应该怎样去安慰自己哭泣的伙伴……这些都是孩子爱心的表现。

父母要想让孩子爱的天性保持下去，应在生活中正确地引导和教育他，让他成为一个“爱心传播者”。

当代著名的社会生物学家威尔逊，曾偶然发现这样一个有趣的现象：

一只雌性的成年斑鸠在看到食肉动物靠近它的孩子时，便会假装受伤，然后一瘸一拐地逃出穴窝，就好像它的翅膀折断了似的。这时，那些食肉动物就会放弃攻击小斑鸠转而攻击成年斑鸠，希望能够快速捕食这只“受伤”的猎物。而一旦这只成年斑鸠把敌人引到一个远离穴窝的地方时，它就会马上振翅飞走，自然成功逃脱了对方的捕食。

当然，成年斑鸠并不是每一次都能逃脱对方的追击，有时它也会付出生命的代价，但是它用这种富有爱心的举动来保护幼儿，使它们能够活到成年，繁殖后代。斑鸠的这种行为就这样一代代地延续着。

母亲关爱孩子，孩子长大后关爱自己的孩子，可见爱心是一种后天强化的行为，只要你为孩子做好榜样，他就会模仿你。那么父母应该通过哪些方法有意识地对自己的儿子进行爱心教育呢？

给儿子做好关心他人的榜样

人们常说："榜样的力量是无穷的。"因此，要想让儿子富有爱心，父母必须从自身做起，言传身教，给儿子提供学习的榜样。

有这样一位妈妈，她深深懂得父母的言行在孩子成长过程中所起到的重要作用。所以，她总是以身作则，并以此去引导自己的儿子。首先她非常孝顺长辈，例如在家里，总是给长辈倒茶、盛饭、嘘寒问暖；逢年过节记得给长辈买东西、送礼物，而她在做这些的时候，总是会让自己的儿子知道，而且很多时候她也会询问自己的儿子应该给长辈们买什么样的礼物，让孩子参与到给长辈"关爱"的过程中来。每逢单位组织旅游或搞活动，如果准许带家属，这位妈妈总是带上儿子、丈夫和双方的父母，让儿子与父母们开阔眼界。更为重要的是，这可以让儿子从中体会到自己的父母对家人的关心。在关爱孩子方面，她总是体贴、温和地和自己的儿子对话，还常常与儿子进行情感的交流和沟通，并及时给予儿子适当的鼓励、表扬和肯定，让儿子能直接感受到母亲对自己的爱。为了给儿子创造一个温馨、爱意浓浓的家庭环境，这位妈妈从来不在儿子的面前和丈夫争吵，而是与丈夫互相关心、爱护，吃饭的时候，总是微笑着给丈夫夹菜；每次出差，在给儿子买礼物的同时，总不忘给丈夫也买一份；而且在吃东西的时候，她总会提醒自己的儿子记得给爸爸或其他家人留一份。生活中，她还注意使用爱的语言，比如"别着急，我来帮你！""老公，你今天太累了，这些事情我来做吧。""谢谢你为我所做的一切！"这样，儿子在妈妈的引导下，渐渐也学会了怎样去爱别人。

培养儿子的爱心从移情训练开始

所谓移情训练就是设身处地地站在他人的位置上，从对方的角度去体验他的情感，主要训练方式包括：故事、情景表演及日常交谈等。而培养儿子的移情能力，其中最重要的作用就是让他学会体察他人情绪，理解他人情感，进而分享他人的情绪情感并做出一些关爱行为。因此，父母要培养一个有爱心的儿子可以从训练他的移情能力开始。

8岁的贝贝从小就非常有爱心，从他一两岁的时候就锻炼他的移情能力，经常鼓励他去帮助别人，例如看到其他小朋友哭了，就会对他说："贝贝，你看那个小妹妹摔疼了，她一定很伤心，你用自己的玩具哄哄她。"

有一天，贝贝跟妈妈一起上街去买东西。在过马路的时候，贝贝看见一位行动不便的老奶奶，他看了看妈妈，妈妈正用鼓励的眼神望着他。于是，贝贝主动走上前去，扶着老奶奶过了马路。走到马路对面后，老奶奶十分感谢贝贝，夸他是个有爱心的好孩子。这时，走在后面的妈妈对贝贝说："贝贝，你注意了没有？旁边的阿姨都微笑地看着你，后边的叔叔向你投来赞许的目光呢！"贝贝朝旁边一看，果然，好多叔叔阿姨都微笑地看着他。小贝贝高兴地回答道："老奶奶过马路时会很困难，我们每个人都应该帮助老奶奶过马路，是吧，妈妈？"妈妈微笑地点点头。

可见，从小的移情训练已经使贝贝对他人产生了同情心，而同情心正是爱心的来源。

在日常生活中培养儿子的爱心

生活中，有些父母会给孩子进行一些特殊教育，灌输给孩子一些社会上尔虞我诈、钩心斗角的负面信息，目的是告诫孩子要保护自己。虽然父母的本意是好的，但要把握好尺度。如果长期在过分偏激的负面教育中成长，儿子容易形成消极的人生态度，变得冷漠、自私。因此，父母要以积极的态度培养儿子的爱心，特别是在日常生活的细节中更是如此。例如在公共汽车上对孩子说："你看，那位抱着小弟弟的阿姨多累啊，我们把座让给她吧。"还可以带上孩子去做慈善捐款，为他人献上一份爱心。

孩子的爱心像一朵含苞待放的花，你在乎它，它就会持久绽放；你忽视它，它就会慢慢枯萎。如果你想让自己的儿子充满爱心，就要在生活中小心地呵护和培养。

第12章

好人缘，让儿子广交天下朋友

有个人在梦中来到一间二层楼的屋子。在第一层发现一张很长的大桌子，桌旁坐满了人。桌子上摆满了丰盛的食物，可是坐在桌旁的人都吃不到，因为大家的手臂受到魔法师诅咒，全都变成直的，手肘不能弯曲，没办法把食物夹到嘴里，每个人都愁眉苦脸。但是他听到二层却充满了欢愉的笑声。他很好奇，于是走上楼。同样的桌子，同样手肘不能弯曲的一群人，但是大家却吃得很开心。原来桌子对面的人互相帮助夹食物给对方吃，结果大家吃得很尽兴。

没有一个人可以不依靠别人而独立生活，只要你先主动伸出友谊的手，就会发现原来四周有这么多的朋友。

细节80 让儿子学会尊重、善待他人

生活中，我们常会看到这样的现象：不少男孩喜欢叫别人的绰号，看到别人倒霉会幸灾乐祸。男孩这样做，有时是因为想看热闹、好奇，有时是想开个玩笑，有时则只是盲目地跟着别的孩子做。他们并没有意识到这样做是不尊重别人，有时会伤害别人的心灵。当出现这种情况时，我们先要平静地与孩子谈谈，然后有针对性地指出他这样做的坏处，要让孩子设身处地体会到不受别人尊重时的感觉。

只有被尊重的人才会尊重别人，只有被善待的人才会善待别人，尊重他人也就是尊重自己，善待别人也就是善待自己。因此，父母要从小培养儿子尊重、善待他人的好品德。

一个男孩和父亲排队买票看马戏。排在他们前面的是一家7口，5个孩子手牵手跟在父母身后。他们叽叽喳喳谈论着马戏场里的小丑、大象。今晚必定是这些孩子最快乐的时刻。他们的父亲神气地站在最前端。售票女郎问他要多少张票，并说出了价格。这位父亲的嘴唇发抖了，显然钱不够，但他又怎能告诉那5个兴致勃勃的小孩，他没有足够的钱带他们看马戏?

男孩的父亲目睹了这一切，他悄悄地把手伸进口袋，把一张10元的钞票拉出来，让它掉在地上，又蹲下来，拾起钞票，拍着那位父亲的肩膀说："对不起，先生，这是从您的口袋里掉下来的！"

5个孩子的父亲当然知道原因。他深深感激有人在他绝望时帮了忙，他双手握住男孩父亲的手激动地说："谢谢您！先生，这对我全家意义重大。"

父子俩就这样花掉了身上仅有的10元钱。那晚，他们并没有进去看马戏，也没有钱看马戏，却收获了极大的快乐。

故事中，5个孩子的父亲固然需要钱去买票，而他更需要得到尊重，

他不能在 5 个孩子面前丢脸。男孩的父亲深知这一点，以极其巧妙的方式帮那位父亲摆脱了尴尬。

尊重、善待他人是一种健康的人生态度，是现代社会里最重要的人格品质。一个具有自我尊严感的男孩，应当会尊重、善待他人。不尊重、不善待他人，实际上就是不尊重自己，也不能得到他人的尊重。

让儿子学会欣赏和关爱他人

一位教育专家曾经谈到一个奇怪的现象：

有一次中外孩子一起测验，测验后的分数让孩子分别拿回家给各自的父母看，结果中国的父母看了孩子的成绩后，有 80% 表示不满意，而外国的父母则有 80% 表示满意。而实际成绩是外国孩子的成绩还不如中国孩子。

这说明了一个什么问题呢？这说明很多中国的父母习惯用挑剔的眼光来看待孩子，看待别人和世界；而很多外国的父母习惯用欣赏的眼光来看待孩子，看待别人和世界。因此，父母应该用欣赏的眼光去看待自己的孩子，并教会他要发现别人的长处，并懂得真诚赞赏他人。

另外，善待他人最重要的一点就是学会关爱他人，我们要让儿子懂得怎样去爱长辈，爱同学，爱老师，这也是教育的一项重要内容。

让儿子学会用尊重的语气说话

奇奇是一个很不注意说话的小男孩，平时妈妈带着他出去的时候，他看到自己不喜欢的人，总是说：“妈妈，这个人长得真难看！”“妈妈，你看这个人真笨！”有时，他也会口无遮拦地骂自己的家人和小朋友，虽然妈妈因为他说“脏话”打了他几次，但是依然没有改掉奇奇的这个坏毛病。

可能很多父母以为，孩子自我表达意识强是一种值得鼓励的行为，便允许孩子用大哭大闹或者口无遮拦的语言来发泄情绪。其实，多数孩子在顶撞了父母后会感到愧疚甚至害怕，如果父母对孩子的无理行为无动于衷，渐渐地孩子就不再关心自己的行为是否影响到了别人。

因此，我们应该明确地向儿子表达“应尊重他人”的想法，要跟儿子说“我不喜欢你用语言去伤害别人”或“应为你说过的伤人的话道歉”等。

细节81　朋友是儿子宝贵的财富

朋友对于处在成长阶段的男孩来说，是必不可少的。与品德高尚、行为良好的朋友一起玩儿，可以熏陶男孩的人格，让男孩朝着好的方向发展；而与品德低劣、行为不端的朋友混在一起，则可能会让男孩走上邪路。所谓“近朱者赤，近墨者黑”说的就是这个道理。对于年龄尚小的男孩来说，朋友的多寡与好坏，会影响他们的一生，因此，父母必须要认真对待这件事情，争取让孩子做到广交友，慎交友，交好友。

但在现实生活中，一些父母对自己的儿子百般呵护，为了避免儿子在人际交往中受到伤害，父母常常限制他交朋友，甚至还认为孩子有没有朋友并不重要。这种想法是非常错误的。男孩需要朋友，需要友情，尤其是对于处于青春期的男孩来说，他们渴望与人交流和倾诉，需要在与同龄人玩耍的过程中体验生活，若此时父母因怕孩子接触到不良少年而限制其交友，则很容易伤害孩子的情感，导致他在今后的交际中出现一些障碍，如：冷漠、自闭、疑心重、孤僻、多愁善感等，这对孩子的健康成长与今后的生活能力的发展都是很不利的。

父母需要在儿子交友的过程中对儿子进行指导，但这并不意味着儿子要完全按照父母的意愿来选择自己的朋友，父母也需要尊重儿子的意愿。因为男孩生性好强，如果父母直接插手他的朋友圈子，会让他觉得父母不尊重他，慢慢地产生抵触心理，到那时，父母就很难和孩子进行沟通了。

根据儿子的性格，为他寻找合适的朋友

不少性格内向的男孩总是喜欢闷在家里，此时，父母就应该对他们进行积极的引导，让他们清楚地认识到：多认识些朋友，多和朋友们一起玩耍，生活才会充满欢乐，才会更加轻松和充实。

13岁的晓明内向，不爱和别人说话，所以在生活中他没有什么朋友。一到假期，别的孩子都出去和伙伴玩耍，晓明总一个人闷在家里。妈妈见到这种状况，觉得很有必要为晓明找一个好朋友。于是就经常为晓明安排一些课外活动，并把朋友家一个比较活泼、好动的男孩阿凯请到家里和晓明玩耍。一开始，晓明并不愿意和阿凯玩儿，这时，妈妈就会鼓励晓明说："晓明，阿凯是客人，你作为主人一定要尽到地主之谊，让阿凯感受到你是个非常热情的孩子，妈妈相信你一定能做到。"就这样，晓明迈出了第一步，主动走到阿凯身边和他说起话来。很快，晓明和阿凯就成了朋友。渐渐地，晓明开朗了很多，在去课外活动班的时候，也能主动和其他的伙伴说话、交流了。

父母要根据儿子的性格为儿子寻找合适的朋友。对于男孩来说，朋友可以引导他们做很多事情。与安静的朋友在一起，能够让他们变得安静；与活泼的朋友在一起，则能调动他们的积极性，让他们也变得开朗；与爱读书的朋友在一起，则能唤起他们的读书意识。

为了让自己的儿子结交到更多的好朋友，可以尝试着让他参加一些社会活动，这样会让他接触到不同学校的孩子，为他提供广泛的交友条件。

培养儿子广泛的兴趣，增强他交友的信心

有些父母会说："我不限制交友，但我儿子一直没有找到自己的好朋友。"这是因为男孩有时不善于表达自己的情感，交往能力有限。当出现这种情况时，父母就要为孩子的交友牵线搭桥。

父母也可以从培养儿子的兴趣入手，按照他的兴趣帮他报一些课外活动班，如吉他班、书法班等。这样，就能帮他制造与人相处、结交朋友的机会，还能充分利用孩子的业余时间，让他学到更多的知识，避免他因为无所事事而结交一些社会上的不良少年。

细节82　让儿子远离斤斤计较

法国著名作家雨果曾说过：“世界上最宽阔的是海洋，比海洋更宽阔的是天空，比天空更宽阔的是人的胸怀。”男孩唯有懂得宽容，才能收获更多的友谊。

12 岁的哥哥总爱斤斤计较，和 8 岁的弟弟一起吃饭时，他把自己喜欢吃的菜摆在自己面前，弟弟多吃一口都不行。就算自己实在吃不下，也不会让弟弟吃。

为什么哥哥这么爱计较呢？其实，男孩的很多行为习惯都是从成人那里学习来的，或者是从成人那里得到了某种暗示。例如妈妈不是爱计较的人，但是当儿子表现出对某个菜品的喜爱后，妈妈就跟爸爸说：“你少吃点儿，儿子爱吃，别跟儿子抢”等，尽管这本来是爱护儿子的表现，孩子却可能从中得到一种信息：我的意愿很重要，只要是我喜欢的，别人就不可以跟我抢。男孩一旦获得这种信息，自然就不会懂得谦让，也不会与人分享。

如何帮助儿子改掉斤斤计较的毛病呢？首先就要为儿子营造一个良好的共同分享的氛围。要让儿子知道什么是大家的，什么是属于他自己的。比如饭菜是大家共有的，每个人都有权利吃，不能因为他自己喜欢，就据为己有。其次，可以有意让儿子做一些分享的行为和事情，比如让儿子给家里人分他最喜欢的水果，并对他的行为给予表扬。最后，要让儿子体会到，分享不等于自己的东西被别人占有，也不等于自己失去了什么。要让儿子感觉到分享是一件开心的事情，他把东西分给别人，别人也会和他分享一些东西，这种分享也许不是实物，可能是一种感受，但却能给他带来快乐。

除此之外，还有其他一些方法可以为父母提供参考。

从具体事件入手，教育才可行、有效

有一位妈妈是这样教育儿子的：

一天，儿子邀请他的几个同班同学到家里做手工，我很高兴，就特意给孩子们腾出了一个大房间。

傍晚，儿子的几个同学走后，他对我说，他们做手工时，小刚的手工作品总也做不好，常常把作品搞得四不像，言语中流露出埋怨的情绪。我想起了去年，儿子在航模比赛中忙中出乱，结果他的航模飞机一头栽到地上，影响了小组成绩，但同学们并没有责怪他，反而鼓励他安慰他。

于是，我对儿子提起了这件事，并问他："如果当时同学责怪你，你还能继续参加这个航模小组吗？"儿子说："妈妈，我懂了，我再也不埋怨同学了。"后来，儿子又把这几个同学叫到家里做手工，小刚这次做得很好。没过几天，儿子高兴地告诉我："我们小组这次手工创作获得表扬了。"

这真是一位聪明的妈妈。她利用具体事件来启发儿子，让他明白只有诚恳、友好地待人，并且不斤斤计较，才能团结和合作，并最终赢得胜利。

另外，还可采取疏导、转移的方法来调节儿子的"不平"和"耿耿于怀"，让时间来推迟儿子的情感爆发，然后再进行劝导，从而使儿子反思自己的过失，宽容伙伴的缺点与失误行为。

把握教育时机，让儿子学会宽容大度

相对于那些斤斤计较、小家子气的人，胸襟宽广的男人更有大将风度，也更具有人格魅力。

父母要想让自己的儿子成为一个胸襟宽广的人，就要让他学会宽容和理解，等他学会了宽容和理解别人，就不会再为一些鸡毛蒜皮的小事而斤斤计较，更不会因为别人的一时冒犯而睚眦必报了。

英国著名剧作家莎士比亚曾经说过："宽容就像天上的细雨滋润着大地。它赐福于宽容的人，也赐福于被宽容的人。"的确是这样，一个懂得

宽容的人在宽容别人的同时，也会得到他人的理解和尊敬，甚至能够化敌为友。这样的人，无论是在学习还是在工作上，大家都愿意与他合作，从而使他更容易取得成绩和进步。相反，那些小肚鸡肠的人，在人际交往中会遇到许多障碍，对个人的发展会造成不利影响。

细节83　让儿子远离自私，懂得分享

剧作家萧伯纳说过这样一句话：“你有一个苹果，我有一个苹果，我们彼此交换，每个人只有一个苹果。你有一种思想，我有一种思想，我们彼此交换，每个人就有了两种思想。”还有位名人说过：“一个年轻时只顾自己的人，将会变成一个非常吝啬的人，老来便是一个无可救药的守财奴。”可见，分享不但不会失去，反而会得到双倍的价值回报，而自私只会带来孤单与痛苦。

一位年轻的妈妈在网络上这样写道：

我儿子 4 岁了，前几天，他过生日，我特意给他买了一大堆好吃的，还有很多玩具，并且带着他去动物园玩儿。在游玩途中，我感觉有点儿饿了，就问儿子能不能给我点儿好吃的，结果儿子把一大堆食物抱得紧紧的，根本舍不得给。儿子这一举动，弄得我很难堪。虽然儿子还小，但这种不懂分享的行为是不应该的。

其实，生活中很多父母和这位妈妈有过同样尴尬的经历。为什么儿子会这么自私，不懂得与人分享呢？主要原因在于家人的溺爱，使儿子受到过度的保护而较少与同伴交往。

不懂分享的男孩会变得自私自利，他们大多不会关心家人、朋友、老师，更不会关心社会，像这样“以自我为中心”的男孩很难取得较大的成就。因此，妈妈必须想办法克服儿子的自私，让他学会分享。下面这

些方法父母不妨尝试一下：

通过移情引导儿子与他人分享

一天，妈妈带着6 岁的儿子去公园玩儿。在凉亭休息的时候，妈妈拿出从家里带来的小汽车给儿子玩儿。这时候，妈妈注意到旁边有一个小女孩正用渴望的眼神看着儿子手中的小汽车，这个小女孩的妈妈可能暂时离开了。于是，妈妈对儿子说："宝贝，给这个小妹妹玩一会儿好吗？"

儿子却摇着头说："不，我要自己玩儿！"

妈妈耐心地对儿子说："宝贝，如果妈妈有事不在你身边，而这个小妹妹在玩玩具，你想不想玩儿呢？"儿子毫不犹豫地点点头。

"这就对了，现在你给这个小妹妹玩一会儿小汽车，等下次妈妈不在你身边的时候，这个小妹妹也会把好玩的玩具让给你玩儿的。"

儿子看了看妈妈，又看了看小女孩，终于把小汽车给小女孩玩儿了。

许多男孩小时候就是这样，他们不愿意和别人分享自己的东西，但却希望能够分享他人的东西。这时，父母就要在充分了解儿子的这种心理特征后，通过移情训练，引导他站在他人的角度去思考问题，进而让他学会与他人分享自己的东西。

用"交换法"让儿子学会分享

小光的妈妈希望儿子能成为一个乐于与他人分享的孩子。每次她给儿子买了他喜欢的玩具、动画片或者图书时，总会鼓励儿子带到学校去，并且让儿子与其他同学交换自己的玩具、动画片或者图书。平时，妈妈总是这样对小光说："儿子，把你的东西借给别人，然后再向别人借你喜欢看或者喜欢玩的东西，这样我们就花很少的钱却可以玩很多的玩具、看很多的动画片和图书。你说妈妈说得对不对？"小光非常赞同妈妈的说法，并且渐渐理解了分享的真正意义。现在，小光已经是一名初中生了，妈妈给他买的玩具和图书等并不多，但他在与同学的相互交换中分享了很多的玩具和图书，而且这也在无形中加强了他与同学间的亲密友谊，交到了很多好朋友。

这位妈妈很聪明，她鼓励儿子采用交换法去学会与人分享，让儿子体会到分享之后，自己拥有的反而会更多。

不过，也有很多父母在教育儿子的过程中可能会发现这样一种现象：在公共场合，儿子仗着自己年龄较小，总希望自己能够独霸所有的东西。其实，男孩大多具有很强的独占欲，如果出现以上这种情况，父母一味地批评儿子，只会产生负面效果，而如果采用交换的方法让儿子学会与他人分享玩具等物品，往往会起到很好的教育效果。

细节84 让儿子学会诚恳地接受别人的意见

在日常生活中，很多妈妈发现，儿子总是迫切地想要别人接受他的意见，而从不去接受别人的意见，在儿子的脑海里似乎总认为自己是对的。男孩这种固执己见或者有些自负的想法只会给他通往成功的路上设置障碍，使他变得故步自封、举步不前。因此，父母一定要让儿子学会诚恳地接受别人的意见。

下面这位爸爸就做得很好：

儿子最近迷上了打篮球，而且还和几个男孩组成了一个不大不小的篮球队。或许是因为有了篮球队的缘故，儿子打篮球的热情更高涨了，而且集体荣誉感也增强了很多。可是一天他打完球回到家，气冲冲地说：“不怕神一样的对手，就怕猪一样的队友！”我一听，就知道他和队员之间发生了矛盾。仔细询问才知道，几个男孩因为要不要参加小区球赛而产生了不同的意见，作为队长的儿子显然想让大家都听他的。于是，我对儿子说：“儿子，如果这个世界上只有一种颜色，还好看吗？”“当然不好看啊！”“是啊，只有很多种颜色配在一起，才更美丽。就像彩虹啊、花啊、天空啊。你们朋友之间也是啊，这个人说这种意见，那个人有那种说法，其实都是很有道理的。你不能说别人的意见不好，而是应该仔细斟酌，取长补短，考虑别人意见的同时，也让别人考虑考虑你的意见，这样你们才能找出一个大家都满意的方案。”儿子听了我的话，仔细考虑了其他几名队员的意见，并做出了众人都满意的决定。

在现实生活中，有些男孩喜欢一意孤行，听不进别人的意见，不能接受别人提出的善意批评。所以，妈妈要让儿子知道，如果他总是固执己见，那么等待他的只有失败和失去朋友。另外，还要让儿子明白，不管他自己的能力如何强，都不能仅凭个人的智慧和力量获得成功。只有认清自我，诚恳地听取别人的意见，学习别人的优点，他才能不断地完善自己，才能不断地进步。

那么父母如何教儿子学会诚恳地接受别人的意见呢？

让儿子“品尝”一下不听别人意见的后果

有一位妈妈是这样做的：

这天放学后，儿子和我一起回家。在回家的路上，儿子看到一家肯德基，非要进去玩一会儿。没办法，我只好带着他进去了。

刚待了没多长时间，儿子就对我说：“妈妈，别的小朋友在吃冰激凌呢，我也想吃。”我这才明白儿子来肯德基的目的。但是我并没有答应：“儿子，你现在感冒还没有好呢。你不能吃冰激凌，要不然你会不舒服的。”

可是儿子却不买账：“不嘛，我就想吃。妈妈你就给我买吧。”我知道儿子平时就听不进别人的意见，只想着自己的要求。所以，我只好给他买了一个冰激凌。拿到冰激凌后，儿子就美滋滋地和我回家了。

晚上的时候，儿子就感觉有些不舒服。这时候我趁机对他说：“妈妈告诉过你不能吃冰激凌的，你却听不进妈妈的话，现在知道不舒服了吧？你的感冒还没有好呢，赶紧再吃点儿药吧……”

从此以后，儿子就不再那么固执己见了。慢慢地，他也善于听取老师和同学们的意见了。

这位妈妈很聪明。她在儿子不听取自己意见的时候，没有直接带儿子离开，而是满足了儿子的要求，让儿子“品尝”了一下不听自己意见的后果。当然，使用这种方法的妈妈要瞅准时机，否则也很容易对儿子造成身心伤害。

日本著名的企业家松下幸之助曾说过这样一段话：“个人的智慧和知识总是有限的，只凭自己的科研成果和知识，不一定能有正确的判断；而错误的判断，往往会导致意想不到的失败。如果这种失败只使一个人痛苦，还算万幸，但是，如果波及周围的人或使社会蒙受损失，就十分严重了。有许多人就是由于把别人的忠告当耳边风、把别人正确的知识经验抛之脑后，所以，他的悲剧是注定的，即便现在不出问题，今后也定会吃到苦头的。”可见，妈妈为了避免儿子日后吃大苦头，一定要提前让他吃点儿小苦头，这样他便能记住教训，学会听取别人的意见。

教会儿子有选择地接受他人意见

有一位妈妈在网络上发帖求助道：

我儿子8岁，上小学二年级，虽然平时他能听进我的意见，但有时也表现得很固执。例如他钢琴考级总是过不了关，我对他讲：“这支曲子咱们练了这么多遍了，为什么总是过不了关呢？要不然咱们一起看看问题出在哪儿，好不好？”儿子却不以为然地说：“我觉得这样挺好的，我们班同学都说我弹得够好了，而且他们说小提琴更适合我，所以，我不打算练钢琴了，我想练小提琴。”没想到儿子能听进朋友的意见，却听不进我的意见，这下我该怎么办呢？

这个男孩对于别人的意见根本没有仔细考虑就全盘接受，显然是不正确的。所以，父母应该告诉儿子，不要盲目地接受别人的意见，而要对别人的意见进行分析，然后再接受那些合理的意见。

另外，父母还要告诉儿子：别人对的意见要虚心接受，不对的意见也要委婉地表达自己的想法，这样他才能集思广益，更利于他自身的成长。

第13章

思考，开启儿子的成功之门

从前有位擅长画猫的画家，他画技高超，他有两个徒弟，画工都十分精湛。一天，他对二徒弟说："你的画技在很多方面已经超越了我，你可以出师自立门户了。"二徒弟只好含泪告别。大徒弟知道后，便心急火燎地找到画家说："师傅，我进门比师弟早，你的画工我也学了十之八九，为什么先让师弟出师呢？"画家摇摇头说："你虽然学画的时间长，但你只知模仿，毫无创新，你是用手在画，而你的师弟是用脑子在画。虽然你有过硬的基本功，但不善于用脑，不善于思考，很难取得更大的成绩。"大徒弟听完画家的话十分气恼，不服气地走了。

若干年后，二徒弟的画工已远远超越了他的师傅，成为远近闻名的画家，而大徒弟的画在市场上却无人问津。

同样是一个师傅调教出来的两个徒弟，结局却有天壤之别，原因就在于二徒弟有勤于思考的习惯。

细节85　提高儿子的思考能力

父母可以给儿子生命，可以替他打点好衣食住行，为他找最好的学校，但却不能代替他思考，而需要儿子自己去进行。

不过，作为儿子最早的启蒙老师，父母却可以帮助儿子锻炼思维，让他拥有更为出色、缜密的思考能力，善于思考的男孩更易成功，也更能掌握自己的命运。

让我们先来看一下下面这个小测验，测一测你是否是一个善于引导儿子思考的父母。

有一天，四个男孩在放学回家的路上玩超级“剪刀石头布”游戏，并且用四肢替代了手掌。四人边玩儿边走，其乐无穷。而作为其中一个男孩的妈妈，你可能要接儿子早点儿回家，需要做饭，监督儿子做作业等，这时，你会选择怎么做呢？

A：强迫儿子马上跟你回家，并告诉他你的种种理由。

B：用成人的口气哄骗这个小团体，然后带走自己的儿子。

C：你耐心地等待他们玩儿到家门口。

D：你选择在一旁兴致勃勃地观战，然后到家门口后，和他讨论你小时候只用单手玩“剪刀石头布”，接着你们讨论如何在游戏中获胜。

很显然，A、B、C 三种选择都不恰当，A、B 虽然节约了妈妈的时间，但是却让儿子很“扫兴”，而 C 却让妈妈少了一分与儿子交流的绝佳机会，同时这三种选择都会让儿子失去思考的机会。所以，最佳的选择是 D，原因就是男孩较擅长逻辑思维，而且很会“ 举一反三”，尤其是当他对某件事情发生兴趣或兴致正高时，他的思维会特别活跃，这不仅会让他在情绪方面产生很大的快感，而且更有利于深层次地启发思维，让他更积极地展开想象，变得更具有创造性，更善于记忆。

因此，父母在教育儿子的过程中，不仅要教他如何更快、更有效地掌握知识，还要锻炼他的思维能力。以下给父母提供的这些方法对培养男孩灵活、敏捷的思考能力，以及开发他的智力都有着很好的效果。

要学着多问儿子“为什么”

提问是培养男孩思考能力的起点，如果男孩经常面对各种问题，大脑的思维就会比较活跃。因此，父母若想提高儿子的思维能力，就应该多问他“为什么”。

聪健的妈妈是从事教育工作的，所以，从小妈妈就很注重培养聪健的思考能力，从他上小学开始，妈妈就经常会问儿子一些问题，聪健也很喜欢回答妈妈的问题。

看到公益广告说大家要保护树木、防止全球变暖时，妈妈会问聪健保护树木与防止全球变暖有什么关系。为了回答妈妈的问题，聪健就会上网查询资料，然后再把自己整理出来的答案告诉妈妈。每当这个时候，妈妈都会赞许地看着儿子，并且从不吝啬表扬儿子，久而久之，聪健在妈妈的问题中找到了自己的兴趣，并且爱上了回答问题。就这样，聪健养成了独立思考的能力。遇到问题的时候，他从不会直接向父母、老师要答案，而是自己去查阅图书或者上网找资料。

良好的思考能力让聪健在各方面表现都很突出，最近，他还在全省少年辩论大赛中获得了“十佳辩手”的称号。

由此可见，思考能力对男孩来说非常重要。著名剧作家萧伯纳说：“难得有人一年会思考两三次以上，我则因一星期思考一两次而驰名国际文坛。”所以，要提高儿子的思考能力，妈妈就要善于对儿子提出问题，然后引导儿子去自己寻找答案，这样他才会获得更多的知识和成功。

引导儿子学会独立思考

爱因斯坦曾说过："学会独立思考和独立判断比获得知识更重要。不下决心培养思考习惯的人，便失去了生活的最大乐趣。发展独立思考和独立判断的一般能力，应当始终放在首位，而不应当把获得专业知识放在首位。"

明明是一名五年级的小学生，他特别喜欢解答数学难题。有一天晚上，老师布置的家庭作业里有一道非常有难度的数学题，他思考了半个多小时都没有解答出来。妈妈走过来问他："明明，你怎么还没写完作业？该睡觉了。"明明说："有一道数学应用题很难，不过很有意思。"妈妈看了一眼题目说："我来帮你吧？"明明马上拒绝说："不用，我再想一会儿。"半小时后，明明还在苦苦思索这道题目，妈妈有些生气地说："你怎么这么死心眼儿，答案给你放在这里了。"说完，妈妈就把写好的答案放在明明的作业本旁边，转身回自己屋了。

可是明明坚决不看答案，继续埋头思索，终于在半小时后把这道题目解答了出来，然后带着满足的笑意进入了梦乡。

明明本来可以不用花那么长的时间和精力去想答案，但是他依然选择自己独立思考和完成这道难解的数学题。在实际教育的过程中，当自己的孩子遇到疑难问题时，如果我们都有问必答，只会让他养成依赖父母的坏习惯，逐渐失去独立思考的能力。

细节86　帮儿子养成勤于思考的好习惯

每个人都有一个智慧宝藏，那就是大脑。但是很多人并没有充分、合理地运用它。

孩子的幼年时期是大脑开发的最佳时间，父母要想使孩子大脑的各项机能获得充分利用，就需要不断地锻炼它，这种锻炼就要求孩子勤于思考。

一个孩子能否成才，关键在于他从小能否进行有效的思考能力的锻炼。纵观世界上那些有杰出贡献的人，他们都有一个共同点，那就是善于思考。

比尔·盖茨之所以能取得巨大成就，与他从小养成的善于思考的习惯是密不可分的。思考习惯的养成对于孩子以后思维方式的形成以及知识的积累都有很重要的作用。

培养男孩勤于思考的习惯对他今后的成长至关重要。首先，思考可以让他理解、记忆，并在现有知识层面上进行创新，进而形成自己独特的思想和见解；其次，思考也是对他零散的知识进行归纳整理的一个过程，有利于培养男孩思维的缜密性。

良好的习惯都是在生活的一点一滴中慢慢养成的，而且每个男孩都有独立思考的天性，所以父母从小就要注重培养儿子勤于思考的好习惯。

鼓励儿子勇于发表意见

相关研究表明：在平等、民主的家庭氛围中长大的男孩，更敢于发表自己的意见，思维也比较活跃；而在专制的家庭氛围中长大的男孩，则不敢畅所欲言，思维缺乏独立性，常常盲从、附和别人的意见。

父母要鼓励儿子发表自己的意见，在他发表意见时，即使存在错误，也要等他把话说完，再给予指正。对于孩子正确的意见，父母应及时给予表扬和肯定，以增强孩子今后发表意见的信心。

善于对儿子发问

问题通常是一个人思维的起点，如果一个孩子经常面对各种提问，他的大脑思维也会比较活跃。因此，父母要想提高男孩的思维能力，就要善于向孩子发问。

著名物理学家费曼的父亲就非常善于向孩子发问。在费曼小的时候，父亲为了引导他思考有关地球的问题，父亲让费曼设想自己遇到火星人并回答火星人的问题，例如“ 地球为什么有引力”“人们为什么要在夜晚睡觉”有时父亲还装扮成火星人，与小费曼一起讨论。

值得注意的是，对孩子发问时，父母不要问对和错这种封闭式问题，而是要根据孩子现有的知识和思维能力，问一些答案不唯一的开放性问题。

细节87　逆向思维让儿子更聪明

所谓逆向思维，又称求异思维，它是对司空见惯的似乎已成定论的事物或观点反过来思考的一种思维方式，也就是人们常说的“反其道而思之”。

那么逆向思维对于孩子来说有什么好处呢？一般来说，包括以下四点：

第一，在孩子的日常生活中，常规思维很难解决的问题，有很多时候通过逆向思维却可能轻松破解。

第二，逆向思维会使孩子学会独辟蹊径，在别人没有注意到的地方有所发现，进而“出奇制胜”。

第三，逆向思维还能让孩子在多种解决问题的方法中找到最佳方法和途径。

第四，生活中如果孩子能自觉运用逆向思维，就能将复杂问题简单化，从而使办事效率成倍提高。

所以，作为父母，应该注意培养儿子的逆向思维。那么，父母应该如何做呢？

训练儿子的逆向思维从游戏开始

“远远，爸爸和你玩一个游戏，好不好？”玩积木玩累了的儿子一听爸爸要和自己玩新游戏，顿时来了兴致，马上说：“好呀，好呀，爸爸来玩儿！”成功引起儿子的注意之后，爸爸接着说：“我当‘将军’，你当‘士兵’，只要我一发命令，你就照我的命令去做相反的动作，比如我说‘向左转’，你就向右转，行不行？”

4岁的远远看起来并不想当士兵，他马上提出异议说：“不，我要当‘将军’，爸爸要听我的命令！”

爸爸没有马上拒绝儿子，而是继续语气温和地说：“儿子，这样吧！等到爸爸教会你怎么玩儿，你再当‘将军’好不好？”僵持了一会儿，最终儿子勉强答应了。于是“将军”与“士兵”的游戏开始了。

爸爸看着站在眼前的儿子，一声令下：“举左手！”远远真的举起了左手。爸爸马上笑着说：“远远，游戏规则是做相反的动作，与左手相反的是什么？”

“是右手。”

“对了，你应该马上举起右手！”远远觉得这个游戏很有趣，激起了他继续挑战的热情。

就这样，爸爸和儿子在欢声笑语中做着“将军”与“士兵”的游戏，而远远在整个游戏过程中不但精力集中，且锻炼了他的反应能力，做对的次数越来越多。

这位聪明的爸爸和儿子做的“将军”与“士兵”的相反动作的游戏，正是典型的逆向思维游戏。假如他只是让儿子按照命令执行任务，那么只是锻炼了孩子思维的敏捷性和反应能力的快慢，但如果像上面这样按照相反的动作来做，就提高了游戏的难度，而且极大地锻炼了孩子的逆向思维能力。这样他在思考问题的时候，就会想到更多的可能性，创造出很多别人意想不到的成果。

教给儿子三大逆向思维法

在这里，有三种逆向思维法提供给父母，希望父母能在教育孩子的过程中把它们都教给你的孩子。

第一，反转型逆向思维法，即从已知事物的相反方向进行思考，产生发明构思的途径。

第二，转换型逆向思维法，即在研究一个问题时，由于解决问题的手段受阻，而转换成另一种手段，或转换思考角度，以使问题顺利解决。

第三，缺点逆用思维法，即利用事物的缺点，将缺点变为可利用的东西，化被动为主动，化不利为有利的思维方法。

细节88　自省能更好地认识和了解自己

有位名人说过：“能够反躬自省的人，就一定不是庸俗的人。”没错，自省意味着站在自身之外，审视那些已经发生的事情，并提出“为什么”“怎么样”以及“如果……，那会怎么样”之类的疑问。自省需要儿子重温过往经历，和自身进行无言的对话，以理解这些经历及其相互之间的关联。更重要的是，自省可以使儿子更好地认识和了解自己，有助于儿子理解自己的生活。

但是，自省并不是一件容易的事情，尤其是对于未成年的孩子来说，让他们学会自省需要父母的影响与指导。

下面这位妈妈就做得非常好：

我发现儿子出什么差错都不想自己的问题，总是责怪别人，于是我想让儿子学会找找自己的责任。

有一次，儿子周六要参加学校举办的英语比赛。平时，儿子的英语成绩非常好，而且口语能力很强，这次比赛取胜的可能性很大。

周五晚上，儿子像平常一样，放学回家后就去跟同学踢球了，然后看电视、读课外书一直到快12点才睡。往常周六，他都要睡到9点多才起床。这天我硬着心肠不叫他，结果，儿子果然9点才睡醒，等儿子赶到学校的时候，考试已经开始了。由于儿子迟到了近1小时，考试成绩可想而知。儿子回家后非常沮丧，责怪我没有叫他早点儿起床，使他在这次考试中失败了。

我却说："儿子，你明明知道周六要去参赛，为什么不早睡？妈妈周六要去加班的时候，有没有要求你来叫醒我？你总习惯别人提醒你做你自己的事。但是，别人是不可能一辈子提醒你的，你要学会自己提醒自己，做错事后要反省自己的错误！"

从此以后，儿子做错事就会自我反省，只要他错了一次，就很少再犯同样的错误了。

明智的父母不会替儿子承担做错事的后果，而是让儿子自己来承担，并且学会自我反省，以便提醒自己下次不要再犯同样的错误。

另外，父母还可以采用下列方法来引导儿子学会自省：

以身作则，敢于认错反省

父母敢于向儿子认错，认真地反省自己的行为，会给儿子树立良好的榜样，培养儿子优秀的自省能力。

有一位妈妈是这样做的：

我儿子上初中二年级，他是学校篮球队的队员。有一次，学校篮球队因为备战市内的校际联赛而延长了训练时间。我不知道事情的原委，在家里等得非常着急，正要出门寻找时，儿子回来了。

我上前对儿子就是一顿指责，儿子也很生气，他大声说道："训练延长时间了，我一训练完就回来了。"误会了儿子的我立即向他道歉，说："儿子，对不起。妈妈不该不分青红皂白地指责你。"儿子大手一挥，跟我开了个玩笑说："你儿子我是宽宏大量的，原谅你啦。"

妈妈做错了事情要敢于承认，及时进行自我反省，尤其是在儿子面前更应该如此，这样才能积极地影响儿子。例如妈妈误会了儿子，不要试图在儿子面前蒙混过关，而应该开诚布公地向儿子道歉，就像上述事例中的妈妈那样。

引导儿子预见事物的后果

有一位妈妈的教育经验是这样的：

有一天，儿子在商店看中一双鞋，非吵着要我买下来。那是一双木头做的鞋子，并不适合儿子穿，可儿子哭闹着执意要买。我想了想说："妈妈可以答应给你买这双鞋子，但是，你要保证买了以后你必须穿这双鞋子，否则我就不给你买。"儿子想着可以买到自己心爱的鞋子，高兴地答应了。谁知，鞋子买回来后，儿子才发现穿上走起路来会很响，而且很不舒服，长时间穿还会很累。这时，儿子才意识到我不让他买这双鞋子的原因，看出儿子想法的我对他说："儿子，妈妈并不强迫你去穿这双鞋子，但是，你要学会反省自己，不要让自己再犯同样的错误。"后来，儿子把这双鞋子挂在自己能看得到的地方，说是给自己一个警示。

男孩常常表现得很冲动，甚至根本不考虑后果，而且由于男孩经验不够丰富，有时很难预见到事物的后果，就像上述事例中的儿子一样。所以，父母就要适当引导儿子，以便让他预见到事物的后果。

第14章

财商，决定男孩的一生

某位记者采访一位身价过亿的投资家，说："先生，您是世界知名的投资家，我想问一下，您获得成功的最大原因是什么？"

投资家想了想说："在我2岁时，我父亲就教我认识钱、告诉我钱的概念。在我5岁时，父亲就让我接受理财教育；在我7岁时，父亲就让我独立管理自己的钱财。因为从小就接受理财教育，我对投资有一种天生的敏感。"

记者说："您的意思是，从小接受理财教育的孩子，长大后都会对投资比较敏感吗？"

投资家说："这倒不一定，但是从小就接受理财教育的孩子，长大后会更容易获得成功。"他顿了顿，接着说："我认为，在现代社会，理财能力是每个人必须具备的基本素质之一，它会直接关系到一个人的幸福和发展。"

细节89 培养儿子正确的消费观

“为了孩子”似乎一直是中国父母生活的一大宗旨，而父母对儿子的“爱”如今有点儿过火，尤其是在儿子花钱方面，父母几乎起着推波助澜的作用，以至于养成了儿子花钱大手大脚的毛病。

有一位妈妈就在网络日志中这样写道：

我儿子从小花钱就大手大脚。上小学时，我上午给的零花钱，他下午就花光了。没有零花钱的时候，他竟然向同学借。上了中学，儿子更是挥金如土，13 岁生日那天，儿子收到全班同学送的生日礼金两千多元，他给自己买了一双盼望已久的运动鞋，剩下的钱他都请同学吃饭了。

其实，我们家并不富有，但因为儿子是独生子，所以他要零花钱，我总会给他，但没想到儿子却养成了花钱大手大脚、毫无节制的坏毛病。我也想控制儿子花钱，可又不忍心，总觉得就一个儿子，应该让他生活得幸福些，但让他无节制地乱花钱，又实在力不从心。我该怎么办啊？

上述事例中的男孩之所以会养成花钱大手大脚的坏毛病，很显然是他妈妈娇惯的，正是因为这位妈妈没有选择正确的教育方式，而是用溺爱与金钱使儿子根本不知道有计划、有节制地花钱，自然也不懂得感恩与体会父母的艰辛。

如果男孩花钱大手大脚，不会计划开支，那么随着年龄的增长，他对金钱就会产生依赖性，而且逐渐失去应有的能力。曾有调查表明，在所有未成年犯罪案例中，那些犯罪前零花钱越多的孩子，去游戏厅、网吧、歌舞厅等场所的比例就越高，相应地日后他们犯罪的比例就越高。而造成这种糟糕结果的一个重要原因就是他们从小花钱大手大脚，没有受到良好的家庭教育，没有树立正确的金钱观。

因此，父母一定要“穷”养男孩，杜绝儿子花钱大手大脚的坏习毛病，引导儿子正确使用金钱，并且形成正确的金钱观。

下面这些方法有助于父母避免儿子花钱大手大脚：

给儿子的零花钱数量要合理

林志家境富裕，妈妈为了表示对儿子的爱，经常会给他大面额的零花钱，这就使林志养成了花钱大手大脚的毛病。有一次，林志和几个好朋友一起去上网，玩了几小时后，感到饥饿的林志对好友说：“我饿了，你们饿了没有？走，哥们儿请你们几个去吃自助餐。”林志的几个好友正饿得慌，一听林志要请客，还是去吃自助，不约而同地站了起来，齐声答道：“好。”于是，林志就带着他们去了附近的好伦哥，几个孩子一下消费了几百元钱。

林志虽然家庭条件不错，但也承受不住他如此地大手大脚。当妈妈得知儿子花了几百元请朋友吃自助时，心里不免一惊，后悔最初给儿子的零花钱太多，又没有教儿子学会合理消费，从而让儿子养成了花钱大手大脚的毛病。

所以，父母在给儿子零花钱的时候，注意数量一定要合理，并且要告诉儿子每一分钱都来之不易，同时也要教儿子合理消费，计划开支，还可以教儿子理财，这样他花钱就不会大手大脚了。

让儿子学会在消费前先做预算

在生活中，父母可以帮助儿子学会预算。例如在每次消费前，应该让儿子自己列出一个购物清单，并帮助他分析其消费的合理性。这样，有助于儿子形成合理、有节制的理性消费观念。

父母千万不要让儿子养成花钱无度的习惯。如果儿子有了这种倾向时，你就要采取“定时定量”给零花钱的策略，再不能随要随给了。

让儿子懂得为自己的“花销”负责，懂得在消费前预算，这才是每位父母要教会孩子的东西。

细节90　引导儿子学会投资

过去，在多数的家庭教育中，总是不愿让孩子过早接触金钱，以为这样会让孩子思想上受到不利影响。所以，所有花钱的事就全部由父母一手代劳了。这样做是不对的，会导致孩子缺乏经济头脑，花钱没有节制，不会合理理财、投资生财等。

真正拥有财富的人更应懂得金钱的价值和 重要性，会攒钱，会理财，同样懂得如何花钱。

培养男孩的经济头脑，也就是培养他的理财、投资的眼光和能力。具备这种能力，对于男孩来说，是伴随他一生的用之不竭的巨大财富。从小培养男孩的经济头脑，对他的健康成长十分有利，将来他会具有更强的社会生存能力。因此，父母可以利用生活中的各种机会，让自己的儿子从小就懂得金钱的价值，并且掌握一定的理财知识。

想要培养儿子的经济头脑，让儿子善于理财，并学会一些简单的投资常识，父母应该从以下几个方面入手：

让儿子管理自己的钱

小山平时都是自己管理零花钱，他有三个储钱罐，排成一排放在他的桌子上。这让来他们家玩儿的叔叔、阿姨很奇怪，孩子存钱很正常，可是为什么非要有三个储钱罐呢？其实，用三个储钱罐，是爸爸妈妈特意安排的。他的第一个储钱罐里的钱用于一般的日常开销，比如买自己用的生活及学习用品。第二个储钱罐用作短期储蓄，比如，每当小山需要买价格相对较高的物品时，就用这里的钱。上周他用掉两个月的积蓄买了一架他向往很久的飞机模型。第三个储钱罐用作长期储蓄，小山从没花过。每年春节，爷爷奶奶、姥姥姥爷、爸爸妈妈，还有叔叔、阿姨给的压岁钱，他大部分都放到了这里面，然后定期让爸爸给他存到银行。

上述事件中，把钱分别存到三个存钱罐，就是让男孩学会管理自己的钱，并进行合理的分配和应用，这在一定程度上锻炼了他的理财能力。

理性消费的观念从小树立

现在很多男孩追求时尚或热衷于攀比，动辄就是品牌，看什么好就买什么，买回的东西大多没有实用价值。如何让男孩理性购物呢？这首先要求他得有理性消费的观念，而理性消费的观念需要父母从小为他树立。

晓晨是个懂事的孩子，每当他跟爸爸妈妈去超市买东西时，从来不提过分要求，如果没有实际的需要，他只会挑选一种东西。看晓晨这么懂事，有时爸爸妈妈就额外奖励，给他多买一种东西。相对于别的孩子，晓晨的表现让爸爸妈妈感到非常欣慰。而晓晨的这个习惯也是父母从小培养的，以往每次去商场或超市前，父母都会和他先计划一下，问好他都需要什么，然后就直奔主题去挑选，如果没有特别需要的，就只买一种东西，他自己可以随便挑选。

让儿子尝到简单“交易”的乐趣

涛涛在明明家玩儿时，对明明的一辆汽车模型爱不释手，他对明明说：“把汽车模型借我玩儿两天吧。”明明说：“那把你的机器人给我，咱俩交换吧。”涛涛非常同意。晚饭时，听明明这么说，明明的爸爸就劝明明把汽车模型送给涛涛，至于机器人以后再给他买。这时妈妈说话了：“让他们交换去吧，这样他们会明白不用花钱也可以得到想要的东西，这对培养他们的消费观念有帮助。再说了，这样是互惠互利，让他们的东西价值最大化。”

当儿子和朋友想要进行这种交易时，父母不要阻止，可以以旁观者的身份予以指导。孩子在把自己的学习用具、书及玩具相互交换的过程中，能够多体验到“交易”的乐趣，锻炼了孩子的经济头脑。

教儿子简单的投资常识

很多父母在炒股时总是避着孩子进行，其实这大可不必。可以根据孩子的兴趣，适当地给他简单地讲解一些股票知识。这样做一方面可以满足他的好奇心，另一方面可以让他从正面了解和认识炒股这种投资行为。还有一些父母给孩子买了保险或办了教育储蓄手续之后，根本没有让孩子知道，这也等于失去了让孩子了解投资常识的机会。正确的做法是父母应根据孩子的年龄和兴趣，让他了解一些相关的投资常识，为其理财能力的培养奠定基础。

细节91　让儿子明白钱来之不易

对于绝大多数男孩来说，他们对金钱最初的欲望都体现在购买欲上。从刚懂事起，他们就开始向自己的父母要这要那——吃的、玩的等。这时，他们并不知道钱到底是什么，他们认为钱就是从父母口袋里要来，可以用来满足他们的购买欲的东西。

因此，父母要正确引导孩子，使他们建立正确的消费意识和金钱观念。而父母对男孩进行的第一堂“金钱教育课”就应该是告诉他们钱是怎么来的。

如果父母没有及时地对孩子进行必要的金钱教育，而是一味不加克制地满足孩子的要求，久而久之，就会成为孩子眼中的“提款机”。孩子会把理直气壮向父母要钱当成一种习惯，当父母不再愿意满足孩子的要求时，他会觉得父母不再爱他，甚至会对父母说：“没钱，你就去银行取啊！”……这样的男孩长大以后，往往只会一味地索取，而不知道回报。

3岁的李元到了该上幼儿园的年纪，为了更好地培养李元对金钱的认识，他的父母决定带上他一起去幼儿园办理缴费手续。在幼儿园的缴费处，李元歪着头问他的爸爸：“我们为什么要把这么多钱交给幼儿园呢？”他的爸爸没有像多数父母一样，不理会李元的问题，而是向他解释为什么要交这么多的钱，这些钱交给幼儿园后都用来做什么，比如，购买幼儿园的水果、学习工具等。同时，他的爸爸还告诉他，这些钱都是他们辛苦工作赚来的，跟幼儿园的阿姨一样，只有工作才能获取金钱作为报酬。虽然只是一次简单的交谈，却让小李元明白了一个道理：钱是一种等价交换的媒介，只有工作才能获得，不是平白无故得来的。

现实生活中，有些男孩不能理解父母的苦衷、与人攀比、用父母的钱给自己撑排场。出现上述情况的主要原因在于父母没有让他们清楚地认识到钱来之不易。

因为不知道父母赚钱的辛苦，所以很多孩子尤其是家庭环境比较好的孩子，根本不懂得珍惜；因为不清楚父母背负的压力，所以孩子不能理解父母偶尔的“小气”……

因此，父母一定要让孩子从小树立正确的金钱意识和消费意识，帮助孩子正视金钱，珍惜并尊重你的劳动成果，培养孩子养成节约的好习惯。

让儿子知道你每天都在做什么

父母几乎每天都要对自己的儿子说:“宝贝,爸爸(妈妈)去上班了……”到了月底，父母又会用工资给孩子买礼物。孩子的年龄尚小，他还不能清楚“工资”的含义，他的直观感受大概是“爸爸妈妈有钱了，可以给我买好东西了”，于是，大部分孩子总是把目光集中在父母的工资上，而很少去关注父母一个月所付出的辛苦劳动。为了培养孩子正确的金钱观，父母可以带着孩子去你工作的地方看看，让他知道你一天都在做什么。

以下是一位母亲的真实经历：

一天，14 岁的儿子突然对我说：“妈，我们同学都骑捷安特赛车，才 1000 多元，你也给我买一辆吧！你看我骑的那辆自行车太土了，我在同学面前特没面子。”听完儿子的话，我很惊讶，“才 1000 多元”这句话在儿子的口中怎么说得那么轻松，就好像我的钱是大风刮来的一样。我是纺织厂的一名普通工人，每月工资只有800元，劳动强度特别大，于是，我决定带儿子到我工作的地方，让他感受一下赚钱的辛苦。

到了工厂，我问儿子："你觉得我的工作苦不苦？"儿子没说话，只是点了点头，但我却看得出他有所感触。我又问儿子："我一天挣二十几元钱，而你却一张口就要上千元的自行车，你算算看，我得干多少天这样劳累的活儿，才够买你要的那辆自行车？"儿子虽然不说话，但眼眶里充满了泪水……

只有让你的孩子知道你工作的辛苦，钱赚得不易，他才会懂得珍惜。即使是对于生活条件很优越的家庭来说，也必须在孩子成长的过程中，对他进行适当的教育，让他知道钱不是万能的，换不来一生的幸福和一颗感恩的心。当你的孩子看到那些钱全是用你的汗水和辛劳换来的时，他会更加尊敬你、爱你。

让儿子知道钱来之不易

小明看到别的小朋友都有自己的钢琴，他也很想要，于是就整天缠着他的爸爸买钢琴。小明的爸爸没有立即答应小明的要求，而是在明确了儿子的确对音乐很有兴趣后，找小明谈话，说："爸爸知道你很想要一架钢琴，但是钢琴真的太贵了，爸爸现在买不起，爸爸答应你，我会努力工作攒钱给你买的，好吗？所以，你现在要等一等。"

3个月的时间过去了，小明一直记着爸爸的话，当他再次向爸爸提到这件事时，他的爸爸却故意面露难色，用十分抱歉的语气对小明说："对不起，爸爸还没有攒够钱呢，你再等等，好吗？"儿子虽然很失望，但还是点点头，答应了。

又过了2个月，小明的爸爸觉得给小明买钢琴的时间到了。他从银行里取出来2万元现金，并故意换成了10元一张的。这样一来，2万元现金就变成了很多张纸币。小明看到这么多钱，不禁张大了嘴巴。爸爸看着小明的表情说："你看，买钢琴需要很多钱吧，这里面每一张都是爸爸妈妈辛苦赚来的，所以你一定要好好学钢琴，知道吗？”

就这样，通过爸爸的良苦用心，小明理解了一架钢琴的价值。他不仅非常认真地练习钢琴，还非常爱护这架来之不易的钢琴。在他看来，这架钢琴是父母辛苦工作半年，用很多钱买来的。

这位爸爸是聪明的。对于孩子来说，一件物品究竟值多少钱，他并没有一个明确的概念，但是当一大堆钱和等待购买的时间摆在他面前的时候，他就会很清楚地认识到这件物品的价值，才会懂得珍惜、尊重他人的劳动成果，更重要的是，男孩也从中学会了感恩。

细节92 告诉儿子要花钱自己挣

“要花钱，自己挣”是美国人对孩子的一个要求。孩子到了一定年龄，不管家庭如何富有，父母就要求孩子通过给邻居或自己家修剪草坪、送报纸等劳动赚零花钱。

本恩是一个12岁的美国小男孩，他从7岁开始就在自家的商店帮忙干活儿，母亲会根据他每星期的表现给予他相应的报酬。到他9岁的时候，小本恩开始尝试从自己家的商店走出去，他有了人生第一份正式的工作：送报纸。每天清晨，本恩就早早起床，给小镇上的人送报纸，周末的时候他还会免费为那些眼睛不好的老人读报，放学回来后，他又帮助母亲修剪草坪。等到本恩12岁时，他手里已经有了一笔可观的积蓄，他把这些钱存在银行里，说这些是他日后的创业资金。

中国父母也希望自己的儿子能够热爱劳动、独立自主，也逐渐接受了“穷养儿”的教育理念，可实际的教育效果却收效甚微，为什么会这样呢？其实，根本原因在于中国父母怕自己的儿子受累，宁愿自己辛苦些也不愿孩子受到钱的困扰，结果男孩渐渐就养成了好逸恶劳的坏毛病。

当然也有一部分父母秉承“穷养儿”的教育理念，让自己的孩子像美国的孩子那样去劳动，自己也会给孩子一定的物质报酬，但是由于实施不得法，忽略了对男孩责任和义务的教育，结果造成男孩凡事都拿钱来衡量，甚至掉进了“钱眼儿里”，根本不知道哪些是自己应尽的责任和义务，于是亲情没有了，教育失败了。

对于如何正确教育男孩“要花钱，自己挣”的问题，下面这些教育方法也许能让父母找到答案。

帮助儿子发现挣钱的机会

有一位妈妈的教育经验是这样的：

我家的经济条件还不错，但是我们给儿子的零花钱很少，我总是告诉儿子“要花钱，自己挣”，可儿子做什么似乎都不在行，也不知道自己能干什么，自然零花钱就很少。一天，我对儿子说：“儿子，你不是想要有更多的零花钱吗？也许这个办法你可以尝试一下。”

儿子急切地问：“什么办法？”我回答说：“我们家里有很多旧报纸和一些没有用的纸质包装盒，你整理一下，可以到废品收购站卖掉啊！”

从这之后，儿子就定期利用空闲时间整理家里的旧报纸和包装盒。慢慢地，儿子就靠着这项活动挣到了一笔小钱。

这真是一位聪明的妈妈。不过可能很多妈妈会觉得：家里又不缺那点儿钱，我才不让儿子受累呢！假如你是有这样想法的父母，那么赶紧好好反省自己，难道教育自己的儿子自力更生、自己挣钱自己花不是一件很好的事情吗？

其实我们的周围处处都有挣钱的机会，更不缺少让男孩自己赚取零花钱的机会，他们缺少的只不过是来自父母那里的一点点正确的引导。

所以，父母不应该人为地扼杀儿子挣钱的想法，而是应该尽最大的力量去帮助儿子发现挣钱的机会。

鼓励儿子用自己的劳动去挣钱

小波的妈妈一直很注重对小波理财方面的教育，妈妈每次给小波零花钱的时候，都会告诉他："儿子，这些钱是爸爸妈妈通过劳动挣来的，人只有通过自己的劳动挣钱，花起钱来才会舒心、安心。"之后，妈妈便会鼓励小波也用自己的劳动去挣钱。

所以，小波不但很早就知道钱是通过劳动换来的，而且从 4 岁开始就帮忙做一些简单的家务。不过，妈妈把小波的劳动分为两大类：义务劳动和报酬劳动，妈妈希望通过这个分类，让小波明白哪些劳动是不应该要报酬主动去做的，哪些是可以获得报酬的劳动。这样一来，小波非常自豪他的许多零花钱都是通过自己的辛勤劳动挣来的，而且他更懂得照顾和感激父母、长辈，还因此获得了很多的称赞和肯定。看到自己懂事而又逐渐自力更生的儿子，小波妈妈感到十分欣慰。

小波妈妈既能让小波用劳动挣钱，学着独立自主，又能让小波知道自己在家里的责任和义务，主动去帮助妈妈做一些自己分内的事，不得不说小波妈妈达到了很多妈妈想要的理想的教育结果。

所以，父母可以借鉴上面事例中的小波妈妈的教育方法，鼓励儿子要花钱就自己挣，教儿子学会用自己的劳动挣钱，但是在给儿子提供挣钱机会的同时，也要让他明白自己的责任和义务，不要做什么都要报酬。

细节93　让儿子"贫穷"一回

与女孩相比，男孩似乎更容易冲动和情绪化，而且比女孩更看重所谓的"面子"，所以现实生活中我们会看到很多男孩因为父母不能满足他的小要求就对家人怒目而视，认为父母不疼爱自己，于是对父母不是发脾气刁难，就是用极端的手法报复，如绝食抗议、离家出走、偷拿家里的存折等。

很多父母以为只要孩子要什么自己给什么，孩子就会听话、懂事、上进，但父母发现事实并不是这样，当自己节衣缩食地让自己的儿子穿名牌、上名校、用最新潮的电子产品时，孩子仍整日沉浸在网络的虚幻世界里，对学习根本不上心，对父母的谆谆教诲更是“左耳进，右耳出”。下面这位妈妈就遇到了这样的情况：

皓皓是家里的独生子，更是父母的“心肝宝贝”，皓皓妈妈为了给儿子最好的生活和教育环境，搬离了自己工作单位附近有些嘈杂的小区，住进了离自己工作单位很远的一栋高级社区，还让儿子转进了一所市区有名的贵族小学。虽然家里的经济负担一下子大了很多，但是能让儿子享受到最好的教育和生活，皓皓妈妈还是心甘情愿的。但一段时间后，皓皓妈妈发现皓皓要的零花钱越来越多，平时周末还帮她做些家务的儿子，竟然常带小朋友到家里玩耍，而且不知道打扫被他们弄乱的房间。如果自己说儿子两句，小家伙就怒气冲冲地顶嘴，而且还把自己关在家里。皓皓妈妈真不知道自己教育儿子的哪个环节出了问题。

其实，父母给予儿子优越的生活环境和教育条件并没有什么错，但是父母要记得反省一下自己的教育方法，尤其是在如何培养孩子的财商这一问题上。父母要想让自己的儿子成长为一个勇敢面对困难和挫折的小男子汉，就要学会“穷养”，学会让儿子“贫穷”一回。

下面这些教育方法，父母不妨尝试一下：

让儿子亲眼目睹“贫穷”

在日常生活中，我们应该给那些涉世未深的孩子一些“新鲜”的教育方法，让那些活在“蜜罐子”里的“小皇帝”亲眼目睹社会中普通劳动者的生活状况。

一位父亲是这样教育自己儿子的：

我的儿子上初中一年级。平时他花钱很厉害，什么都要买，而且小小年纪竟学会了贪图安逸、好吃懒做，有事没事总是逃学往网吧跑。我对此非常忧心，于是就在儿子寒假的时候，安排他到一个朋友的工厂里做调查，让他观察那些工人的日常工作。在工厂里，儿子第一次体会到了生活的不易和艰辛，也深刻感受到自己的生活是如何优越和幸福，更明白了我的一番良苦用心。这项调查结束之后，儿子变得勤快和努力了很多。

这真是一位非常聪明的父亲。他明白只有让儿子亲眼看到别人劳动的辛苦，他才会自觉反省自己平时的浪费和奢侈，也才会领悟到自己原来很幸福。

当然，除此之外，父母还可以收集一些电视、报刊、网络等媒体上有关贫穷地区人们生活工作的报道、图片和录像给孩子观看，或者带孩子去福利院看看那些孤独无助的孩子，以此来触动儿子的心灵。

让儿子有机会体验“贫穷”

有位名人曾说过这样一句话：“平静的海洋练不出精悍的水手，安逸的环境造不出时代的伟人。”没错，父母要想让自己的儿子变得勇敢无畏和刚强坚毅，就必须要狠下心来，让儿子亲身体验“贫穷”。

一位母亲的教育经验是这样的：

暑假，我带着9岁的儿子回到了乡下的老家，让儿子和那些农家孩子一起放牛、耕种，吃野菜、喝地瓜汤。

刚开始，儿子明显不适应，在田地里待了两天就要求回城里。我的母亲也不忍心让细皮嫩肉的外孙子吃苦，所以就劝我赶紧带着儿子回家。但是面对母亲的要求和儿子的哭诉，我依然没有动摇，而是语重心长地教导了儿子一番。儿子明白了我让他体验农家生活的初衷后，开始强迫自己适应。没想到一个月之后，儿子不但爱上了农村自由淳朴的生活，而且结交了很多小伙伴，也增长了很多有趣的农业知识。回到城里后，他健康的黑皮肤让其他小朋友很羡慕……

或许男孩都有些固执和倔强，但偶尔的“苦肉计”还是可以让孩子真正感受到“贫穷”的味道，并且可以在与“贫穷”慢慢打交道的过程中，改变孩子，让他懂得劳动的美和珍惜耕耘之后的收获。

父母要学会故意“贫穷”

孩子的生活环境是父母创造的，你可以为他创造一个金碧辉煌、富裕安逸的奢侈宫殿，同样也可以为他创造一个温馨、简朴，充满积极向上气息的勤俭之家。

常言道：“由俭入奢易，由奢入俭难。”如果一个男孩习惯了花钱大手大脚，过惯了“衣来伸手，饭来张口”的舒适生活，那么一旦父母拒绝了他的要求或者遭遇家庭的变故，他是很难在短时间内接受和理解的，而一旦这个恢复期变长，他就可能变得抱怨和急躁，甚至为了让自己过上以往享受的生活做一些违法乱纪的事情。

因此，父母必须要学会故意“贫穷”，当然这不是要你对儿子吝啬或过度严苛，而是在教育儿子的过程中，让他懂得像父母一样节俭、勤劳，懂得珍惜金钱的来之不易，并学会感恩。

细节94　教儿子养成储蓄的习惯

说到储蓄，我们并不陌生，它是我们每个人都离不开的最基本的经济活动之一，也是最基本的理财方式。作为男孩的父母，应该培养儿子的储蓄意识，让儿子从小养成储蓄的好习惯。

首先，父母必须让孩子认识、理解储蓄是怎么回事，要让孩子明白借款和存款的区别等相关知识。

其次，培养孩子从小养成储蓄的好习惯的方法有很多，父母可以根据自己的实际情况，具体情况具体对待。

与儿子一同制订零花钱使用规则

关于零花钱，父母应郑重地和儿子进行一次讨论，找到彼此都满意的解决办法，最后达成一个零花钱使用规则，即花零花钱的时候要遵从“节约勤俭、消费合理、不可超支”的原则。父母要告诉儿子，规则一旦形成，他就必须遵守执行；也要让儿子明白，零花钱使用规则是家庭生活中的一项制度，不可破坏；特别应该注意的是，双方不要轻易改变这些规则。如果儿子有超计划的开支，父母未能引起足够的注意，他日后就会经常超支。当发现这个问题时，父母要及时找儿子沟通。渐渐地，儿子就会改掉自己铺张浪费的习惯，从而萌发储蓄的意识。

把“储蓄优先”的观念灌输给儿子

对于男孩来说，如果他们有自己购买的目标——他们认为很重要的东西，那么储蓄就变得非常有意义。一位经济学家建议：鼓励孩子设立短期目标，让他们存入零花钱，两三星期后就能买诸如玩具、书籍和学习用品等，然后让孩子转向更大的目标，存钱几个月，乃至存上一年，就能实现更大的目标。

我们来看这样一个小故事：

38岁的李先生从事律师工作，他有两个儿子，一个10岁，一个16岁。

李先生非常注意培养孩子的理财意识。对于两个儿子的理财意识的培养，李先生是从培养他们的储蓄习惯开始的。例如，儿子出生后不久，他就以自己的名义在银行开了一个活期储蓄的账户，将亲戚朋友所给的满月礼、压岁钱都存在账户内。两个孩子都是如此。当然，这两个账户并未申请金融卡，只有存折。

等两个儿子慢慢长大以后，李先生将存折给了他们，并嘱咐他们，若要买自己喜爱的东西，一定要跟家里人商量，钱则从账户内扣除。另外，李先生也一直督促两个孩子把自己的零花钱存在他们自己的账户内。

长期以来，两个孩子随时都知道自己账户内有多少钱，也都清楚自己的钱到底花在了什么地方。也就是说，他们对自己的“小开销”十分清楚。

在李先生的长期培养下，他的两个孩子从小就养成了良好的储蓄习惯，有点儿零花钱就自己存起来，不会乱花自己的“存款”的。

关于“如何培养男孩的理财能力”这个难题，李先生给我们上了生动的一课。其实，想要从小培养男孩的理财能力，储蓄习惯的培养是其中重要的一环，因为储蓄过程可以让他们学会“等待”和了解“复利”，可以让他们亲身体会到储蓄带来的好处。所以，父母一定要帮助儿子在做其他事之前先把钱存起来。

巧妙使用存钱罐，教儿子养成储蓄的好习惯

这里介绍一种简单易行的小方法，可以帮助我们培养男孩的储蓄习惯。这种方法要借助于一个道具——存钱罐。具体的操作步骤如下：

第一步：和儿子一起挑选存钱罐。父母可以在儿子的重要日子中，一起去挑选一个他喜欢的存钱罐，当作礼物送给他。

第二步：和儿子一起存钱。与儿子一起收集家中的硬币放进存钱罐，教育儿子把零花钱、压岁钱存起来，还可以准备一些硬币给儿子，让儿子体会收集的快乐。

第三步：让儿子见识储蓄的神奇力量。父母可以通过定期和儿子一起清点存钱罐，让儿子见证自己储蓄的成果；同时，还可以教育儿子懂得储蓄的力量，教他节约平时点点滴滴的零花钱，养成储蓄的好习惯。及早为未来做准备，将来就有可能实现更大的梦想。

第15章

点燃儿子的学习热情

一个人种了一棵葫芦苗，天天去浇水、施肥，盼着早点儿结出葫芦来。后来葫芦苗上结出了小葫芦，但是叶子上也生了一些蚜虫。他的邻居劝他别光盯着葫芦，赶紧治一治叶子上的蚜虫。这个人奇怪地说："什么？叶子上的虫还要治？我要的是葫芦，又不是叶子。"后来蚜虫越来越多，小葫芦也一个一个地掉光了。

现在很多父母只盯着孩子的成绩，却不注重培养孩子良好的学习习惯，也不教授孩子高效的学习方法,这样的做法和寓言中那个人犯了同样的错误。

细节95　兴趣才是最好的老师

男孩在学习中不专心，很大程度上是因为他对学习没有兴趣，感觉学习就是一种负担，所以就会寻找一切机会玩儿，这才是他的乐趣。比如，画一幅奇特的画、看蚂蚁来来往往、把小车卸了装装了卸等。在男孩的世界中，对于他所感兴趣的事物，他会调动一切的热情来享受这些事物带给自己的快乐。因此，如果在学习中他有这样一种兴趣，他一样会很专注，很有热情。

爱因斯坦说过："对一切来说，只有兴趣才是最好的老师。"世界上很多取得巨大成功的人，都是从自己的兴趣开始的。有了兴趣，才能点燃人们的热情。

那么，父母如何才能点燃儿子的热情，让他爱上学习，并以此为乐呢？

给儿子创造一个轻松良好的环境和氛围

让男孩感觉学习不是一种负担，而是一件快乐而有趣的事情，首先就得为他创造一个轻松良好的氛围，不去过多地管束他，而是多提供引发他兴趣的机会。父母要知道，家庭环境对儿子的影响是巨大的。

法国作家大仲马一生作品丰硕，留下了多篇传世经典之作。而他最常说的一句话就是："我最得意的作品就是'小仲马'。"大仲马热爱写作，小仲马受其影响，也产生了浓厚的兴趣，他的第一部作品《茶花女》一问世，法国文坛一致认为，这部作品的价值已超越了大仲马的代表作品《基督山恩仇记》，小仲马一时声誉鹊起，成为父母最大的骄傲。

当然，并不是所有的男孩都会成为伟人或成功人士，但在家庭中营造一个良好的环境，不去限制男孩的热情和兴趣，对男孩的成长非常重要。所以，要与儿子多交流，寻找他的兴趣点，多鼓励他发展自己的兴趣。

培养儿子的竞争意识

男孩争强好胜，如果这个特点能放在学习中，那么父母就省心多了，可以充分利用孩子这一点，激发他的兴趣，让他爱上学习。男孩一旦具备了强烈的竞争意识，几乎不用父母督促，就会自觉地学习，并且乐于在学习中探索。

晚饭时，张楠向妈妈提出了一个要求：“妈妈，我想好了，我要去上奥数班。”妈妈说：“把你的理由说来听听。”张楠说：“我们班的王晓也报了奥数班，我也想报。当然，不仅仅是怕自己落后，还有以下理由:第一，我喜欢数学，更愿意去学奥数。第二，王晓的数学成绩还不如我，他都能拿到奥数的好成绩，我想我也可以。”

当然，儿子学什么并不是最重要的，重要的是激发他的竞争意识，这样，他才能爱上学习，取得更大进步。

让儿子有明确的学习目标

在男孩的每个不同的学习阶段中，父母都要让儿子有个明确且切实可行的目标，这样，他才会以此为目标，付出具体的努力去实现。而如果给他一个抽象庞大的目标，他会茫然失措，不知道怎么着手去做，无法做出计划，更无法实现目标。比如，这个学期儿子考了全班第十名，下次的目标是第七名。那么儿子就会努力缩短这个距离。而在平时的学习中，作业写得工整、不出错误，读点儿课外书等都是一些可行的小目标，儿子完全可以达到。

把儿子的兴趣转化为学习动力

聪聪从小喜欢小动物，小到蚂蚁、蝴蝶，大到猫、狗，他看到了小动物就走不动，看也看不够，亲也亲不够。每当这时，父母也不催他，就让他自己观察。小蚂蚁有几条腿、怎么爬行，哪种颜色的小猫最可爱，什么样的小狗动作最敏捷等，聪聪可有一套自己的理论呢。每次回到家，父母总让他记录下来所观察到的不同小动物的不同形态。由于聪聪的这个好习惯，他的作文成绩特别好，经常被老师夸奖写得生动、形象，贴近生活。现在，他不但喜欢上了自然课，还因此喜欢上了语文课。

男孩小时候的学习的态度会受其兴趣的影响，作为父母，要善于利用机会，把他的兴趣转化为学习的动力。

细节96 提高男孩学习效率的三个好方法

“方法出效率”。运用好的学习方法，不仅能够让孩子轻松掌握知识，也有助于提高他们的成绩。从某种程度上说，优秀的学生和优良的学习方法是分不开的。所以，父母应该对儿子多加引导，让他掌握好的学习方法，从而大大提高学习效率。

林林上初中三年级，是一个学习成绩非常优秀的学生。从初一到初三，很多学生都通宵达旦地学习，甚至连周末也不出去玩儿了。但是林林却非常轻松，不仅每天都要打1小时的篮球，到了周末还和朋友们一起去踢球。尽管如此，林林的成绩仍在班里数一数二。很多同学都不解地问他：“我们的学习时间比你长多了，为什么你的学习效果要比我们好这么多啊？”林林说：“我比较讲究学习的方法，所以我能在短时间内掌握更多的知识，方法出效率嘛！”

的确如此，运用好的学习方法，不仅能够节省时间，而且还能够更深刻地理解和把握所学的知识。一位教育工作者研究发现，那些学习出众的学生都十分讲究学习方法，而不是胡乱地、没有头绪地学习。

现在大多数父母关心的不是孩子的学习方法，而是孩子学习时间的长短。只要看到孩子在读书，在写作业，父母就非常高兴。但是不知道大家是否想过，如果孩子的学习方法不好，即使没日没夜地学习，学习成绩也是很难提高的。尤其当孩子升入高年级后，课程渐渐增多，所学的知识也更加复杂，如果学习方法不好，成绩更是难以得到提高。所以，我们应该转变思想，不要只关心孩子学习时间的长短，而是要关心一下孩子的学习方法是不是高效，是不是适合他。如果他们的学习方法不科学，我们就要对他们进行指导，把一些高效率的学习方法告诉他们，从而让他们的成绩得以迅速提高。

在把好的学习方法介绍给孩子时，我们一定要考虑一下孩子的实际情况，以及这种方法是不是非常适合他。如果这种方法不适合他，就不能算作好方法，我们就不能强迫孩子接受这种方法。

下面，为大家介绍三种常见的、高效的学习方法，父母可以根据儿子的实际情况把这些方法介绍给他。

让儿子做到劳逸结合

对于大多数男孩来说，他们激发好动，如果让他们在板凳上规规矩矩地坐上两小时简直是在“惩罚”他们。所以我们应该让男孩做到劳逸结合，不要让他们一下子学习很长时间，这样，他们的学习效果会更好。

一位妈妈曾经这样讲述了自己的教育经验：

我儿子上小学六年级，为了提高他的成绩，我给他买了大量习题集，让他一本接一本地做。但是儿子的成绩不仅没提高，还养成了拖拖拉拉的坏毛病。后来我想出了其中的原因：儿子知道写完一道题还会有另一道，就不会着急了，故意慢慢腾腾地写。另外，儿子在做这些习题的时候充满了抵触情绪，自然不会动脑筋。明白了这一点之后，我不再强迫儿子做习题了，只要求他把老师布置的作业做完。还有，当儿子写作业时间过长的时候，我还会让他到外面走一走，散散心，等恢复了精力再写。通过这样的方式，儿子学习的积极性提高了，成绩也提高了很多。

让儿子学会复习

男孩和女孩在思维方式上存在着很大的差异。和女孩相比，男孩逻辑思维能力较强，而机械记忆能力不如女孩。有些男孩凭借着自己记忆力好，在课下不肯花工夫，只听老师课上讲的那些内容。这样做是不对的。小学乃至初中前半段，知识点虽然浅显但是较为繁杂，所以父母应该让儿子学会复习，使这些知识得到很好地理解和掌握。

让儿子学会将目标细化、分解

群群上小学三年级。一天放学回家，群群心情很不好地对爸爸说："英语老师留的作业太多了，他今天让我们必须背会 10 个单词，这么多单词，哪能一下子背得会啊。"爸爸笑着说："爸爸给你想个好办法，你想不想听？"群群点了点头。爸爸说："一会儿你先背 3 个单词，等背会了就看动画片；动画片看完了再背 3 个，然后咱们一起吃饭；等吃完饭，你再把最后的 4 个背会，让爸爸考你一下。"群群按照爸爸说的去做，果然轻轻松松地把 10 个单词都背会了，等第二天老师测验检查，群群是全班唯一一个没有出错的学生。

孩子的年龄小，当学习任务重的时候，他们很容易产生烦躁、不愿意学习的情绪。这时，父母应该教会他们把学习任务进行细化、分解，然后再逐一攻破。这样，孩子就不会感到太大的心理压力，并且在完成每个小任务时还会获得成就感，从而轻轻松松地把那些繁重的学习任务完成了。

细节97 提高儿子自主学习的能力

如今让父母很头疼的一件事情，就是儿子学习不主动，似乎只有父母逼着、老师催着，他才心不甘情不愿地学习。

为什么儿子学不会自主学习呢？在回答这个问题之前，先来看下面这个案例：

小伟从上小学开始，父母就对他的学习抓得很紧，每天晚上妈妈都要坐在一旁陪读。但妈妈一会儿因为他做作业不认真而撕掉他的作业本，一会儿又是训斥他做题不过脑子，少写一个运算符号。

妈妈一直认为，小学阶段的基础很重要，儿子必须一步一步走稳了。妈妈担心自己不在旁边辅导，儿子就不会认真写作业。慢慢地，小伟形成了依赖性，写作业时连努力思考都省了，因为妈妈一定会在一旁给他指出错误的。

后来，小伟进入了初中，妈妈的辅导能力已经跟不上了，但小伟从小养成的“学习习惯”却没有改变，被动的学习开始让他吃到了苦头，考试成绩也越来越差。妈妈格外着急，她疑惑不已：儿子上小学的时候，自己天天看着他学，难道基础还没有打好吗?

这位妈妈没有引导儿子学会自主学习，儿子的学习基础当然会有缺陷，而且他习惯了在学习上依赖父母，还因此失去了积极主动思考、自学的能力。

其实，学习本该是孩子自己的事情，但从很多家庭来看，学习已经变成了全家总动员的事情。例如有些父母的确是遵循了自由的模式，对儿子的学习不管不顾，任其自由发展，这直接导致了儿子不知道学习的重要性，也不知道如何做才能学好；还有些父母则是完全相反的做法，对儿子的学习管理严格，要学什么、怎么学完全由父母来决定，也许短时间内会起到一定的效果，但时间长了，儿子会对学习产生反感情绪，丧失自主学习的能力。因此，如果家里有一个不能自主学习的儿子，父母应该先从自身找原因，找准问题的症结，从自身做起寻求有效的解决途径，培养儿子良好的学习习惯，提升儿子自主学习的能力。

下面这些方法或许能给父母一些启示：

把“错误”留给儿子自己去挑

现在很多家庭都比较重视孩子的教育，于是，辅导就成了教育儿子环节中的重头戏。对于儿子的作业，父母的要求往往比老师还严格，经常是儿子一写完作业父母就马上进行作业检查，发现哪方面存在问题，就立刻打回去让儿子重做。父母的这种做法有时很容易获得儿子的认可，因为经过父母这一遍“扫描”之后，儿子作业的正确率就会很高。但长此以往，儿子自主学习的能力就会越来越差。

一个作业次次得优的男孩，在一次测试中竟然考了不及格，于是老师找来这个男孩谈话：

“你每天的作业都是怎么做的？”

“我每天回家就写作业，因为妈妈规定要写完作业后才能上网玩游戏，所以我每天作业做得都非常快！”

“你写得那么快不怕出错吗？怎么可能保证次次都得优呢？”

“我不怕，因为妈妈会给我检查作业，她会帮我指出我错了的问题。”

“那遇到不会的问题怎么办？”

“我就会问妈妈，我一问，她就会告诉我怎么做！”

“然后你就会做了？”

“当时非常明白，可是日后再遇到这类问题还是有些不大清楚，但到时候可以再问妈妈，她还是会告诉我的。”

“这次考试，你做错了很多题，还有一部分空着没写，这是为什么？”

“我自己也看了一下，做错的题大都是因为没有仔细检查造成的，因为平时做完作业都是妈妈帮我检查的，而空着的题我也有印象，感觉之前做过，可就是想不起来具体的解法了！”

这就是父母“帮助”儿子的后果。其实，父母真正要做的是应该用心了解儿子的想法，儿子一回家就做作业，其实就是为了做完作业后能够出去玩儿，有时会因为马虎而出现或多或少的错误。

如果父母把儿子的错误都挑出来，会养成儿子懒惰的毛病，因为儿子知道，反正有父母给他检查，所以做起作业来就会更加粗心大意，这也是为什么父母越是细心地帮助儿子检查作业，儿子作业中出现的错误就会越多的原因。因此，父母完全没有必要充当老师的角色，而是应当让儿子自己去承担结果，让他自己主动找出学习中的错误和不足。

告诉儿子学习不是一件困难的事

有一位妈妈的教育经验是这样的：

最近，我发现上小学三年级的儿子学习很松懈，做作业也不像以前那么积极了。于是，我就问他原因，儿子委屈地说：“学习太难了，那么多生字要学，那么多数学题要做，好恐怖！我又这么笨，妈妈，我不上学可以吗？”我笑着说：“儿子，学习是要循序渐进的，学习也是由易到难的。没人能一口吃个胖子，你不用害怕那么多知识学不会。一步一个脚印就可以了，今天学一点儿、明天学一点儿，日久天长，知识自然就会越学越多。”“真的是这样吗？”儿子有点儿怀疑地看着我。我点点头说：“是的，不如这样，明天妈妈带你去书店选一些有趣的书读。”后来，儿子通过图书的引导，慢慢地学会主动学习了。

很多男孩之所以不愿意主动去学习，是因为他们可能和上述事例中的男孩一样，觉得学习是一件很难的事情，甚至认为自己“不聪明”。因此，父母必须告诉儿子学习不是一件困难的事情，然后运用一些方法引导儿子体会到学习的成果是逐渐获得的。

例如买些具有趣味性的图书增强儿子对学习的兴趣，或者教给儿子一些学习的小方法，如编个顺口溜帮他记忆数学定理，或者用趣味故事帮他记忆语文生词，还可以让他用学到的知识解决生活中的小问题等。

细节98 让儿子明确学习目标

目标，就是方向。有了目标，也就有了努力的方向。我们可以看到很多的伟人和成功人士就是因为很早时就有了自己的人生目标，并终其一生为之而奋斗，最终获得了成功。

成绩好的孩子，一般都会有自己的学习计划，而在他的学习中很重要的部分就是确立不同的学习目标。比如，历史要达到多少分，数学要比上学期进步几个名次，乐器大赛要得第几名等。正因为有这些目标，在学习中他才有了方向。

为了让孩子在知识的海洋中永远都有航标的指引，父母应该怎样帮儿子树立并实现学习目标，并使其学习更勤奋呢？

儿子需要短期目标的引导

美国的心理专家曾经做过一个实验。他们把四年级一个班的学生分为3个编队，让3位老师分别带队到另一个地方进行体育训练。第一编队的学生被要求跟着老师走就可以了；第二编队的学生得到的信息是走10公里才可以到达；而第三编队的学生知道要走10公里，而且知道每到1公里时都有一个标示牌，大家可以知道自己走了多远。

到最后，到达目的地的情况是这样的：第一编队的学生越走越累，越累越丧气，最后一个到达的也没有；第二编队的学生虽然知道要走的距离，但中间走到哪儿，走了多少距离也不知道，有一半的人放弃了继续行走；

第三编队的学生全部到达了终点。

由此可见，目标过高，容易让孩子丧失实现目标的信心。所以，给儿子的目标应该要切实可行，不能制订过高的目标，短期目标更能促使他进步。

有压力，目标更容易实现

动物学家曾经对非洲大草原奥兰治河两岸的羚羊群进行过跟踪研究，他们发现一种奇怪的现象，东岸羚羊群比西岸的繁殖能力强，而且奔跑速度也比西岸的羚羊每分钟快13米。为什么会出现这种现象呢？动物学家对这个问题很感兴趣，同样的生存环境，同样的饲料来源，为什么生存状态差异这么大呢？

于是,他们做了一个实验:从两岸各捉10只羚羊送往对岸。过了一年，被送到西岸的10只羚羊后来繁殖到14只，被运到东岸的10只羚羊却只剩下了3只，另外的7只都被狼吃了。

动物学家这才恍然大悟，原来东岸的羚羊强健、繁殖力强，是因为在它们的附近有一支狼群在活动，所以它们每个时刻都是生活在警觉和危机中，奔跑速度自然就快，体质强健，繁殖能力也强；而西岸的羚羊，没有生存的压力，身体懒散，体质慢慢变弱。而一旦遭受威胁，生命便不堪一击。

这个故事给我们的启迪是很深刻的。压力和动力是并存的，压力常常可以转化成动力。有了压力，目标才更容易实现。没有目标是可怕的，没有压力同样可怕。在学习中也是一样，如果孩子没有压力，他也就没有竞争和追赶的动力，那么也就很难实现自己的目标。在人的一生中，大多数的时间都是在学习、工作中度过的。因为学习是持续一辈子的活动，所以不是凭兴趣就能完成的。男孩从小就应该适应竞争的有压力的环境，这样目标才会更容易实现。

制订的目标要切实可行

现实生活中，很多父母对孩子期望过高，过高的目标由于实现起来过于困难，容易使孩子丧失自信，进而无法实现这一目标。有的父母虽然没有采取高压政策，对孩子放任自流责任制，这样目标不明或目标过低，容易使孩子丧失进取心，甚至自暴自弃。因此，给儿子制订的目标，不能过高也不能过低，最好是那种跳一跳就能够得着的目标。

细节99　把儿子培养成“记忆超人”

大家都知道，那些具备超强记忆力的男孩所获取的知识自然比那些记忆力差的男孩要多而且记忆的时间更久。当然，培养和提高男孩的记忆力，并非一朝一夕的事，它不但需要父母的耐心指导，还需要男孩对所记忆的内容感兴趣，这样记忆的效果才会更好。

在巴菲特很小的时候，他就对数字十分感兴趣，并显示出了超常的数字记忆能力。这与他的一些习惯和爱好有很大关系。那时候，他比较热衷于与数字有关的活动，比如经常带着小伙伴一起在街口，记录来来往往的汽车牌照号码，有时，车都过去半小时了再问他，什么车什么颜色什么牌照，他都对得上号；他和伙伴们还重复地玩一种有意思的游戏：当他的小伙伴随便从一本大书中读出一大堆的城市名称时，巴菲特都能毫不犹豫地一一报出这个城市的人口数量和其他信息。

正是因为先有了想要记忆的兴趣，巴菲特超强的记忆能力才逐渐被开发出来。不过，也有很多父母认为，男孩的记忆力是天生的。这并不正确，因为男孩记忆力的好坏不仅与遗传因素有关，更重要的是和记忆的条件、记忆的方法有关。

下面这些提高男孩记忆力的方法可以给父母提供一些参考。

教儿子掌握一些正确的记忆方法

父母应该有意识地教儿子掌握一些正确、有效的记忆方法。例如以下几种。

协同记忆法：在记忆某种东西时，让男孩边读、边写、边听，让多种感官都参与到其中来，这样有利于增强记忆效果。现代科学研究表明，人由视觉获得的知识，能够记住约25%，由听觉获得的知识，能够记住约15%，若把视觉与听觉结合起来，能够记住约65%。

归类记忆法：把许多同类的事物归为一类，归类过程其实是一个理解的过程，本身就已经具有记忆的功能，男孩在边归类边理解的过程中，就已经在记忆了。

联想记忆法：在记忆时，发挥想象，根据材料的特点，形成记忆的组织。比如：接近联想，即把时间、空间、状态、特点等比较接近的事物联系在一起进行记忆；对比联想，即把具有相反特点的事物联系在一起记忆。

歌诀记忆法：可以让男孩把需要记忆的材料制作成歌谣或口诀等形式来加强记忆。

开头结尾记忆法：让男孩有意识地记忆事物的开头和结尾，同时注重两者之间的连接，把要记的东西连成一个整体，或者可以先分割成若干部分，然后再运用开头结尾记忆法。

反复练习和理解是记忆的关键

俄国教育家乌申斯基说过："应当用不断的复习来防止遗忘，而不是等到忘记以后再重新去记。"反复记忆会让男孩记忆时间变长，如果再加上理解记忆，那么男孩对所学内容的记忆就会变得清晰、准确、长久。

有一位妈妈是这样做的：

儿子每天放学回来，我都会和他聊上一会儿，听他叙述一遍当天的学习生活情况。上了什么课，发生了什么事，新学的什么课文，数学新公式等，我听得兴趣盎然，还不时地问上几句，儿子讲得更带劲儿了。我希望在与儿子平常的交流中，有意识地帮助儿子巩固当天学习的重点内容。

这位妈妈很聪明。因为很多男孩都是对所学的东西当时理解了，也能够记住，但时间一长就忘记了。所以很多时候，男孩的记忆需要反复强化，比如有一些问题，这次理解并记住了，妈妈下次提问他时可以换个角度提问，这样男孩一方面懂得了从不同角度思考问题，同时又对这个问题有了更深刻的印象。

另外，男孩仅仅靠死记硬背是很难记住所学内容的，只有当他对要记忆的东西有所理解，才能牢固地记下来。因此，父母不但要帮助儿子反复练习，还要让他学会先理解，再记忆。

视听并用，强化他的记忆

晗晗喜欢英语，父母给他买了很多英语的碟片。每天放学后，写完作业，他都要看上半小时英语碟，边看边跟着读啊唱啊，有时还跳起来，轻轻松松地就学了许多英语单词和句式。

男孩在单纯的说教中，容易产生疲劳，进而产生抵触情绪。所以，父母有时不妨采用调动起儿子的视觉、听觉的办法，以便加强他对相关知识的记忆。

细节100　培养儿子阅读的兴趣

苏联教育家苏霍姆林斯基曾说过：“三十年的教育经验使我深信，学生的智力发展取决于良好的阅读能力。”古往今来，很多的伟人之所以成功，就是因为他们从小就阅读了大量的名著。

俗话说：“读万卷书，行万里路。”书是知识的海洋，只有通过博览群书男孩才能通晓古今，修身养性，立足于社会，而且阅读可以启发男孩的想象力及创造力，开阔眼界，增强他对外界事物的判断和识别能力。

然而，生活中有些男孩只喜欢读他们感兴趣的书，而且很多父母也忽视了男孩的阅读需要，只知道给儿子做不同的练习，上不同的补习班，只考虑其考试成绩，这是一种急功近利的方式。

美国一位儿童心理学博士曾经做过一个长达 5 年的追踪调查实验。其过程大概是这样的：首先对加利福尼亚州的一所小学的 5103 名一年级新生进行调查，发现其中有 49 人在入学之前已在家中阅读过大量书籍。然后博士将这些孩子设为样本，记录他们每天的生活和学习情况。在这 5 年中，博士发现这 49 个孩子与其他孩子相比仍保持着较好的课外阅读习惯，学习成绩大多处于领先地位，而且也更容易获得老师和同学们的喜爱。

由此可见，大量的阅读，可以丰富男孩的思想，让他在集体中更受欢迎，还有助于男孩形成正确的人生观、世界观，使他在以后的成长中获得更多意想不到的成果。

当然，由于男孩还在成长期，阅读时还需要父母给予一定的指导，这样，才能让他顺利地走入阅读的殿堂。那么父母如何激发男孩的阅读兴趣呢？

下面就给父母提供一些行之有效的方法：

根据儿子的兴趣选择适合的书

有一位妈妈苦恼地对心理专家诉说了自己儿子的情况：

我儿子很喜欢自然科学方面的书籍，尤其对关于机器人、UFO 等方面的内容特别感兴趣。如果他自己买书，大部分都是买这方面内容的。我很想让他的阅读面更广一些。于是，就给他买了《上下五千年》《十万个为什么》等好几本大部头的书，并苦口婆心地让他有空看看这些有用的书。可儿子只是翻了翻，再也没有动过就放在了书橱里。任凭我说破嘴，他还是提不起兴趣来，依然抱着他的书，看得津津有味。

其实，这位妈妈完全没必要着急，因为男孩有自己的独立思想和个性，对读书，他也有自己的爱好和选择。所以，当男孩特别喜欢某一方面的书籍时，父母不妨根据儿子的兴趣为他选择合适的书，然后再慢慢引导儿子把阅读的范围扩大。

因此，父母引导儿子阅读，要顺应儿子的喜好，并在此基础上予以指导，而不要想当然地认为他读的书没用，就禁止他读，或者认为一些书对他有好处，就强行让他阅读。要知道被动强制的阅读只会让男孩产生逆反心理，由此失去阅读兴趣。

让儿子体会读书的乐趣

有一位妈妈是这样引导儿子的：

一天，儿子读完了一本介绍树木的书，他高兴地跑来考我："你知道世界上年纪最大的树有多少岁吗？"我苦思冥想，面露难色地回答道："我知道咱们老家有一棵300岁的老树，不知道它的树龄够不够大。"听了我的话，儿子得意地说："妈妈，你错了。还是我来告诉你吧！世界上最老的树是一棵7800多岁的树。"这时，我对儿子投以惊奇而又羡慕的眼神，这让儿子感到很高兴。

当儿子读完一本书时，无论这本书有多薄，内容有多简单，父母都要及时给予表扬，例如对他说："你真了不起，竟然又读完了一本书！"这样会让儿子产生一种成就感。另外，父母有时也可以要一点儿"手段"，例如装作被儿子考住，以此来满足他的虚荣心。只有不断地让儿子体会到读书的乐趣，他才会慢慢地爱上阅读。